创享『小人书』

学科融合的沉浸式育人实践

邹 益 著

南京师范大学出版社

图书在版编目（CIP）数据

创享"小人书"：多学科融合的沉浸式育人实践 / 邹益著 . -- 南京：南京师范大学出版社，2024.8.
ISBN 978-7-5651-6328-9

Ⅰ. G622.3

中国国家版本馆 CIP 数据核字第 20240K99V0 号

书　　名	创享"小人书"：多学科融合的沉浸式育人实践
作　　者	邹　益
责任编辑	陈　晨
出版发行	南京师范大学出版社
地　　址	江苏省南京市玄武区后宰门西村 9 号（邮编：210016）
电　　话	（025）83598919（总编办）　83598412（营销部）　83598009（邮购部）
网　　址	http://press.njnu.edu.cn
电子邮箱	nspzbb@njnu.edu.cn
照　　排	南京凯建文化发展有限公司
印　　刷	江苏凤凰数码印务有限公司
开　　本	787 毫米 ×960 毫米　1/16
印　　张	19
字　　数	360 千
版　　次	2024 年 8 月第 1 版
印　　次	2024 年 8 月第 1 次印刷
书　　号	ISBN 978-7-5651-6328-9
定　　价	78.00 元

出 版 人　张　鹏

南京师大版图书若有印装问题请与销售商调换
版权所有　侵犯必究

序言

小人书，大世界
——记常州市新北区泰山小学小人书阅读、创编活动

杨九俊

  小人书，也称连环画，是用多幅画面讲述故事或事件的一种艺术形式。因为它的开本小，便于携带，其受众也大多是孩子，所以称为"小人书"。走进常州市新北区泰山小学（简称"泰小"），听到的、看到的都离不开小人书，仅孩子们自己创作的小人书就有10 000多本。孩子们人人都是小人书的阅读者，也是小人书的创编者。泰山小学以小人书阅读、创编的教育实践作为学校特色建设的重要表征，寻找到学校文化"自己的句子"。这所学校展示的是"小人书，大世界"。

  立意高。首先，泰山小学开展小人书的阅读与创编，是以立身悟道为宗旨的。这是教育最本质的追求，中国教育有"学以为己"的传统，学习就是为了自己人格的完善，往君子、仁者甚至圣人一路走。当代中国教育正赓续这一传统，同时根据时代新的要求，把立德树人作为教育的根本任务。泰山小学围绕小人书开展教育实践，以"立人"为出发点和归宿，这就把学校的一项活动与优秀传统和时代精神呼应起来。其次，这种崇德的意旨与具体的教育实践是不分开的。或者说，育人目标路向的确定，是基于邹益校长和她的团队对小人书寓德特点的重视和发掘。经典的小人书，大多表现一个主题或者阐说一个道理，恰如鲁迅先生在《连环画琐谈》中提到的"倘要启蒙，实在也是一种利器"[①]。茅盾先生在题为《连环图画小说》的文章中也曾称连环

---

① 鲁迅. 且介亭杂文[M]. 北京：印刷工业出版社，2001：23.

画是"最厉害最普遍的'民众教育'的工具"①。谈及小人书对自己成长过程的精神哺育路，名家之论更是俯拾即是。习近平总书记在考察中国国家版本馆中央总馆时，看到连环画的馆藏，也说过，"（这些小人书）我小时候都翻烂了"，"这些小人书很有教育意义"②。泰山小学根据小人书具有道德教育载体的功能，将孩子们的阅读、创编与立身悟道联系起来，德育是从小人书阅读、创编活动中生长出来的，因而能够发挥更好的作用。再次，泰山小学自觉运用小人书这一形式，创新德育方面专题教育。如社会主义核心价值观，是必须进校园、进课堂的，但如果仅仅是布置背诵，孩子们也许能记住24个字，但根本谈不上入脑入心；泰山小学尝试用孩子们喜欢的小人书，讲体现社会主义核心价值观的故事，效果非常明显。"以小人书为载体，培育和践行社会主义核心价值观的实践研究"成为省级课题和品格提升工程，其研究和实践都取得了丰硕成果。为庆祝中国共产党建党100周年，学校策划了"一颗童心永向党　百本红书献给党"系列活动，成为优秀少先队党史教育活动案例（全国100例），中央媒体予以报道。更重要的是，如邹益校长所说，孩子们将心中所敬佩的人物，所激发的道德情感，所感动的故事表达出来，所写所绘皆由学生自己操作，所感所悟都来自内心，这种道德教育自然是"入心"的，也是能"化行"的。

五育融。小人书是"天然"地跨学科的，图画是美术，文字是语文，寓德是德育。梁晓声谈到从小爱读小人书时，就说过文字、绘画带来的"心灵"营养是双份的。把握这样的特点，泰山小学的小人书阅读、创编在五育融合上下足了功夫。其一，"学科+"的融合。主要是从老师们各自执教的学科出发，有机融合相关学科。泰山小学的小人书教育实践，是从语文学科起步的。2005年，语文教研组针对学生整体阅读兴趣不浓、阅读能力不高的问题，组建小人书社团，开展小人书阅读活动。在语文的"学科+"小人书阅读活动中，语文老师们基于自己的学科立场，将落脚点放在提高语言文字运用能力上。仅仅一年，就发现参加小人书社团的学生语文能力大幅度提高。连环画在三年级美术课中是"造型·表现"领域的学习内容。美术的"学科+"小人书阅读、创编活动，则引领学生在把握画与画之间、文字与文字之间、文字与图画之间的联系的基础上，通过仔细观察、沉浸体验、尝试描绘等方法，去理解小人书造型表现的特点。泰山小学所有的学科教学都或多或少地融入了小人书，在融合的过程中坚守学科立场和多学科视角，使之得到较好的协调。其二，"主题+"的

---

① 茅盾.连环图画小说[J].文学月报（上海），1932，1（5-6）：209-210.
② 周伟.创新发展根植时代沃土[N].人民日报，2023-7-16（8）.

融合。不是从某一个学科出发，而是从特定的主题出发，形成"主题+"的融合形态。泰山小学开发了八大小人书创编主题，包括红色文化与革命历史、时代楷模与先进事迹、科技创新与发展成就、传统文化与非物质文化遗产、生态文明与劳动教育、公民教育与法治宣传、心理健康与阳光心态、国际交流与"一带一路"。八大主题既独立又相互关联，构成一个新时代的全景画卷，指向健全人的培养目标。每个系列又形成若干二级主题，列出细目，并提示所跨的学科和课程，从而构建完整的课程群落。其三，"现代媒介+"的融合。媒介技术，也称传播技术，指信息的载体和加工、传递信息的工具，既包括用于承载信息的符号系统，如语言、文字、符号等，也指存储、加工、传递信息的工具载体，如书籍、电视、网络等。如惠特曼诗句所说，"时代啊，从你深不可测的海洋里升起"①，社会迅猛变化的一个重要标志，就是媒介技术迭代速度大大加快。大家都认为，当代正是一个互联网、大数据的时代，人们的生活方式与生产方式正在发生巨大的变化。新的课程改革基于这样的变化，将"跨媒介阅读与交流"纳入语文课程的学习内容。这里的"跨"包括传统媒介，更关注现代媒介，甚至可以认为，没有现代媒介的涌现，就没有这方面语文课程的内容。邹益校长和她的团队敏锐地把握这样的变化，"文章合为时而著"，建构小人书阅读与创编的"现代媒介+"，形成现代媒介与小人书阅读、创编的有机融合。现代媒介是当代生活特别是科学技术发展、人们日常交往生活的一部分，创编小人书讲述故事、刻画人物，自然而然将真实生活情境带进来。高年级的学生尝试用现代媒介来表达、呈现、创作电子版的小人书，利用学校网站、公众号等，展示分享创编的小人书。在现代媒介应用的过程中，孩子们逐步熟悉、理解社会变迁过程中形成的新的话语。话语是围绕特定语境中的特定文本所形成的传播实践和社会实践，作为意义的载体，能够描述现实，建立社会身份，制定社会关系，建立知识和信仰体系，具有社会性的建构属性。②可见，泰山小学的老师们如此努力，是在培养学生的现代素养。

参与深。泰山小学小人书的教育实践，走过从社团式到课程化的道路。如果说社团是部分参与，课程化则是全体参与。他们构建了国家课程、特色课程、实践课程相辅相成的课程体系。第一，国家课程主导。以小人书彰显国家课程学科特质。如语文课上学习写人物的心理活动，用小人书画出来，是在训练联想能力和想象力，特别

---

① 徐振国，魏同玉，谢万里，等.媒介技术影响教育形态变革：历程、规律及启示[J].数字教育，2023，9（3）：23-30.

② [英]诺曼·费尔克拉夫.话语与社会变迁[M].殷晓蓉，译.北京：华夏出版社，2003：60.

是将主观心理活动借客观景物或场景表达出来,很"美术",更很"语文"。以小人书作为辅助性学具,在数学课上用图表展示数据变化,在科学课上用比喻、拟人手法解释科学原理,在体育课上将体育精神、运动规则融入图画,等等,都起到很好的效果。小人书成为孩子们喜闻乐见的学习工具,同时又成为学习表现的一种形式,学习因此"可看见",而且常常教学评融于一体。以小人书推动跨学科学习,可以在常态教学中,在包含跨学科内容的地方,以小人书嵌入"课程补丁",既打开瞭望别的学科的窗口,又不影响整体教学的节奏;在落实课程标准指定的跨学科主题学习时,因为基于真实生活情境,"小人书"项目会提供平台,使多学科学习、项目化学习、个别化学习有更多表达的机会。第二,特色课程深化。学校课程大体有三个维度:国家维度,这是所有学校相同的基础性课程;学生维度,这是满足学生个性特长的选择性课程;学校维度,这是体现学校文化的特色性课程。泰山小学以"小人书"为特色课程,是非常恰当的。他们的小人书课程每周是一课时,覆盖全年段,其基本特点是:全景式,以儿童成长为聚焦点,全景式展现儿童生活,在空间上从天下大事到生活日常,在时间上从文化传承到前瞻未来;主题化,按照涵育完整人格的要求,结构化凝练主题,在每个主题内部,又以二级主题构成课程板块,从而形成自洽的课程群落,且随着新的变化新的要求,对主题不断进行优化;层级性,大致按照低、中、高三个学段,明确不同层级的课程目标,建构三级递进的表现性评价体系,低年级以故事卡来表现,中年级设立修炼册制度,高年级则通过弘扬证促进内化,有效促进了小人书课程的落实。第三,实践课程延伸。其主要形式有:① 励志寻访,长期开展"致敬时代英雄,感受时代脉搏"寻访活动,建构"上网学习—班级交流—制定方案—实地寻访—创编小人书—践行活动"的寻访流程。通过百次寻访,绘就了100多本以英雄事迹为主题的小人书。② 沉浸体验,主要在"一巷、两园、三院"的真实场景中,进行体验性学习,寻找小人书创作的灵感。"一巷"是指青果巷,一条青果巷,半部常州史,常常令人流连回味。"两园"是指中华孝道园和烈士陵园,沉浸其中,优秀传统文化"润物细无声",革命先烈的精神激荡少年心。"三院"是指敬老院、儿童福利院和法院、检察院,各有特定意旨,让学生收获颇丰。③ 践行公益,学生以义工和志愿者的身份,参与学雷锋活动、植树活动、关爱特殊需要的孩子的活动、拥军活动、社区服务义工活动等,在社会实践中涵育心灵、启智增慧。④ 宣讲传播,借助小人书"典藏馆"常态化开展小人书阅读活动;走出学校,走进社区,宣讲小人书里的红色故事,使学校成为社区文明建设的重要基地。

　　场景润。儿童的认知总是在一定场景中进行的。泰山小学的"小人书"项目十分重视学习场景的建设，特别是物理空间方面。他们一方面如前所述，突破围墙，走向社会；另一方面在学校场馆建设方面用心用力，使之兼有物理环境和学习资源的双重功能。据学校介绍，有关小人书的学校物理性场景就有：书架觅梯，步道小人书"楼梯阁"，登阶转角处，都有原创的小人书可以阅读；先锋活页，开放小人书"共享廊"，在"共享廊"定期举办"新时代先锋""百年红船记忆""最美人世间"等专题展览，引领学生领略先贤和英模的先锋风采；典藏有体，众筹小人书"典藏馆"，"典藏馆"收藏16 000多册学生原创、各方捐赠、自主购买的小人书，其中创作区、阅览区和展示区满足孩子们的多种需求；童真创意，流连小人书"影像园"，学校建设"一米阳光"小人书"影像园"，展示由孩子们原创的小人书转化的电子影像和童真动漫，孩子们在分享中得到心灵的滋润。于是，"润"既有形容词功能，又有动词功能。在适切的场景中，物理的场景也有了生命力，人与场景晤谈对话，甚至相拥起舞，共同创作儿童精神成长的动人乐章。

小人书，大世界。这个"大世界"是由立意高、五育融、参与深、场景润共同构建的。孩子们在泰山小学创编图画，也是在书写人生。相信小人书生成的大世界，会成为泰山小学孩子们人生精神溪流的源头，而且会永远清澈和涌动。

目录

序　言　小人书，大世界
　　　　——记常州市新北区泰山小学小人书阅读、创编活动 …………… 1

第一章　"小人书"的前世今生 ………………………………………… 1

第一节　雏形期——两汉、南北朝、隋唐 ……………………………… 3
第二节　发展期——宋元明清 …………………………………………… 6
第三节　成熟期——民国时期 …………………………………………… 10
第四节　繁荣与式微期——新中国成立后至二十世纪末 ……………… 12

第二章　"小人书"多学科融合的时代内涵及价值意蕴 ……………… 17

第一节　"新小人书"的内涵诠释 ……………………………………… 19
第二节　"小人书"多学科融合的理论依据 …………………………… 22
第三节　"小人书"多学科融合的价值意蕴 …………………………… 30

第三章　创享"小人书"的发展历程 …………………………………… 37

第一节　萌芽期：创立小人书社团 ……………………………………… 39
第二节　发展期：构建小人书校本课程 ………………………………… 43
第三节　成熟期：创享"小人书"品格提升工程 ……………………… 47

第四章　"小人书"多学科融合的项目设计 …………………………… 53

第一节　"小人书"项目主题与内容 …………………………………… 55
第二节　"小人书"项目的立体化/体系化构建 ………………………… 63
第三节　"小人书"项目开发的核心理念 ……………………………… 74

第五章 "小人书"多学科融合的实施与评价 ·········· 81
　第一节　打造内外融通的物型空间·················· 83
　第二节　推进多学科融合的课程实施················ 90
　第三节　构建形式多元的评价体系·················· 101

第六章 "小人书"多学科融合的实践案例选编 ········ 107
　第一节　"小人书"人生启蒙课的设计与实施········ 109
　第二节　"小人书"价值浸润课的设计与实施········ 152
　第三节　"小人书"励志寻访课的设计与实施········ 188
　第四节　"小人书"志愿服务课的设计与实施········ 229

第七章 "小人书"的教育力量 ·················· 259

后　记 ···························· 273

附　录 ···························· 275
　附录一　"心理辅导"小人书···················· 275
　附录二　"校园一景"小人书···················· 278
　附录三　西游记小人书——火焰山三调芭蕉扇·········· 280
　附录四　西瓜虫大揭秘························ 282
　附录五　寻访抗战老兵　坚定理想信念（部分）········ 284
　附录六　守江老人的故事······················ 285
　附录七　常州梳篦·························· 287
　附录八　送你一颗小星星······················ 291
　附录九　雷锋故事·························· 293

第一章

"小人书"的前世今生

第一章 "小人书"的前世今生

小人书又叫连环画、连环图、小书、公仔书。在中国，小人书与连环画常常被指作同一艺术形式，是同一种艺术形式的两种不同称呼。尽管一部分学者认为，小人书不等于连环画，小人书是连环画家族的一员，但在本书的语境中，仍然按照约定俗成的习惯，不将两者进行区分。鉴于连环画内涵更加丰富，表达更为准确，本书第一、二两章主要用"连环画"这一名称。连环画是用多幅画面连续叙述一个故事或事件发展过程的绘画形式，它具有形象性、故事性、通俗性等特点，深受广大群众的欢迎。

广义的连环画历史悠久，甚至早于文字的诞生。新石器时代，先民用图画记事，可以说是连环画的前身。世界上最早期的连环画可以追溯到公元前15世纪，如埃及的《死者之书》（绘画）、《名王功迹》（雕刻）等。我国的连环画的历史可以追溯到2 000多年前汉代的"漆棺画"。我国连环画的发展可以分为四个时期，分别是雏形期、发展期、成熟期、繁荣与式微期。

第一节 雏形期——两汉、南北朝、隋唐

根据现有史料，早在春秋战国时期就出现了连环画。如湖南长沙出土的战国时期楚墓中的帛画《人物龙凤图》（图1-1）、《人物御龙图》就是单幅的叙事画。这一时期的青铜器水陆攻占纹铜鉴上的画面已经具有多幅叙事画的特征。

公元前2世纪的西汉时期，连环画初见雏形。1957年，河南洛阳老城西北郊西汉壁画墓出土的《二桃杀三士》画像

《人物龙凤图》，战国时期，长31.2厘米，宽22.5厘米，1949年长沙陈家大山楚墓出土。上面绘制的是一名广袖细腰的垂髻女子，女子方颐大眼，双手合十虔诚地祈祷着，她头顶的凤凰尾羽前翘，夸张地弯折前腿，后肢奋力前蹬，优雅地引颈上飞。凤鸟左侧的龙有些瘦弱，与凤一起飞腾高升。长裙曳地的女子那不盈一握的细腰，便是楚王好细腰的审美风气所致，宽袖和裙前图案与凤尾图案非常类似。

图1-1 人物龙凤图

石，采用浅浮雕的手法，刻画了"二桃杀三士"悲剧故事中的三个主人公（图1-2）。郭沫若评价该画："作画者是特费匠心的，完全采用着写实的手法，画面颇为生动。在画的布局上，我认为可以和欧洲文艺复兴期中意大利名画家达·芬奇的《最后的晚餐》相比。"1972年在长沙出土的马王堆汉墓的漆棺（图1-3）上有多幅图连续描绘"土伯吃蛇""羊骑飞鹤"等故事。类似的壁画和漆棺画可视为我国连环画的早期萌芽。

图1-2 二桃杀三士

"二桃杀三士"是中国古代一则历史故事，最早记载于《晏子春秋》。这个故事最打动人心的，是三士杀身成仁、舍生取义的"君子之风"。此故事在当时及后来的秦汉时期广为流传，把这类故事装饰在墓中，是为了标榜墓主人是具有这些优秀品质的人。

图1-3 马王堆汉墓漆棺

1972年湖南省长沙马王堆1号汉墓出土。棺木为4层套棺，用梓属木材制作，内壁均髹朱漆，外表则各不相同。外层的黑漆素棺体积最大，长2.95米，宽1.5米，高1.44米，未加其他装饰；第2层为黑地彩绘棺，在黑漆地上绘有仙人鸟兽及飞腾出没于云气间的云纹，构成神秘而生动的画面；第3层为朱地彩绘棺，色彩更加绚丽。盖板绘二龙二虎相斗的图像，头档、足档分别绘高山奔鹿及双龙穿璧，左侧面亦以龙虎为题材，右侧面为勾连云纹；第4层为直接殓尸的锦饰内棺。

东汉时期，连环画内容和形式逐渐丰富，而且除了绘画还出现了文字叙述，变得图文并茂。这一时期壁画的题材主要是反映当时社会伦理道德要求的历史故事和神话传说，如《孔子见何馈》《柳下惠覆寒女》《伏羲女娲》《嫦娥奔月》（图1-4）等。

图 1-4　嫦娥奔月

1964年出土于河南南阳地区一个古墓。画面左上方刻着一个月轮，一只蟾蜍蹲坐月中，其右刻着一个女子为嫦娥，头梳高髻，人首蛇身，身着宽袖长衫，双手前伸，臀部有双爪，后拖曲尾，面向月轮，作翩然升腾状。画中周围云气妆点缭绕，大小不等的九星散布其间。

从南北朝到隋唐时期，连环画的题材和创作样式更为自由和多样。这一时期，佛教在中国广为传播，而连环画成为其重要载体，两者相互影响。闻名世界的艺术瑰宝——敦煌壁画，主要题材有佛教故事、佛陀的生平和佛教教义等内容。

《九色鹿经图》（图1-5）是莫高窟内最完美的连环画式本生故事画，该画是北魏洞窟的代表作，位于莫高窟北魏第257窟西壁中部。此画描绘了一个关于佛陀的故事，主要角色是一只神奇的九色鹿，故事分为八个情节，即救人、溺水者行礼、国王与王后、溺水者告密、捕鹿途中、休息的九色鹿、溺水者指鹿、九色鹿的陈述。整个故事采取横卷连环画的形式，依次叙述了故事的主要情节，无论其表现形式，还是绘画艺术，都已经初具连环画的主要特征。20世纪80年代初，上海美术电影制片厂根据此壁画改编制作了美术片《九色鹿》，该片曾风靡一时，成为几代人的共同记忆。

图 1-5　九色鹿经图

我国这一时期的壁画，其内容和情节上已经具有一定的连续性和完整性，并开始把文学与艺术结合起来，由此孕育出我国古代连环画的初貌，为以后连环画的发展打下了坚实的基础。

第二节　发展期——宋元明清

一、宋朝

连环画伴随文化艺术的发展而发展，宋朝是中国历史上一个文化艺术繁荣的朝代，尤其在绘画领域达到了一个高峰。与此相应，连环画的发展也进入了一个新的发展阶段。

连环画的发展与技术进步有着重要关系。宋代，造纸术得到了划时代的发展，为印刷行业的兴盛、活字印刷术的革新奠定了基础。而随着印刷术不断改进和广泛运用，印本书籍开始在社会流行，这为绘画的内容和形式的改革提供了极大的可能空间，于是，文字与图画结合成为当时书籍发展的一种风尚。

与此同时，绘画本身的兴盛，尤其是风俗画和人物画的兴起，在很大程度上助推了连环画的发展。《清明上河图》（图 1-6）是这一时期最为典型的代表作，它是一幅具有不朽意义的作品，被认为是中国十大传世名画之一。该画描绘了清明时节北宋京城汴梁以及汴河两岸的繁华景象和自然风光。全幅场景浩大，以长卷形式，采用散点透视构图法，生动表现了北宋时期都城东京的城市面貌、复杂社会景象和世俗生活。

图 1-6　清明上河图

此作品虽然只是一幅画,但它具有相对完整的情节。打开这幅画,可以看见小溪旁边的大路上一溜骆驼队从东北方向走来,五匹运炭毛驴负重累累,前面的马夫把领头的牲畜赶向拐弯处的桥上,后面的驮夫用马鞭把驮队驱赶向前……类似场景描写较好地体现了连环画性质。此外,这一时期,也正式出现了多个故事组成的连环画,如宋嘉祐八年刊刻的《列女传》就是用这种形式刊出。

二、元、明朝

元朝多民族共居的局面,使得元朝民族观念较为开放包容,辽阔的疆域成为各民族共同生活的家园。这对文化的发展起到了积极的推动作用,也为连环画发展提供了良好的土壤。这一时期,为适应读者需求,在小说和剧本中添加插图更加盛行,连环画与文学结合更加紧密。连环画的题材开始向文学作品转向,最为典型的代表作是《新刊奇妙全相注释西厢记》(图1-7)。《新刊奇妙全相注释西厢记》系王实甫所作,全书161页,插图多达137幅,上图下文,图文结合,并加有标题,实际上已基本构成连环画样式。

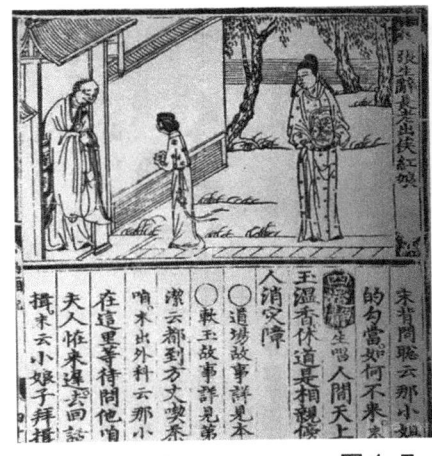

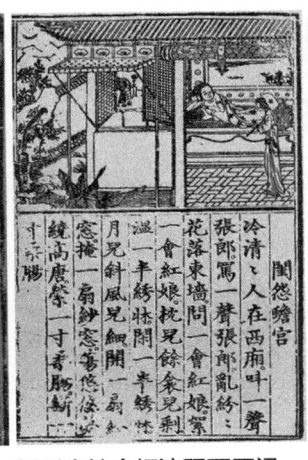

图1-7 新刊奇妙全相注释西厢记

明代,随着雕版印刷术日趋成熟,刻书技术越来越精湛,诞生了很多刻本,《孔子圣迹图》(图1-8)就是其中的代表。《孔子圣迹图》又称《三十六孔圣迹图》,刻成于明代万历二十年(公元1592年),被认为是我国最早成形的连环画,共分36幅,再现了孔子一生的重要行迹与相关历史事件。这本连环画共105页,每页纸长约60

厘米，宽约40厘米，比8开报纸还大。《孔子圣迹图》在中国广泛流行的同时，也逐渐流传到日本、朝鲜、东南亚、欧洲等地，对这些地方的图画艺术产生了很大影响。

这一时期，中国历史上诞生了一位连环画的大家——陈洪绶。陈洪绶字章侯，幼名莲子，生于1599年，卒于1652年。他擅长画人物、花鸟、山水，但是在他的作品中，数量最多、最具特色的却是人物画。他的人物画条纹清晰圆劲，形象生动，被后世称为"三百年无此笔墨"。这些画大多是

图1-8 孔子圣迹图

《孔子圣迹图》用连环画的方式再现了孔子的一生行迹与相关的历史事件，如"问礼老聃""韦编三绝""泰山问政""诛少正卯""夹谷会齐""楚狂接舆"等我们耳熟能详的故事。

图1-9 水浒叶子

为当时流行的小说、戏曲等文学作品所作的插图，因此完全具有连环画特质。他的代表作之一——《水浒叶子》（图1-9），是其28岁时的作品。作品中，他为40名梁山泊英雄塑造了正面形象，歌颂了他们的英雄气概和反抗精神。《水浒叶子》自明末问世以来，在民间影响深远，推动了连环画的创作。

三、清朝

清代，连环画的题材和内容产生了很大变化，出现了许多以农业生产为题材的连环图，如《耕织图》（图1-10）、《棉花图》等。《耕织图》由"耕"和"织"两部分组成，每一幅都是一种农业操作（如浸种、耕、耙耨等），串联起来就是一部诠释生产过程的连环画。同时，图册上的每一个步骤还配有一首五言八句四十字的小诗，以解释图中的生产内容。此图为普及生产知识、推广耕种技术、促进生产力发展发挥了很大作用。

图 1-10 耕织图

清朝末期，西方石版印刷术的传入，推动了我国出版业的革新。最早使用石印机的是上海徐家汇天主教会，当时主要刊印宣传天主教的书籍，但随后此项技术也为连环画的发展起到了推波助澜的作用。1884年5月，以《点石斋画报》（图1-11）命名的时事画报在上海诞生。《点石斋画报》为中国最早的旬刊画报，每期画页8幅，于1898年停刊。《点石斋画报》一共出版发行了528期，其中，描绘时事的连环图画就有4 000多幅，可谓我国早期连环画中的珍稀品。其内容主要反映中法战争、中日战争、旧社会人民的生活疾苦等，也有大量时事和新闻内容。

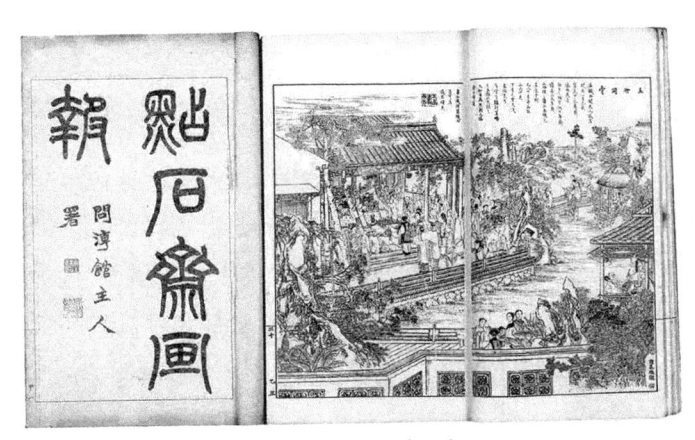

图 1-11 点石斋画报

第三节　成熟期——民国时期

1913年左右，上海石印新闻画报可谓风靡一时，这些画报一般是单张4开，每份有图86幅，已具有现今连环画的特点，可以说是现代连环画报的雏形。当时，一些书商看到这种图文并茂的画报销路较好，纷纷仿效，编绘出版类似小画册。这种小画册的大小与14开的书差不多，呈四方形，用薄纸印刷，封面以签条形式印上书名。这些小书的内容多为时事新闻，后来开始转向戏剧台本。

之后，有代表性的连环画是上海有文书局1920年出版的《薛仁贵征东》（图1-12），该书共20集，每集30幅，用有光纸石印。此时，连环画的形式是上文下图，文字内容较多，约占版面四分之一。画面人物装束虽仍袭用戏装，背景却已摆脱了舞台程式，有的会根据内容创作一些背景，使连环画更具艺术内涵。

图1-12　薛仁贵征东

1925年到1929年，上海世界书局相继出版了《三国志》（图1-13）、《西游记》《水浒》《封神榜》《岳传》等。但当时对这种读物还没有一致的称呼，上海叫它"图画书"，两广地区叫它"公仔书"，北方则称之为"小人书"。此后，随着连环画的普及和发展，由于其大多采用64开的小开本，民间因形就意，为其取名为"小人书"。

图1-13　三国志

抗战时期，连环画作为革命宣传

的工具助推了一系列的政治运动。当时，一些美术工作者创作了不少反映革命内容的新连环画，像西野的《刘家胜打地堡》、古元的《独胆英雄》、罗工柳的《李有才板话》、吕蒙的《铁佛寺》、江有生的《曹文选》、力群的《刘保堂》、林军的《不朽的战士》、彦涵的《狼牙山五壮士》(图1-14)等等。这些连环画艺术起到了动员和宣传，推动群众运动的作用。解放区的连环画创作，实际上为今后连环画的发展提供了方向引领。

图1-14 狼牙山五壮士

第四节　繁荣与式微期
——新中国成立后至二十世纪末

一、新连环画的形成与创作（1950—1958）

新中国成立后，连环画创作受到党和政府高度重视，迎来了蓬勃发展的历史机遇。新中国成立之初，鉴于连环图画在思想性和技巧等方面存在的问题，旧连环画的改造工作便在全国范围内展开。与此同时，政府大力加强连环画出版工作，先后创办和组建了多家出版社。1950年至1954年，政府通过统一集中和公私合营等方式，创办连环画专业刊物《连环画报》，并陆续组建了辽宁美术出版社、天津人民美术出版社、人民美术出版社、华东人民美术出版社、河北美术出版社等机构。连环画的创作地位和影响力也在不断提升。1955年3月，在第二届全国美术展览会上，王叔晖的《西厢记》《孔雀东南飞》、刘继卣的《武松打虎》（图1-15）、顾炳鑫的《蓝壁毯》等作品受到了广泛的赞誉。随后，《武松打虎》获得"世界青年联欢节"国际美术竞赛和展览三等奖。1957年，上海人民美术出版社出版的连环画《三国演义》，全套共60册，画图共7 000多幅，被认为是迄今为止篇幅最多的一套连环画作品。

图1-15　武松打虎

二、连环画创作的第一次高峰（1959—1965）

经过数年的改造和发展，连环画的出版数量增长迅速。从 1949 年到 1962 年，全国共出版了 12 700 余种连环画，发行量达 5 000 亿 6 000 多万册①，连环画逐渐由普及走向繁荣。

三年困难时期连环画的出版、创作速度明显减缓。1962 年起，随着经济好转，连环画创作再次活跃。这一时期比较有影响的作品有《三打白骨精》《山乡巨变》《穷棒子扭转乾坤》《闹天宫》《阿Q正传一零八图》《白毛女》《铁道游击队》（图 1-16）、《林海雪原》等等。这些作品给读者留下了深刻印象。

图 1-16　铁道游击队

三、连环画创作的第二次高峰（1978—1989）

"文革"期间，连环画创作受到了特定时期话语模式的影响。这个时期连环画的题材主要以《红色娘子军》《白毛女》《海港》《沙家浜》《红灯记》《奇袭白虎团》《智取威虎山》等八个样板戏为主。

1978 年后，伴随着改革开放政策的推进，艺术家开始寻找新的表现方法，连环画创作在新时期开始了过渡与转换，产生了《伤痕》（图 1-17）、《枫》《草原上的小路》等一批触人心灵、感人至深的优秀作品。与此同时，一些老画家在新形势的影响下，创作了一批呈现出积极、乐观精神面貌的连环画，从而使传统题材发生了审美趣味的变化，如贺友直的《十五贯》《白光》等。

图 1-17　伤痕

随着改革开放的深入，连环画在题材上呈现百花齐放的良好局面。有的承担文化知识普及的功能，如《中国成语故事》《中国诗歌故事》；有的注重反映现实生活中

---

① 马克. 欢呼连环画的新成就[N]. 人民日报. 1963-12-29（6）.

城镇与乡村普通人的生存状态，如《人到中年》《人生》等；有的是文学名著改编形成的，如《白光》《伤逝》《最后一课》等。当时，大量的外国文化与历史题材的优秀连环画也纷纷面世，连环画不仅像以往一样承担了美术的普及工作，还负有解放社会思想的历史使命，起到了提高当时国民整体审美能力、推动美术创作全面发展的历史作用。

四、连环画的式微（1990—）

1990年后，随着电视、录像厅、卡拉OK、电子游戏的普及，漫画、动画更容易受到青少年的欢迎，连环画不再是不可缺少的娱乐方式，市场不断被影视媒体所抢占。连环画逐渐淡出人们的生活，面临发展困境，但面对挑战，许多连环画家和美术出版机构仍然做出了积极探索、付出了很大努力，如浙江人民美术出版社的十卷本《世界文学名著》等陆续出版。为了方便阅读，由孟庆江等主编、人民美术出版社出版的《中国十大古典悲剧连环画集》与《中国十大古典喜剧连环画集》（图1-18），上海人民美术出版社出版的《中国古代传奇话本》等，多为32开，与以往64开本的"小人书"相比，更显成人化特点。这些作品的艺术质量虽然达到了1990年以来创作的新高度，但由于时代变化，加之其内容和主题与20世纪90年代的社会现实生活有不少距离，连环画出版日渐式微。

如今，连环画以收藏品的身份重新进入人们的视野，成为继古玩、瓷器、字画、邮票之后的热门收藏品。虽然连环画的原创之路依然艰难，但是这一民族文化艺术瑰宝依然散发出顽强的生命力。在数字化背景下，在改革开放的新时代，连环画如何融入现代技术和现代生活，如何再次实现繁荣，已成为今天连环画出版人、艺术家和研究者面临的共同课题。

图1-18 《中国十大古典悲剧连环画集》与《中国十大古典喜剧连环画集》

《中国十大古典悲剧连环画集》与《中国十大古典喜剧连环画集》是几经专家重复研究才商定的。这两部古典悲、喜剧连环画选中的戏曲故事是中国戏曲的精华，是中国人民数百年来读不厌、演不够的好剧本。这套书是20世纪80年代初开始策划、编辑、约绘的。从元、明、清著名的戏剧中选中十部悲剧、十部喜剧改编成各十册，共二十册。

参考文献：

［1］一可，未名，王军. 小人书的历史——漫谈中国连环画百年兴衰［M］. 重庆：重庆出版社，2008.

［2］欧云波. 从帛画到"小人书"——浅谈连环画的发展及其与美术教育的关系［J］. 中国中小学美术，2018（4）：61-64.

［3］李振宇. 文化转型时代的连环画兴衰［J］. 南京艺术学院学报（美术与设计），2015（1）：104-108.

第二章

"小人书"多学科融合的时代内涵及价值意蕴

从作为文学艺术表现形式到成为一项教育实践，小人书的身份发生了转换。它不再是单纯的艺术创作实践，而是具有了教育属性，成为与学生成长发生直接关联的教育行动。扎根于教育土壤的小人书汲取了新的理论智慧，拥有了全新的内涵和价值追求，并在实践优化的过程中不断生发出新的价值意蕴。

第一节 "新小人书"的内涵诠释

相较于"小人书"，"连环画"的概念更加为大众所熟悉。连环画有广义和狭义之分，广义上，连环画是与国画、油画、雕塑等相并列，用多幅画面连续讲述一个故事或事件的发生过程的艺术形式。[①] 连环画的创作一般采用线描或彩绘，通常以文图相结合的形式来展现故事情节或特定内容，我们所看到的连环画，大多是以上图下文或文放置于图中和图旁的形式来呈现的。对于读者而言，连环画十分小巧、精美，连续性的精美画面搭配优美生动的文字，让读者特别有场景感和代入感，体现了独特的中国文化魅力。1949年新中国成立以后，连环画一度成为社会普及教育的一种重要方式，因其通俗易懂的话语、简洁生动的故事情节成为青少年学生重要的课外读物，充实了社会文化生活，对培养青少年正确的价值观起到奠基作用。考虑连环画的主要阅读者以儿童居多，且为了贴合儿童的兴趣和理解能力，许多连环画都朝着童趣化的方向发展，内容精练，篇幅短小，形式精巧，画面活泼，让儿童爱不释手，因此，狭义上的连环画指的就是"小人书"。

小人书不"小"，能装下大历史，一部《三国演义》亦可浓缩在一个系列的小人书中，受到儿童的喜欢和追捧。传统的小人书多是作为成熟作品提供给儿童，如漫画大师张乐平先生创作的《三毛流浪记》曾在20世纪八九十年代风靡一时，后又被改

[①] 欧云波. 从帛画到"小人书"——浅谈连环画的发展及其与美术教育的关系[J]. 中国中小学美术，2018（4）：61-64.

编为电影、电视、动画片，影响极其广泛深远。这些成熟的小人书作品的创作者大多是成年人，他们或是美术大师，专攻于画面构图和线条色彩，或是社会活动家，想通过小人书这一载体实现社会教化思想的传播。小人书的创作者可以是儿童吗？可以让儿童成为"小小绘书人"，创造出儿童视角的小人书吗？常州市新北区泰山小学用多年的探索行动实现了这一想法，赋予了小人书新的时代内涵。

"新小人书"指的是学生的原创作品，是以学生为创作主体，采用连续图画和简明文字或画外音叙述故事并形成作品的实践过程。将"小人书"与"小书人"相统一，学生既是读者，也是"小小绘书人"，是创作者、分享者、行动者，在创作小人书的过程中理解文化知识，提升运用能力，增强情感体验、领悟道德智慧，内化正确的价值观念，养成高尚的品格。

"新小人书"具有四个方面的价值追求：

第一，教育立意高远。德育、智育、体育、美育和劳动教育是有机统一的整体，五育融合以促进人的全面发展为目标，从根本上反映了教育的本质属性。马克思主义实践哲学认为，教育的成效在根本上要见诸人的实践活动。也就是说，无论是德育、智育、体育还是美育等，最终都必须回到人的社会生活实践中，在接地气的生活中真正实现人的发展，"新小人书"的创造性教育实践正是体现了五育融合的目标。泰山小学聚焦社会主义核心价值观主题开发"小人书"项目，将学生发展核心素养的要求与社会主义核心价值观践行要求相整合，并与《少先队活动课程指导纲要》（2021年版）中的"核心价值观记心中"内容相结合，形成了具有学校"尊重文化"底蕴的小人书课程体系，将社会主义核心价值观嵌入课堂、延至活动、融入生活，既立意高远，又追求润物无痕，在潜移默化中发挥小人书对学生正确价值观念的引领功能，促进学生品格的发展和提升。

第二，多学科融合。《义务教育课程方案和课程标准（2022年版）》在原先素质教育的基础上，提出了"素养导向"的追求。素养导向更注重知识内化、实践与运用，素养导向的新时代教育使得原本分离的各个学科在新课标的引领下开始尝试跨学科融合，创新变革，发挥跨维度育人的更大魅力。多学科融合注重"德"为先，"才"有门、"识"广博，依据"课程+"的理念，既以学科为依托，又超越单学科视野，让多学科教学共同迸发力量，形成综合育人的效果。一本小人书从构思到诞生，历经了收集、创编、传阅、展示、践行等若干个阶段，学生在这一系列环节活动中需要综合使用语文、数学、道德与法治、美术、科学等相关学科知识，需要综合运用写作、绘画、设计、摄影、品读、讲演、调研、寻访等多种技能，将自己在各学科中学到的知识与本领，结合自己的经验、想象力、审美能力、动手能力，融合一体，最终才能形成手中的这份作品。小人书不"小"，它是学生智慧的结晶，是检验学校学科融合效果的试金石。

第三，形式多元开放。传统小人书多是以纸媒为载体，采用60开或64开尺寸，便于携带和收藏，因此也称"口袋书"。但过于狭窄的版面也会使得小人书容量相对有限，文字加图片的单一呈现形式在趣味性、传播性上明显不足。"新小人书"诞生在新媒体时代，在纸媒基础上融合了数字网络技术，有了更加丰富、新颖、多元的传播形态。学生创作的小人书既可以是纸质手绘的书，也可以是电子影像书，如学生微电影；既可以作为实物作品在学校内外物型空间中展示，比如，泰山小学的"楼梯阁""共享廊""典藏馆""影像园"等都是展示孩子们原创小人书作品的重要场域，也可以将小人书转化为"活的舞台""动的实践"，在城市公共舞台、社区文体中心等受众更加广泛的场所亮相，进行展演、叙说、宣传和推介，以独特的形式向更多的人展示小人书的文学美、图画美、思想美。

第四，重视创造生成。学生具有无限的发展潜能，学生的生命始终在发展变化中，通过实践创造了多样化的未来。生成性通常指在学习过程中，学生能够根据自己的理解和经验，创造性地构建新的知识或理解。生成性是学生生命的发展特性，也是教育最为看重的属性。教育重视人的创造生成，肯定人具有自主建构的无穷力量，人在自己的创造性实践中不断完善自我，成就理想中的样态。"新小人书"主张由学生来创造，让学生做"小小绘书人"，学生不仅要在脑海中创设故事情节、搭建全部场景、安排具体角色，还要着手将这些想象中的事物以自己喜欢的形式、以适合读者阅读的样态转化为成熟作品。这一创作的过程是极具生成性和创造性的，当然也有其自身的难度挑战。学生在创作的过程中不仅希望表达自己心中的所想、所思、所爱，也会考虑如何获得读者的喜爱和认可，因此，学生会主动去沟通、去调查、去尝试、去适应，将创作的过程融合在自己的日常生活中，与自己的生命体验融为一体。此外，学生在创编小人书的过程中会综合运用到多个学科的知识和能力，将原本分散的知识逐渐结构化、系统化，生成自己新的理解，运用在生活实践中，生长出新的经验。这不仅有助于学生加深对学科知识的整体化理解，领悟知识与生活的紧密联系，同时也能够增进学生的生活智慧、行动能力。

第二节 "小人书"多学科融合的理论依据

小人书来自传统文化，又结合了当下时代的变化，融入最新的教育教学理念，综合媒介育人、场域育人的先进思想，因此，"新小人书"教育实践有着非常丰富的理论基础，它们不断丰富小人书的内涵诠释、价值挖掘，支持着小人书的教育构思和行动实践，为小人书的发展提供源源不竭的思想智慧。

一、根植立身悟道的中国传统哲学精神

"新小人书"作为泰山小学的教育实践，起初是在德育领域中扎根生长。我们基于学校"尊重·和谐"的办学文化，以社会主义核心价值观念为根本，尝试通过小人书这一鲜活载体达到培育儿童优良道德品行的目的。"立身悟道"是对小人书最初的价值定位，也是对孩子核心的道德期待。"立身"与"悟道"均来自中国传统文化，是具有深厚思想底蕴的中国哲学概念。

"立身"指人建立自己的言行和品德，它是人在社会生活中安身立命的基础。在中国传统文化中，"立"极为重要，意涵丰富。"立"有站立、建立的意思，还可引申为生存、存在。如《论语·季氏篇第十六》有言："不学礼，无以立。"它讲的是不学习礼就不懂得怎样在社会中存在（立身）。当然，学礼只是立身的前提，孔子言中之意是，学礼才能懂礼，懂礼方能做到以礼待人，才能不断磨炼自己的品行，德性坚定，故而能立身。所以，从学礼到真正能够在社会中立身，还需经过漫长的德性修炼过程，这就是立身的过程，其中涉及如何做人、如何与他人相处、如何对待自己和他人等一系列需要思忖的道德问题。

"立身"与"立德"相统一，立身的过程也是人立德的过程。立身需要内外兼修。所谓"内"，指的是人内在的道德修养，要求人们具有正直、诚实、谦虚、勇敢等美德。中国传统文化中提倡的君子品格如仁爱、忠义、诚信等，都旨在鼓励人们通过修身养性提升自己的道德境界。所谓"外"，是指人在社会中的主动担当，要求人们要具有社会责任感和勇于担当的精神，将社会的发展与个人的发展相统一，具有命运

共同体的意识，主动在社会中有所作为，为社会生活的进步和国家事业的发展贡献力量。这与当下提出的立德树人教育使命也是统一的，只是立身立德是从个体发展的角度来说，而立德树人是从教育者的立场阐发。

人"立身"的过程中离不开"悟道"。在《老子》文本中，"身"取喻于"草木"，以"生"为基本义。但我们却不可将"身"简单地理解为肉体，否则"立身"便无从谈起。老子思想认为，"身"乃是"文与质"张力塑造的生活世界中"身—心—气"的生命统一体。① 肉体之"身"是人的本真存在形态，"心"和"气"才是人活跃于世界中拥有"生生不息"力量的根源。所以，"立身"其实也是在"立心"，在扬生命本应有之"气象"。"悟道"能够为"立身"提供源头活水，"悟道"的过程是人通过学习和实践领悟人生真谛和万物法则，达到心灵净化和升华的状态。在中国传统文化中，悟道被看作是人生修养的高级阶段，需要人具有深厚的文化底蕴和人生阅历，能够悟透社会和生命运转的道理法则，并谨然遵守，方能立身。所以，"立身""悟道"放在一起，可以理解为一个人从基础人格建立到深层次心灵成长的完整过程，它不仅要求人具有良好的德性修养，有深刻的思考和领悟能力，还要有强烈的社会责任意识和担当作为的能力，从而能够在成长的过程中不断完善自我，并在社会中获得展现。

"新小人书"教育实践根植于"立身悟道"的哲学思想。我们在初创道德小人书社团时，便是秉持着让学生通过自主领会和创编小人书故事，从中领悟友善、勇气、责任、正义等重要的价值品质，帮助学生树立正确的人生观和价值观。因此，在小人书创编主题的选择上，我们一方面给予学生充分的自主权，让他们自由选择想要创作的主题内容，另一方面也十分重视引导，尝试将弘扬社会主义核心价值观与小人书创编活动相融合，让学生在核心价值观念的引领之下展开创作。譬如，泰山小学的学生们创作的《文明的样子很美》《诚信是金》《雨中护国旗》等都是来自生活中真实的素材，学生们用自己的眼睛观察生活，用自己的语言表达生活，用自己的领悟述说爱国、诚信、文明的价值观念，将原本抽象的、高度凝练的核心价值观概念转化为笔下的生动景象，不仅易于理解和传达，更展现了儿童眼中的真、善、美，纯真而质朴。

小人书是通过故事情节和人物形象塑造来传递正面的价值观念，我们正是看中这一点，鼓励学生将自己喜欢的榜样形象塑造为小人书的主人公，续写这些榜样的故事。例如，我们在学习小学道德与法治五年级下册第三单元"不甘屈辱　奋勇抗争"这一课时，要求学生围绕甲午中日战争搜集材料，创作小人书。学生们阅读了这段历

---

① 臧要科.《老子》中的"身"与超越之道［J］.老子学刊.2023（1）：46-60.

史后，被爱国英雄左宝贵、丁汝昌、刘步蟾、林永升等人的英勇事迹感动，便创作出了《甲午战争之丰岛海战》《甲午战争之平壤之战》《甲午战争之黄海海战》等作品，这些英雄形象能够激发学生的正义感和爱国热情。我们也鼓励学生寻找身边的榜样、现代的榜样，将他们的先进事迹画成小人书，在同学中间传阅，一起向身边的榜样学习。例如，在"寻访大国工匠，感受时代脉搏"系列寻访活动中，学生们采访了常州市纺织业翘楚邓建军，深深被邓建军伯伯专注负责、精益求精的精神感染，于是以邓建军为主人公创作了一系列的小人书作品，赋予了榜样人物鲜活的立体形象。小人书不仅有文，还有图，学生在学习实践之后将心中所敬佩的人物、所激荡的道德情感、所感动的道德故事再次表达输出，所叙所绘皆由学生操作，所感所悟也都源自学生心中体会，这样的道德教育是"入心"的，也是能够"化行"的，知行获得了统一。

二、聚焦多学科融合的新教育理念

"新小人书"是多学科融合背景下的创造性教育实践。所谓"学科融合"，指的是将不同学科间的知识和技能有机地结合起来，形成协同效应，以满足人们对综合知识的需求。2022年义务教育课程方案中提出，要以习近平新时代中国特色社会主义思想为统领，基于核心素养发展要求，遴选重要观念、主题内容和基础知识，设计课程内容，增强内容与育人目标的联系，优化内容组织形式。要推进综合学习，注重知识学习与价值教育有机融合，发挥每一个教学活动多方面的育人价值。积极开展综合性学习活动，加强知识间的内在关联，促进知识结构化。学科融合已经成为当前基础教育发展的主导趋势，在实践中发挥的效果越来越突出。

学科融合有其认识论基础，在根本上指向我们如何理解知识的来源问题。知识可以理解为人类认识成果的总和，它来自生活实践，是人们在长期实践经验积累的基础上总结形成的认识观点。知识因为经过了实践的检验，所以才具有可信度，具有推广学习的条件。正如马克思所说，在实践中出真知。生活实践是知识产生的源头。所以，亲身实践也最有利于孩童获得真切的知识和经验。但是，儿童很难总是有充裕的时间去开展实践，况且又要求在有限的学习时间里尽可能快速掌握人类最先进的文化知识，因此，分科教学应运而生。分科教学有着强烈的学科观念，它将原先整体化的知识内容分割为文学、数学、艺术、物理学等多个学科类别，然后在各门学科中选择适合一定年龄阶段学生发展水平的知识，按照发展顺序，形成学生学习的具体教学科目。譬如，语文就是文学学科的具体转化。分科教学有利于突出知识的逻辑性和连续性，能够让学生简捷有效地获取学科系统知识，教学效率高，学生对知识的巩固情况好。但是分科教学也容易将原本有着密切联系的知识割裂开来，使得学生在心中产生对知识的僵化认识，认为数学知识是数学的，语文知识就是语文的，数学和语文之间没有关联性。学生在心里形成了孤立的学科观念，看不到各学科知识内在的关联性，也就很难从整体上把握知识。最终导致的结果是学科之间的隔阂越来越突出，知识与经验生活的脱节问题也越来越严峻，学生的知识学习碎片化、表浅化、机械化。

2019年，中共中央国务院发布了《中国教育现代化2035》，进一步提出要"更加注重学生全面发展，大力发展素质教育，促进德育、智育、美育、体育、劳动教育的有机融合"。五育融合致力于学科贯通，以融合的方式，五育并重，五育合一，提升学生的核心素养，培养全面发展的人。华东师范大学李政涛教授指出，五育融合不仅是一种教育理念，更是一种系统化的育人思维，包含了"有机关联式思维""整体融通式思维""综合渗透式思维"。这一新的思维模式最终必然要落在学校的课程实践中，因此，五育融合目标的实现前提正是多学科之间的有机整合。泰山小学由最初的道德小人书社团延伸创造出小人书校本课程，随后又通过长期的经验积累和进一步挖掘，将小人书推向了所有课程。在学校的三大课程模块——国家课程、特色课程和实践课程中，小人书犹如一块"磁石"，将所有的课程紧紧"吸引"在一起，打破学科分隔和知识分隔，重塑知识整体学习的新样态。

在国家课程中，我们注意发挥各学科课程的特色和优势，将小人书作为学生理解学科知识、活用学科能力、领悟学科价值的重要抓手。例如，语文学科重在培养学生丰厚的文化底蕴，继承和弘扬中华优秀传统文化、革命文化、社会主义先进文化；数学学科旨在培育学生的理性思维、科学精神、创新精神；科学学科重视引导学生树立人与自然环境和谐共生意识、人类命运共同体意识；艺术学科坚持以美育人，培养学生健康的审美情趣、乐观的生活态度。不同学科有不同的价值追求，但在人的发展层面又是会相互融通的。譬如，学生在欣赏文学作品时离不开审美鉴美的能力，在思考科学难题时也可能需要运用数学知识和数学思维。所以，我们鼓励学生在各学科学习过程中找寻自己感兴趣的主题，将自己的全部所学融汇在一起，服务于小人书的创作，大胆构思，创意设计，跳出学科的限制。

在特色课程中，小人书是主角。我们在多年的实践中收藏了一大批经典小人书作品，如《鸡毛信》《地道战》《方志敏》《铁道游击队》《红岩》等，它们基本都由名家创作，具有极高的文学价值、审美价值、思想教育价值。我们以这些小人书作品为对象，组织学生在专门的阅读鉴赏课中欣赏、讨论，学习作者的故事语言、图文布局、彩绘技巧，了解不同类型素材的收集和处理方式，以及体会在不同类型小人书中独特的语言风格、呈现形态。先学习别人是怎么做的，再来构思和创作自己的小人书。学生由读到研，再到创作，这是一次理性思维的历练，他们会动用自己学到的所有知识和能力，认真观察、主动发现、钻研细节、磨炼技巧、整体把握，在不断追求创造更好作品的过程中提升自身的综合素养。

在实践课程中，小人书成为学生记录生活、表达感受以及自我展示的重要载体。学生走出校门，参加社会实践，将自己在实践中的见闻、感受、收获以小人书的形式记录下来，形成一系列鲜活的行动叙事，并在同学们中间传阅分享。例如，在中国共产党成立100周年的重大时刻，泰山小学组织学生进行了100次参观寻访活动，这些重要的经历成就了学生笔下《最美人世间》《百年红船记忆》《二十大》等100本小人书作品。学生也会带着小人书走到公共舞台上进行宣讲传播，用绘声绘色的讲演、生动的戏剧表演等方式，向大家传播小人书中蕴含的美好精神。

小人书是独特的载体、独立的作品、独一无二的行动实践，它能够以核心素养为导向，打破学科边界，融通知识、能力，实现多学科的融合，实现五育融合，最终促进学生的全面发展。

三、发挥多媒介育人的独特优势

传统小人书以纸媒为主要载体，形式相对比较单一，传播速度慢，影响范围小。"新小人书"诞生在多媒体时代，在呈现形式和传播路径上有了更多选择，也更能够发挥多媒介育人的独特优势。

媒介技术，也称传播技术，指信息的载体和加工、传递信息的工具。它既包括用于承载信息的符号系统，如语言、文字、符号等，也指存储、加工、传递信息的工具载体，如书籍、电视、网络等。[①]人类社会历史发展至今，媒介技术共经历了五次革新：第一次是语言的使用，使语言成为人们进行思想交流和信息传播不可缺少的工具；第二次是文字的出现，使人类能够将信息保存下来，并且不受时间和空间的限制，向他人传播信息；第三次是印刷术的发明和使用，使书籍、报刊成为重要的信息储存和传播媒体，更新速度快、内容多，辐射范围也更加广泛；第四次是电话、广

---

① 徐振国，魏同玉，谢万里，等．媒介技术影响教育形态变革：历程、规律及启示［J］．数字教育．2023，9（3）：23-30．

播、电视等电子媒体技术的发明，使信息传递变得更加迅捷、及时；第五次是计算机与互联网的使用，即数字媒体的出现，集声音、图像、视频、文字等多种媒介形式于一体，呈现出立体化、全景式、交互性的传播特点。媒介技术的革新，不仅带来社会层面信息传递方式的变化、人们对信息体验感知程度的改变，也深深影响了学校教育形态的变革。我们在小人书的实践探索过程中，也在考虑如何让媒介技术更好地融入其中，服务学生的成长，发挥媒介综合育人的积极效应。

"新小人书"创作过程中，学生对媒介技术有着非常高的热情，从创作风格、呈现方式到传播途径，都期望能够借助媒介技术的力量，实现最好的效果。过去学生创作的小人书多是纸质手绘，"纸+彩笔"几乎就是学生全部使用到的工具。对于低年级学生来说，这也能基本满足创作的需要，但是，随着学生年级的提升，这样的创作工具会越来越限制学生创造力的发挥。因此，我们鼓励高年级学生尝试数字绘画，在电脑上操作小人书的构图、上色、文字处理和整体排版，或者在手绘作品中融入电子元素，让小人书的形式和内容更加丰富，更具有与读者交互的功能。在传播方式上，过去是将小人书装订成册，然后在学生中间传阅，小人书在学生的手中流转，不仅容易被损坏、遗失，且因为数量少、传播速度慢，学生得不到充足的阅读时间，也很难获得深刻的认知与体验。现在，我们不仅继续保留小人书传阅的传统，同时也在学校网站、微信公众号、班级群以及众多的线上线下舞台上，展示同学们创作的小人书，分享与小人书相关的故事、新闻报道、电影、视频，让小人书深深地嵌入学生的生活里，成为每个学生对泰山小学最深刻的记忆。

小人书能够发挥多媒介融合育人的独特优势，这体现在三个方面。首先，小人书能够丰富学生的感官体验，带给学生全新的生命感悟。原创媒介理论家马歇尔·麦克卢汉（Marshall Mcluhan）提出，媒介是人体感官能力的延伸和扩展。譬如，文字印刷是人的视觉能力的延伸，广播是听觉能力的延伸，电视是视觉、听觉和触觉能力的延伸。小人书从创作到传播，综合了多种媒介技术，必然会给学生的感官带来更为丰富的体验，帮助学生获取更全面、更深刻的认识与感受。

其次，小人书能够支持定制化、个性化、创新化，使得学生的创造力得到进一步激发。媒介技术追求"新"，适应新时代学生乐于接受新鲜事物，敢于表达个人观点的特点。学生在创作小人书时，会自己去采集素材、编写情节，会根据自己的喜好选择呈现方式，根据自己的能力与经验考虑适宜的传播途径，在这一过程中，学生的主动性、主体性得到了凸显。他们可以自由地创作、自由地分享，向他人展示具有自身独特性的作品，从中获得满满的成就感。

最后，多媒介融合能够让小人书的教育影响更加广泛深远。媒介互动理论认为，人与媒介之间是一种相互依存的互动关系，人掌握了媒介技术，能够利用其进行信息选择、理解、评估、创造和生产的活动，同样，媒介的传播效果也会对人类社会文化与意识形态建构产生影响。我们希望小人书的影响，不只是在学校范围内，而是能够走出校门，走进学生的日常生活里，走到城市的每一处文化空间，给更多的人带去美的体验、心灵的成长。多媒介技术融合提供了这一可能。我们从不局限在校园里创作、传阅，我们也走进街道、社区、博物馆、主题馆，汇编、宣讲、表演、展播小人书，将小人书的故事分享给身边人，将小人书中蕴含的美好信仰和宝贵精神传递给更多的人。

四、开辟全场域育人的新思路

教育场域对儿童的成长和发展具有重要的现实意义，以学校为典型的教育场所，不仅是儿童学习和生活的主要空间，就连学校里的每一处墙壁、每一个角落也都在传递着教育影响。正如教育家杜威所说，学校是一种特殊的环境，"我们容许偶然的环境做这个工作，还是为了教育的目的设计环境，有很大的区别"[1]。学生的每一个行动均会被其所发生的场域所影响，一所明智的学校一定会在场域的建构上加以智慧的考虑，发挥场域育人的积极效应。

"场域"一词在法国社会学家布迪厄的思想中得到了深刻挖掘，场域不单指物理空间，也指向人在其中的社会关系及行为。例如，"教育场域"既说明该场所属于教育空间，用于开展教育活动，同时也意味着人们在该场所中发生的行为和交往关系应该具有教育属性，是以教育目的为根本导向的。场域的属性受到人的行动的直接影响，因此，场域是动态可变的，具有重塑的无限可能。从学校场域的结构特点来看，学校是社会的有机组成部分，学校场域的构建不能够脱离具体的社会场域而独自开展，它要能够与社会需求相统一，反映时代的变化和新的社会观念；另一方面，学校场域的构建也受到教育自身实践逻辑的支配，它是一种特殊的环境，是反映教育理念和学校文化的生活空间，是学生学习文化知识、领悟生命意义和创造自我价值的空间，因此，与其他的社会空间又有显著不同。促进儿童精神成长是教育空间的基本旨

---

[1] 约翰·杜威. 民主主义与教育[M]. 王承绪, 译. 北京: 人民教育出版社, 2008: 25.

趣。① 学校场域需要在物理空间的打造过程中挖掘和转化空间的育人价值，努力构建物质空间、精神空间和数字空间融为一体的立体网络空间。②

基于这样的理念认识，"新小人书"在场域育人的思路上有了创新性进展。我们以学校为中心点，融通校内校外，联动家庭、社会、社区，打造满足学生成长需要的"五色花"小人书交互空间网络，包括"楼梯阁""共享廊""典藏馆""影像园""弘扬区"。"楼梯阁"有学生的动态阅读和交流，小人书在这里流转、传阅，连接着不同年级、不同课程、不同活动。"共享廊"里定期举办小人书专题展览，我们围绕建党百年、冬奥会等每一个重大主题、重要节日或时间节点，将学生创作的相关作品在这里进行展示，学生们相互欣赏，为自己的作品宣讲，教育他人，自身也从中受益。"典藏馆"是学生最喜欢的地方，这里收藏着 14 000 余册小人书，并且每年都在增加，学生们常常在这里开展长期阅读和短期专题活动，品读鉴赏、自由创作。当学生看到自己创作的小人书被学校收藏，喜不自胜。"影像园"是为学生打造的小人书数字空间，这里播放着由学生原创作品转化来的动画、影视、视频，用光影声效创造出全新的沉浸式体验。"弘扬区"突破了校园围栏，整合校外教育资源形成了学生社会大课堂，小人书由静态作品转化为"活的舞台""动的实践"，给更多的人带来了积极的影响。

小人书是学生发现生活之美、树立良好品格，集创造、艺术、文学为一体的综合教育活动的载体。③ 我们以小人书元素为牵引，整合校内校外教育资源，构建适合学生需要的、符合儿童天性的成长空间，努力实现对全场域的赋能。让每一处墙壁都能和孩子对话，让每一级台阶都留下孩子灵动的身影，实现时时育人、处处育人，人人皆能得到成长的目标。全场域育人的行动仍然在不断推进，我们希望小人书不仅走出校园、走进家庭、走到社会舞台的中央，还期待着小人书能够以更鲜活的样态、更多元的形式走在时代的前列，走进人们的心理生活空间，成为每个人汲取智慧和力量的重要源泉。

---

① 刘旭东，王稳东. 儿童美好生活与教育空间的重构[J]. 西北师大学报（社会科学版）. 2019，56（2）：95-102.
② 李伟平. 打造新型教育空间，让学校建筑也能育人[J]. 教育家. 2023（9）：21-22.
③ 沈亚萍. 小人书 大天地 高品格——学校品格提升项目的价值探寻[J]. 华人时刊·校长版. 2019（8）：14-15.

第三节 "小人书"多学科融合的价值意蕴

"小人书"通过融合多学科，实现五育的融合和共举，在实践过程中展现了独特的育人价值。五育融合是新时代教育变革与发展的新思路、新模式，是当前教育领域重点关注的研究课题。五育的任务各不相同：德育使人向善，智育教人求真，体育健人体魄，美育助人臻美，劳动教育教人在劳力上劳心。然而，这五育缺一不可，内在有着紧密的联系，共同指向人的全面发展。

一、德育价值

1. 促进道德认知发展

道德认知是指个体对道德现象、道德问题和道德规范的认识，它是良好品德形成的基础，包括道德知识的掌握、道德判断能力以及道德信念的形成。小人书能够促进学生的道德认知发展，这源于小人书丰富的道德教育主题和自主创编的活动形式。在泰山小学的"典藏馆"中，收藏的小人书涉及非常多的主题和领域，但其中以道德教育最多。可以说，许多小人书作品不仅具有文学鉴赏价值，也能传递道德真理，影响儿童的思想世界。儿童喜爱阅读这些作品，能够与小人书中的人物角色共情，能够通过简单的故事情节轻松地明白一些道理，建立对抽象道德概念的生活化认识，这有利于扩充儿童道德知识储备。

同时，儿童也会自主创编小人书，创编的过程是一次自主进行道德抉择的过程，他们会自觉地区分人物品性，哪些人物是善良的，什么样的做法是正确的、值得赞扬的，儿童会在心中进行判断。这看似是在创作故事，实则是儿童提前预演道德生活情景，他们的道德经验由此获得发展。

2. 提升道德情感体验

道德情感涉及个体对道德行为、道德情境以及道德价值的主观感受。譬如，对于善意行为，人们会感到温暖、感动，对于恶劣行为，人们会感到厌恶、愤怒。情感认同是实现价值认同的关键，没有情感认同，就没有真正的价值认同。[1] 有着良好情感感知能力的人，对道德问题一般也比较敏锐，他们能对具体现象迅速做出反应，自觉判断行为的恰当与否，明确正确的行为，生成强烈的行动意愿。因此，道德情感也被视作道德行为的原动力。小人书画面生动、色彩鲜艳、故事情节紧凑，能够迅速吸引学生们的注意力，唤起他们相似的生活经验和情感体验，与书中的主人公产生共鸣。学生在阅读鉴赏小人书作品时，对那些与自己生活贴近的主题内容，更容易做出情绪上的反应，他们会结合自己的生活经验，尝试将自己切换为故事的主人公，代入体验主人公的内心世界，从而感知到主人公的心境。代入式道德体验能够增强学生的移情能力，学生在没有任何外力驱使的状态下，自觉体会他人情感，学会理解和尊重他人的感受，学会关心他人。同时，学生体会到的情感越丰富、越细腻，就越有利于学生情感经验的积累，帮助其增强情感表达能力和情感调节能力。

3. 强化道德责任感

小人书是一项教育实践活动，绝不能将小人书做静态化看待，只看到文本中的道德价值，忽视了小人书作为实践活动的育人作用。我们组织学生创编小人书，其中许多的素材都来自学生真实的实践体验，如"寻访大国工匠"系列中，学生走近劳动模范，采访劳动模范，被劳动模范的伟大事迹感动，在此基础上，我们鼓励学生将所见、所感、所思、所愿用小人书记录留存下来。学生在回想寻访经历的过程中再一次体会工匠精神，感受工匠们将自己的工作与国家发展紧密联系在一起的情怀，从中深受教育。我们也鼓励学生做"社会行动派"，带着自己创编的小人书，走到社会公共舞台上，把自己认同的美好价值同大家分享，作为一名小小社会主人翁，发挥自己的光和热。学生在小人书社会实践中，增长了社会交往的技能，强化了社会道德责任感。

二、智育价值

1. 激发想象力和创造力

对于学生来说，阅读小人书是一次享受的过程。小人书中精致的画面和生动的色彩，为学生创造了一个立体而形象的世界。这些图画不仅活灵活现，颇为有趣，而且为情节演绎和角色的表现增添了张力，使学生仿佛真的置身于故事之中，随着故事与主人公一起体验，或是冒险，或是探奇。此外，小人书的文字叙述一般十分精练，短

---

[1] 邹益，李春花."小人书"中蕴藏"大价值"[J]. 江苏教育. 2023（12）：26-29.

短数语间便交代了主要情节，将深奥的故事情节化繁为简，不仅易于学生理解，更留给了学生无限遐想的空间。学生在阅读的过程中，可以根据自己的理解和想象，对故事进行再创作。我们有很多的小人书作品都是语文课本故事、名著的延伸，学生根据自己的理解和喜好，根据应景的主题，对故事进行再创作。他们重新构思故事情节、设计新的角色、添加新的元素，创造出属于自己的新作品。

2. 拓展学科知识领域

小人书是一种独特的文化载体，涵盖的主题和内容十分广泛。以小学阶段来说，学生创作的小人书涉及文学、历史、艺术、科学、体育、综合实践等多个领域。单就文学来说，学生就寓言、传说、小说、典故、诗歌也创造出了丰富的小人书作品。阅读和创作是小学阶段儿童拓展知识的重要途径，通过阅读不同主题的小人书，学生接触到各个学科的知识，突破了课本的限制，拓宽了自己的知识视野。通过创编小人书，学生带着要创作的主题去搜集材料、编辑文本、构思图画，常常会涉及跨学科知识融合、能力融合的问题。例如，在创作科普类小人书时，学生可能需要将科学知识与历史、文学等方面的知识相结合。这种多学科融合的尝试不仅有助于学生更好地理解知识，还能够培养他们的综合思维能力和跨学科解决问题的能力。

3. 培养独立思考的能力

我们不仅将小人书设为泰山小学的特色课程，也积极尝试将其融入国家课程中，服务于学生们的课堂学习。例如，在教学语文三年级下册第七单元《海底世界》时，教师创设了"制作海底世界导览手册"的情境活动，从导览目录的制作、导览内容的绘制，再到导览手册的展示，用小人书元素串联起一整节课。小人书可以涵盖各种主题，适应各类课堂情境，具有非常好的包容性、延展性和适应性。以小人书这种令儿童喜欢的形式串联课堂，并将要思考交流的问题融入其中，比直接将问题布置给学生思考要更具有驱动力。

此外，学生在阅读和创编小人书的过程中，并不是被动的，而是需要主动地去思考、想象和创造，与小人书发生积极的互动。这种互动式的阅读也有助于学生独立思考能力的发展。

三、美育价值

1. 促进审美体验

小人书的美体现在形式上、内容中、思想境界里，给学生带来了全方位的美感体验。首先，在形式上，小人书绘图精美，文字简练，文图相互补充，不仅每一幅插画都追求线条流畅、色彩斑斓，准确地表达故事情感和氛围，展现人物特点，而且每一段文字也讲究简练生动，多用日常生活口语和一些语气词，给人十分真实的体验。在内容上，小人书以生动的语言和故事情节，将学生带入一个充满想象的世界，其中有有趣的人物对话，有充满悬念的发展情节，还有许多精美的语言表达，光读就是一种享受，让学生常常沉迷其中。在思想境界上，小人书也带给学生美的体验。美与善连通，提供给学生阅读的小人书大多有思想教育的功能，其中的故事主人公大多是历史或生活中为人称赞的榜样，学生们在阅读到这些榜样人物的故事时，往往会经历一次深刻的情感体验和心灵触动，从人物的身上感受到人性之美。

2. 提升审美品位

在泰山小学里，学生阅读和创作的小人书，一般都会配有插图。如果是来自名家的作品，其中的插图必然色彩丰富、线条流畅，儿童在阅读过程中会不自觉地被这些插图吸引，从而培养出对色彩、线条、构图等美术元素的感知能力。这种感知能力的发展，有利于他们在自己创作小人书时更加敏锐地把握美，提升审美创造的能力。外在美容易获得，内在美却不易培养。小人书对学生审美品位的提升，如果只停留在外在形式上，就低估了其价值。这样的美也是缺乏生长力的。审美品位需要不断滋养和陶冶，小人书培养了学生的阅读习惯和阅读兴趣，他们由阅读到创作，为了创作出更好的作品，又会进一步去扩展阅读的范围，从此，阅读的种子在学生心灵中扎下根来。学生不断主动地寻找和欣赏优秀的小人书作品，这种阅读习惯的养成，能够为学生的心灵和思想提供源源不竭的养料。

3. 发展审美创造能力

审美创造能力是一种综合了知识、经验、想象力、创造力等多种因素的能力，它要求审美主体在具备了一定的美学知识和审美经验后，尝试创造新的审美意象。学生们非常喜爱创作小人书，他们常常模仿名家作品中的插画风格，创作属于自己的小人书作品；也会采用不同的情节编写方式，展现与他人不一样的独特故事。有时候，在课堂教学中，可能受某个情节、某个角色或某个场景的启发，学生就会产生创作的冲动。课后，他们尝试用画笔、文字或其他媒介形式，将自己的想法和感受表达出来。小人书的创作常常是有了脚本后再去联想、去创作，很多时候根本没有规定文字中画什么，完全靠创作者自由发挥，但要给读者留出想象空间，增强沟通感和交互感[1]，这

---

[1] 小人书 大使命——连环画创作名家联谈[J]. 中国美术. 2019（3）：24-47.

些对学生来说都是富有挑战的。虽然学生创作的作品不能与名家相媲美，但却是属于学生的独特审美成果，小人书为他们打开了审美创造的新世界。

四、体育价值

1. 扩展体育运动的知识

小人书也可与体育建立连接，在泰山小学，学生们以"北京冬奥"为主题创作的小人书，记录下了当时的盛会（图2-1）。小人书在培养学生对体育的兴趣和认知方面具有一定的价值。首先，以体育为主题的小人书能够借助生动的插图和简练的文字向学生介绍各种体育运动，如跑步、跳远、游泳、滑雪等，丰富学生的体育知识，激发

图2-1 "北京冬奥"小人书示例

学生对体育运动的热情。其次，小人书可以聚焦体育运动中的基本规则、基本技巧，改变过去枯燥抽象的讲演，采用具有情节的小故事动态化演示规则或技巧，帮助学生理解遵守规则的重要意义，感受体育活动的趣味。

2. 理解和体验运动精神

小人书中的体育故事往往富有情感和人文内涵，主要内容是运动员的拼搏故事。这些拼搏故事能够让学生直观感受到团队合作、直面挑战、尊重对手等体育精神，引导学生理解运动员的奋斗精神，感受运动员强烈的拼搏意志。学生在阅读这类小人书作品时，特别容易与其中的榜样人物产生情感共鸣，受到鼓舞，并将这份鼓舞的力量迁移到自己的学习和生活中，激励自己勇敢挑战自我、超越自我。

五、劳动教育价值

1. 直观认识生产劳动

泰山小学将小人书与各门课程深度融合，在劳动教育中，小人书也大有作为。学校组织学生参与家务劳动、校园种植活动、社区志愿服务活动，鼓励学生自主阅读相关的小人书，从小人书中学习相关劳动知识和劳动技能。例如，学生为了学习烘焙技术，组成小组，查阅相关资料，制作了《纸杯蛋糕》小人书，详细展示了从原材料到成品的创作过程；学生参加植树活动后，有了许多体验和收获，于是将植树的经历创作成小人书，向更多的人传递绿色环保理念。通过描绘劳动场景和劳动过程，学生对生产劳动有了更加直观的认识，更加深刻地认识到劳动与生活的密切联系。

2. 感悟劳动者的奋斗精神

小人书也会以劳动者为主角，用鲜活生动的内容讲述劳动者的奋斗历程和劳动成果。他们可能是一名纺织工人、一名普通的社区工作者，一名勤劳的街边摊主，他们用自己的双手创造了社会财富，也实现了人生价值。学生在阅读和创作这些故事时，能够深刻感受到劳动者的奋斗精神和创新精神，为之鼓舞，明白劳动不仅是生存的需要，更是实现社会进步和人生价值的重要途径。这种价值观的传递不仅有助于培养学生的劳动意识和劳动习惯，更能够激发他们的奋斗精神和创新精神，为他们的未来成长和发展奠定坚实的基础。

3. 体会劳动创造的成就感

学生创作小人书，也是在进行劳动创造。他们会经历寻找素材、构思设计、编写绘制、宣讲展示的整个过程，在其中投入大量的时间和精力，尝试不同的方法和技巧。有时，他们也会采用小组合作的方式，成员们一起商讨谋划、一起创作，这会考验学生的合作能力和与人沟通能力。当学生们看到自己的小人书作品成形后，内心十分激动和满足。这种从付出到收获的全过程体验，让学生深刻感受到劳动创造的价值和乐趣。学生在劳动创造中会发现自己的潜力，他们的创造力、解决问题的能力以及团队合作的能力都能够得到提升，变得更加自信、更加主动、更加务实，他们也会将劳动创造的经历当作人生宝贵的财富，继续努力，在学业和生活中追求更好的表现。

参考文献：

［1］莫怀荣.学科融合视角下初中美育课程开发实施策略［J］.家长，2023（32）：106-108.

［2］李红艳.从艺术教育视角探索学校美育与各学科融合路径［N］.黑龙江日报，2023-10-11（6）.

［3］陈禹同.从人类进化视角审视学科融合［N］.中国社会科学报，2021-06-18（A03）.

［4］邵俊翔.人工智能时代下影像媒介叙事的融合、多维、导向与互动探析［J］.艺术品鉴，2023（35）：148-151.

［5］杨儒.图像、文字、声音和行动——抗战时期木刻版画的媒介互动［J］.美术大观，2023（10）：98-102.

［6］孙承健.多模态互动：数字媒介时代作为社会角色的电影［J］.中国文艺评论，2023（7）：71-82.

［7］陈霖.媒介与大众文化：面对"互动"理论难题的思考［J］.苏州教育学院学报，2023，40（2）：27.

［8］刘大川.中华优秀传统文化与影视媒介的耦合互动研究［J］.传播与版权，2023（6）：44-47.

［9］罗彬.媒介话语与媒介记忆互动建构视阈下的中国话语研究［J］.新疆社会科学，2022（6）：132-140.

［10］甘慧，刘东霞.媒介融合下儿童绘本的互动性研究［J］.设计，2022，35（3）：132-134.

［11］谭轹纱，尹浪，赵仕民.场域理论视角下中小学个性化教学实践研究［J］.教育理论与实践，2023，43（29）：53-56.

［12］何志荣.从技术交互到场域视角：社会化阅读再思考［J］.编辑之友，2020（9）：15-21.

第三章

创享"小人书"的
发展历程

我校的创享"小人书"项目，是以小人书为载体，通过小人书的收集、创编、传阅、展示、践行等系列活动，锤炼学生的品格，提升学生的素养。近20年来，在学校课程与教学改革创新的实践中，我们不断丰富创享"小人书"的内涵，完善其内容体系，丰富其实践形式，彰显跨学科综合育人成效。创享"小人书"主要经过了三个发展阶段。

第一节　萌芽期：创立小人书社团

文化和学校发展之间存在密切的关系，彼此相互影响、相互塑造。自建校以来，泰山小学一直坚守尊重文化的探索与实践。基于师生多元的发展目标，我校确立了"尊重·和谐"的办学理念，倡导在彼此尊重中和谐发展。尊重，即尊敬、敬重；尊重，即重视并严肃对待；尊重，即庄重（行为）。"尊重"是人类漫长历史发展中形成的最基本的伦理认识和最起码的道德共识。"和谐"是指在事态发展中的一种相对均衡、统一、协调的状态，是人与人之间相互尊重、信任、帮助，人与自然和谐相处并良性互动的状态。尊重促进学校和谐发展、教师和谐发展、学生和谐发展，和谐发展是尊重的目的和必然结果。在尊重理念的引领下，学校在办学过程中充分考虑学生的学习特点和需求，充分观照学生的学习样态。

一、初探，萌芽

2005年，语文教研组通过课堂观察、家校沟通、专项测验等方式，发现了学生整体阅读水平不高的问题，为了激发学生兴趣，提升学生阅读能力，我校成立了小人书社团，将"小人书"以选修的方式列入学校活动课程。学校大力支持教师自发进行指向学生多元素养培育的田野调查等实践探索，为小人书社团购置30套适合小学生阅读的小人书。语文教研组面向三年级学生开展小人书社团活动，每个班级召集5名学生参加社团，每周开展2次活动，由负责社团的教师带领学生阅读、分享。参加社团的学生兴趣高昂，社团活动氛围活跃。经过一学年的实践，语文教研组发现参加小人书社团的学生相对于班级其他学生，在阅读能力上有较为显著的提升，写作水平也得到很大提高。小人书社团初步的实践探索，得到了师生的高度认可，因此，我们拓展活动的广度和深度，将小人书阅读融入各个年级的课后活动中，并在学校图书馆开设专柜，逐年添置小人书图书，不断丰富专题内容。

二、再探，机遇

小人书是学生喜爱的文学作品，它不仅能够提升学生的阅读能力，还蕴藏着深厚的道德价值。蕴藏着的道德价值不容忽视。小人书以情节和角色为载体来传递中国传统的价值观念，如孝道、忠诚、仁爱、正义等。正因如此，小人书能够被读者轻松理解和接受，起到了传承和弘扬传统美德的作用。为此，小人书作为学生品格培育，促进全面健康成长的载体，可以挖掘出更多的教育价值。2009年，全市道德讲堂的推广为我校小人书社团的发展提供了新的机遇。首场道德讲堂"身边人讲身边事，身边人讲自己事，身边事教身边人"的成功举办，为小人书社团融入学校道德讲堂提供了契机。

学校道德讲堂围绕社会公德、职业道德、家庭美德、个人品德四项内容开展活动，小人书社团结合道德讲堂的四项内容，开展道德小人书探索活动。学校收集了百余册道德小人书，例如《松花姑娘》《鼻涕大将》《小美与二丑》《谁之错》等经典著作，为社团成员创作提供了思路。在传阅和研究过程中，小人书社团大胆创新，积极探索，以新时代为背景，以学生生活经验为基石，决定创造一批兼具美学和原创价值的小人书。为此，学校动员美术教师加入小人书社团指导团队，将小人书社团从单一语文阅读能力培养慢慢转向兼具语文阅读和美术绘画的育人实践，成为道德小人书社团。指导团队的教师根据学校道德讲堂建设，将培育和践行道德品质融入小人书社团活动，让学生发现、走访身边的好人好事，大力弘扬中华优秀传统美德。学生关注社会、深入社区、深入师生，在写写、画画、读读的过程中，体验到他人的生活，感受到榜样的力量，通过多感官的刺激从生活中得到教育、成长。学生原创小人书作品《我的弟弟》《东游记》等登上《常州晚报》，这激发了学生小人书创作的热情，更激发了学生对小人书的热爱。学校从"我的家乡""我身边的人""我的学校"等几个方面汇编了学生在社团活动中创作的道德小人书。在新北区道德讲堂推进会上，学校展示了第一批道德小人书——法治小人书、"四德"小人书、环保小人书及尊重小人书，受到市、区道德讲堂负责人的一致好评。

三、三探，内化

道德小人书社团作为学校道德教育的一种创新形式，通过学生自主创编小人书和相互传阅的方式，为学生提供了一个富有启发性和深度的道德教育平台。社团的活动不仅是一个文学创作的过程，更是一次对内心世界的深入探索和对道德观念的深刻思考。

道德小人书社团重视学生自主创编小人书，自主创作的过程不仅培养了学生的创造力和表达能力，更重要的是让他们在创作中思考和体验道德问题。在编写小人书的过程中，学生们不仅仅是塑造故事情节和人物形象，更是在探索和思考生活中的道德难题，从而提升了道德素养和情感认知能力。此外，学生们在阅读自己创造的小人书的过程中，通过与故事人物的情感共鸣，体验到了快乐、痛苦和希望。这种身临其境的体验让他们更加深刻地理解和认识到生活中的情感变化和价值取向，从而在情感层面上实现了对道德观念的内化和体悟。在道德小人书的故事情节中，学生们不仅领悟到了友情、勇气、责任和正义等道德品质的重要性，更因道德榜样的无畏无私而深受震撼和感动。这种在故事中体验和感受道德力量的过程，让学生们对道德价值观念有了更加深刻的认识和体验，从而在行为上更加自觉地践行和传承道德传统。

为了加深内化效果，学校开展道德小人书传阅活动。传阅活动的推行使道德小人书的教育效应得到更深层次的拓展和加强，让学生在阅读、创作和传阅的过程中不断地体验、思考和内化道德观念。学生们在传阅中分享自己的作品，借鉴他人的经验和思考。这种方式促进了学生之间的交流与合作，拓展了学生的思维空间，使他们在交流中不断地汲取道德智慧，加深对道德原则的理解和认同。在传阅不同风格、主题的小人书中，学生们接触到更广泛的道德教育内容，体验到不同情境下的道德挑战和选择。这种多样化的阅读体验帮助学生更全面地理解和把握道德原则，提升道德判断和决策能力。此外，传阅活动中深层次的思考和讨论，进一步培养了学生的批判思维和问题解决能力，使他们在面对现实生活中的道德挑战时能够更加从容应对。经过传阅活动的多次实践，学校总结经验，形成了主题先行、内容精选、共读研讨、总结反思的百家争鸣式的传阅模式，进一步拓展了道德教育的深度和广度。

泰山小学小人书传阅活动方案

1. 确定传阅活动目的和主题。厘清传阅活动的目的是促进阅读、传播传统文化还是知识交流后，再确定活动的主题。比如"中国传统故事""历史人物""法治宣传"等主题都大受欢迎。

2. 策划传阅活动内容。确定活动的时间、地点和形式。选择在图书馆、社区中心或学校举办包括展览、讲座、工作坊、阅读分享等活动。

3. 收集小人书资源。找到合适的小人书资源，按年级分工，通过主题式创编以及借阅等方式收集到足够的小人书。收集过程中确保选择的小人书内容丰富，适合不同年龄段的读者。

4. 宣传推广传阅活动。利用社交媒体、海报、传单等方式宣传活动信息，吸引更多人参加。邀请当地媒体报道活动，提升活动的知名度。

5. 设计传阅活动流程。明确传阅活动的流程，包括开场致辞、小人书展示、阅读分享、互动环节等。确保活动内容生动有趣，吸引参与者的注意力。

6. 安排互动交流环节。鼓励参与者分享自己的阅读体验、喜爱的故事，或者进行小组讨论、互动游戏等，促进参与者之间的交流和互动。

7. 收集反馈意见和总结经验。活动结束后，收集参与者的反馈意见，总结活动经验，为以后的活动改进提供参考。

通过传阅活动，小人书被推荐给更广泛的受众，作品的价值得到了更广泛的认可和肯定，从而扩大了小人书的影响力，也为后续的发展提供了重要的行动力。

第二节　发展期：构建小人书校本课程

在学校教育体系中，校本课程扮演着至关重要的角色。它不仅能够展现学校的教学特色，还能够利用学校的资源优势来满足学生的特殊需求，也成为国家和地方课程的有益补充。经过小人书社团的探索，学校形成了创编与传阅小人书的独特模式，为小人书校本教材的发展奠定了坚实的基础。

校本课程一般分为两大类别。一类是国家课程和地方课程的校本化与个性化，学校和教师通过选择、改编、整合、补充和拓展等途径对国家课程进行再加工和再创造，使其更加契合学生和学校的具体特点及需求。另一类是学校自主设计开发课程，在这一过程中，学校会对学生的需求进行科学的评估，并充分考虑当地社区的特色和学校可利用的课程资源。课程建设研究更加注重学生的需求和兴趣，重视培养学生的核心素养。

小人书校本课程的构建使小人书的教育价值得到了更充分的挖掘，小人书的建设也迎来了走向专业化、规范化的时期。构建系统完善的小人书校本课程，经历了三个阶段。

一、准备阶段

在小人书社团的探索和积极实践的基础上，学校决定将小人书校本课程的建设提上日程，并多次召开专题会议，为构建这一课程提供支持和指导。在准备阶段，学校着重研讨和完善小人书校本课程的目标，以确保其与教育目标和学生需求相一致，并以弘扬社会主义核心价值观为追求。这意味着小人书校本课程将致力于培养学生的创造力和想象力，提高他们的语言表达能力和文字功底，以及深化他们对传统文化的理解和认识。

学校在目标确立后，组建了包含多学科教师的教师队伍，以确保课程的内容与结构能够全面、多角度地涵盖学科知识和价值观培养。教师队伍在学校的组织下，进行了深入研讨，反复修订小人书校本课程的内容与结构，充分考虑了学生的年龄特点、学科知识体系和社会实践需求，紧密结合课程目标和学生实际情况，针对不同学科和年级制定了相应的教学内容和活动安排，确保课程的有效性和可操作性。最终学校确立了以社会主义核心价值观为内容的小人书课程体系。这一体系将以培养学生的社会主义核心价值观为中心，兼顾学科知识的传授和文化素养的培养，旨在通过小人书课程，引导学生树立正确的世界观、人生观和价值观，促进他们全面发展和健康成长。

二、实施阶段

制定了小人书校本课程目标、内容架构之后，小人书校本课程以选修课的形式在学校全面展开。特色教师根据课程计划和安排，开展一系列针对社会主义核心价值观小人书创作、阅读和讨论的教学活动。在实施过程中，形成了六步教学模式。第一步，导入环节：介绍社会主义核心价值观小人书的概念，激发学生的学习兴趣，引导学生进入学习状态。第二步，理论讲解：通过讲解小人书的历史渊源、基本形式与特点、创作技巧与方法等，向学生传授相关的理论知识，为后续的实践活动做好准备。第三步，实践操作：组织学生进行实践操作，包括小人书的创作和阅读。在实践操作中，学生可以根据所学知识和技能，动手制作自己的小人书，或者阅读他人创作的小人书，从中学习和借鉴。第四步，个性发展：鼓励学生发挥个性，根据自己的兴趣和特长选择小人书的题材和风格，实现个性化的创作和表达。第五步，合作交流：强调团队合作的重要性，鼓励学生相互交流和合作，共同完成小人书的创作和阅读任务。通过合作交流，学生可以互相学习、互相启发，提高作品质量。第六步，总结反思：学生总结本节课程的学习内容和收获，反思自己的学习过程和成长经历，为下一步的学习做好准备。

学生在特色教师带领下创作了诸多优秀作品，例如：四年级学生创作了一本小人书《爸爸妈妈我爱你》（图3-1），讲述了孝道故事，通过主人公对父母的孝顺行为，传达了中华传统文化尊老爱幼的精神；五年级学生创编的《为自由而战》，用诙谐幽默的文字、夸张的画面讲述了在跟父母的"较量"中对独立自主的追求；还有六年级同学创作的富有想象力的《友善冒险记》（图3-2），用拟人的形式把友善具象化为一个人去经历冒险历程，在充满奇幻色彩的历程中让大家知晓友善于个人、社会和国家的重要意义。

图 3-1　爸爸妈妈我爱你　　　　　　　　图 3-2　友善冒险记

在实施中，社会主义核心价值观不仅仅停留在"富强、民主、文明、和谐，自由、平等、公正、法治，爱国、敬业、诚信、友善"24个字的表达上，更落实到行动和实践中。孩子们通过绘制"爱国"小人书、"历史英雄之旅"小人书，体会到国家的富强和民主，增强了民族自豪感和自信心；通过创作"法治"小人书，宣传法治知识，体悟到自由、平等、公平的重要意义；通过编写关于对家人、朋友、社会、国家的关爱，对弱者、贫困群体的关怀，以及对环境、动植物的保护的小人书，体会到爱不仅仅是情感的表达，更是一种行动。通过创作有关各种场景下的尊敬行为的小人书，如言谈举止、礼仪规范、团队协作等，了解尊重的内涵。通过小人书中角色的塑造和故事的情节，激发主动尊敬他人、尊重他人、尊重规则的意识和行动。小人书通过讲述诚实守信的重要性，以及诚实与信任之间的关系，引导学生树立正确的价值观和行为准则；通过讲述善良、友善的故事情节，引导学生了解善的内涵，如乐于助人、积极参与公益活动、关爱他人等；通过角色塑造和故事情节的展开，激发学生主动行善、传播善意、传递正能量的意识和行动。学校通过深入挖掘社会主义核心价值观的内涵，使小人书的教育效果更加显著，促使学生心怀家国，具有广阔的胸怀和远大的志向。

在实施过程中，学校结合读书节特色活动举办"争当美德好少年"征文大赛，结合"龙城好少年""美德少年"的评选契机，让学生发现身边的榜样，根据真实案例素材创编了《文明的样子很美》。利用寒暑假开展小人书征集活动，通过寻访，学生们对我国历史人物、历史事件、文学名著有了简单的了解，加深了对社会主义核心价值观的理解，使其内化于心。为优化小人书，学校特邀常州市著名民俗专家季全保教授指导学校教师和学生创编小人书，鼓励教师、学生、家长共同参与到小人书的创编中去，创编了如插画、明信片、书签等单页小人书，各种折页、卡类等双页小人书，以及连环画、绘本等多页小人书。随着电子媒体的兴起，小人书也逐渐走向了多媒体化和数字化。我校开创了电子书等形式，以适应现代读者的阅读习惯和需求。电子化小人书不仅具有丰富的多媒体内容，还可以通过互动和社交功能增加读者的参与度和体验感。学校开创的电子小人书《张太雷小人书》向市级开放，获得一致好评。

三、评价阶段

经过课程实施的探索，为提升小人书校本课程实施的效果，促进学生自主参与活动，在活动中实现自主管理，活动后实现自我教育，学校组织教师团队总结经验，深入探讨，最终构建了小人书校本课程多元、序列化、多层级的评价体系。

多元评价体现在个人自评、同伴互评、教师评价和家庭评价共同参与。序列化评价体现在各年段对社会主义核心价值观知识的理解层面、对社会主义核心价值观情感的表现层面，以及践行社会主义核心价值观行为的能力层面。为此衍生出多层级的评价方式。低年段设立"社会主义核心价值观故事（通行）卡"，通过读一读、讲一讲、画一画等方式，评选"社会主义核心价值观小标兵""社会主义核心价值观代言人"，让学生在系列活动中不断提高对社会主义核心价值观的理解。中年段设立"社会主义核心价值观"修炼册，以打卡的形式记录下社会主义核心价值观的践行过程，评选"社会主义核心价值观小标兵""社会主义核心价值观代言人"。在不断实践体验中，在同伴的互相学习、反思中，逐渐将社会主义核心价值观内化于心，外化于行，促进品格的养成。高年段设立"社会主义核心价值观弘扬证"，鼓励高年级学生走上街头、走进社区开展社会主义核心价值观志愿行活动，评选"社会主义核心价值观小能人""社会主义核心价值观小标兵""社会主义核心价值观代言人"。通过这样一个综合性的评价体系，小人书校本课程不仅能够有效地促进学生整体素质的提升，还能够创建积极的校园文化氛围，鼓励学生在日常生活中践行社会主义核心价值观。经过多年实践，事实证明多元、序列化、多层级的评价体系在小人书校本课程推进上起到了举足轻重的作用。

小人书校本课程在经历了准备、实施、评价阶段后，形成了完整的社会主义核心价值观小人书序列课程。小人书校本课程在全校的推广不仅加深了学生对社会主义核心价值观的理解，更促进了学校"尊重·和谐"文化理念的落实，对于学生成长成才和学校文化建设都具有积极的意义。

第三节　成熟期：创享"小人书"品格提升工程

随着全球化的不断深入，社会面临的问题越来越复杂，如经济全球化带来的冲击、文化冲突造成的矛盾、气候变化引起的灾害等，这些问题往往需要跨学科的知识和技能来解决。人工智能、生物技术等的迅速发展，不断促进学科间的深入交流与合作。但传统教育模式往往强调学科的独立性和专业性，这种模式在培养学生创新能力和解决复杂问题上存在很大局限。随着新课程、新课标的不断推进，教育教学在变革中逐渐探索模式的创新，聚焦多学科融合育人，指向人的全面发展，努力培养能胜任未来社会发展的综合人才。

我校小人书校本课程经过多年的探索实践，在资源开放、团队建设和育人成效上取得丰厚的成绩。2021年，面对"双减""双新"背景，怀着指向发展人的教育精神和价值取向，我校深化教育的内涵，提出教育是一种对生命的尊重与关怀。同时，基于"素养导向"的追求，落实好立德树人根本任务，着力培养担当民族复兴大任的时代新人，持续深入推进多学科融合育人模式。2021年，在已有研究成果和实践经验基础上，学校立足于生命的尊重和关怀，扩展全人育人路径，探索综合育人方式，精炼"小人书"项目内涵，整合各方优质资源，不断完善创享"小人书"项目培育目标，丰富内容体系和实践路径，提升项目育人内涵。

一、创享多学科融合新目标

小人书校本课程升级为江苏省品格提升工程项目，作为省级项目，其培养目标更需凸显多元视角。这意味着不仅要关注学生的品德和道德素养，还要从多方面、多角度出发，培养学生全面发展所需的各种能力和素养。基于这样的视角，学校召集小人书特色教师团队，深入研讨，建立新视界下的创享"小人书"新目标。最终确定"小人书"品格提升工程既要专注于品德和道德素养的提升，也要重视情感体验和情感表达，突出社会责任感和公民意识的培育，还要凸显社会技能的"才""识"，以人文关怀为本，爱自己、爱他人、爱社会，最终达到以小人书来培育"德"为先、"心"宽广、"才"有门、"识"广博的人。学校以小人书为载体，贯彻五育并举，落实"双减"政策，完成一至六年级的多学科五育融合的育人目标，让学生全学段、全课程、全方位浸润在生命尊重和关怀的熏陶中，形成上下通达的合体设计，促使核心素养落地，全面发展素质教育。

二、创享多学科融合新内容

升级为品格提升工程的"小人书"，更加强调丰富内容体系。学校根据学生年龄特征，全面系统地构建多学科综合育人体系，在"尊重为壤，生命关怀"的办学理念的引领下，不断探索"动手动脑，发展思维"的课程价值追求。在高水平实施国家课程的基础上，开发小人书课程群落来满足学生个性化、多元化发展的需求。建构前后衔接的课程群落，探索四课并联的实践路径，整体架构生命关怀的全人育人模式。学校从国家课程"学科嵌入"，校本课程"主题深化"建构小人书课程群落。通过多样、丰富、可选择的课程群落，实现以小人书为载体培育学生核心素养，实现对生命的尊重和关怀。

嵌入国家课程，就是将"德心才识"融入各个学科的课程设计中，使学生在学习语文、数学、科学等各种学科知识的同时，了解并内化价值观，并通过小人书的形式展示出国家课程渗透的成果。例如语文课中的文学作品包含诸多道德观念和人生哲理，教师可以引导学生思考生活中的道德问题，培养他们的情感和审美情趣，并链接学生生活，引导学生创作相关的小人书作品，通过讲解、互相传阅、演绎等活动，让学生表达自己的观点和情感，培养他们的表达能力和沟通能力。数学课程中，让学生通过绘制数学问题和情境的小人书来培养逻辑思维和解决问题的能力，引导他们理解并应用公平、正义等价值观念，培养他们的数学素养，提高学生的"才"与"识"。

校本课程主题深化是指以"小人书"项目为载体，以"阳光心育""金手指"两大校本特色课程为基础，总结活动体悟、内化活动感受，丰富小人书的活动内容，真正做到生命关怀，达到"育德""育心""育才""育识"目标。每年一度的心理健康特色活动中创编出《守护天使》《我的重要他人》（图3-3）、《友谊长存》《愤怒情绪我调节》（图3-4）等具有指导性的心理小人书。每年一度的"金手指"活动中，创编关于活动中的感人瞬间、心动时刻的小人书，学生在活动中体悟，在体悟中行动。

图 3-3　我的重要他人　　　　　图 3-4　愤怒情绪我调节

三、创享多学科融合新实践

学校营造内外融通的"四叶草"先锋场域来潜移默化内化"德心才识"的生命尊重和关怀。在创享新实践中，打造了校内"楼梯阁""共享廊""典藏馆"，打通校外弘扬区，联合校外各类育人基地，广泛建立专家指导团，开展各种实践、展示活动，正面引导学生行为，不断完善校内外融通的主题场域空间，让"德心才识"的生命尊重和关怀落细落小落实，让"生命尊重和关怀"成为少先队员"日用而不觉"的主流意识，形成育人磁性场域，使对生命的尊重和关怀潜移默化地浸润孩子的心灵。泰山小学的学生从入学开始，便在教师的指引下，不断地在尊重和关怀生命的文化氛围里熏陶，学校为学生"德心才识"的发展输送永恒的力量。

学生通过亲身实践，运用所学知识和技能，解决实际问题，培养创新能力、团队合作精神、社会责任感等。包含社会服务和义工活动、寻访等活动的小人书以图文并茂的形式很好地帮助学生把实践活动重点体验、体悟表达出来，进一步内化五育的行为要求，达到"育德""育心""育才""育识"目标。

创享"小人书"项目孵化形成了形式多样、主题鲜明的实践路径：

（1）举办小人书创作比赛。通过比赛，鼓励学生从多学科视角选择主题，编写小人书故事，并绘制相应的插图，锻炼学生的创造力和表达能力，使"德心才识"潜移默化地融入个人成长中。

（2）开展品格主题讨论会。教师选取小人书中的故事情节作为品格主题讨论会的话题，学生通过思考其中的道德和价值观念，链接自我成长中的品格故事，在讨论中理解和感悟，促进品格的发展。

（3）发起爱心行动。组织学生参与志愿服务活动，如帮助社区里的老人、义务清理环境等。把亲身实践的爱心经历创作成小人书，让学生体验到爱的力量，并将爱心传递给他人，培养他们的社会责任感和公民意识。

（4）举办尊师重道活动。让学生通过表演、讲故事等形式，向老师和长辈表达敬意。组织学生参观名人故居、纪念馆等地，了解和学习尊师重道的传统美德。让学生把在活动中学习的尊师重道的名人故事创编成小人书，促进品格发展。

（5）开设诚信教育课程。让学生了解诚信的重要性，学习如何诚实守信地做人做事。通过小人书案例分析、角色扮演等活动，引导学生树立正确的价值观和行为准则，提升他们的诚信意识和道德修养。

（6）开展善行环保项目。组织学生参与垃圾分类、植树造林等环保活动。让学生把亲自参与的环保行动创编成小人书，体验保护环境的重要性，培养他们的环保意识和行动能力，促进他们的品格发展。

（7）家校合作计划。学校与家长合作，共同开展家庭品格提升计划。学校可以向家长提供小人书阅读指导，组织家庭品格主题讨论活动，共同营造积极健康的家庭氛围，促进学生全面发展。

通过以上多层次的实践路径，学校更加全面地内化学生"德心才识"，致力于使他们成为具有高尚品格、积极人生态度、显著才能的社会栋梁。这也使小人书的载体作用得到更广泛的运用，凸显出小人书独特的"育德""育心""育才""育识"价值。

通过"小人书"品格提升工程项目的推进，在小人书的收集、创编、传阅、展示、践行等系列活动中，我校探索出了多学科融合下的活动范式，以此培育学生的"德心才识"，让对生命的尊重和关怀潜移默化地入脑入心，指导学生的日常行为。依托小人书这一独特的育人载体，聚焦多学科五育融合的实践，不断完善评价体系，发挥小人书思想引领、创造创新、艺术熏陶等功能，实现"德心才识"全能育人的价值，凸显教育是对生命的尊重和关怀的理念。

经过近20年的坚守、传承与创新，成效不断彰显。2 000多名师生、家长倾情投入，16 000余册小人书诞生、传阅，小人书凝固了儿童鲜活闪亮的成长瞬间，成为孩子们的成长之书、生命之书。各类获奖1 000余人次，涌现了500多名"江苏省好少年""常州市十佳少先队员""常州市十佳志愿者"……"创编'道德小人书'践行核心价值观"入选全国中小学社会主义核心价值观教育优秀案例（常州市唯一），"小人书 大天地"获江苏省中小学美育改革创新优秀案例评比一等奖，"传创经典，让小人书生命延续"获常州市中小学研究性学习成果展评特等奖，得到中央电视台、江苏少先队、常州电视台、江苏教育、学习强国等报道。我校在多所学校对"小人书"项目进行经验汇报交流，该项目在学生素养提升、价值观教育、文化传承和交流以及学校形象提升等方面具有重要的辐射和影响力。

小人书是品格锤炼的德性载体，立身悟道是知行合一的时代实践。未来，"小人书"项目将在尊重文化的指引下继续深耕精研，致力于为儿童设计一座"可读和乐读"的绿色城堡，创设一种"全景和全新"的实践形式，创新一种"分享和共享"的全息读本，共同奔赴小人书持续生长的新未来。

第四章

"小人书"多学科
融合的项目设计

第一节 "小人书"项目主题与内容

一、"小人书"主题内容开发的基本原则

1. 原则一：紧跟新时代，落实立德树人

小人书是我国传统的艺术表现形式之一，在新时代的历史发展背景下，其主题内容也需紧跟时代特点，以立德树人的根本任务为指引，体现与时俱进。新时代是我国发展的关键时期，小人书的主题应当积极弘扬社会主义核心价值观，传播社会正能量，展现新时代我国取得的伟大成就；反映现实生活，关注广大师生的需求和关切，展现新时代少年儿童的精神风貌；传承优秀传统文化，让师生感受到中华民族的优秀传统和文化底蕴，使小人书这一传统艺术形式焕发出新的生机。

2. 原则二：儿童为中心，关注全面发展

儿童是国家的未来，民族的希望。小人书作为一种面向儿童的阅读材料，应当以儿童为中心，强调尊重儿童的兴趣、需求和发展规律。内容选择上要贴近儿童生活实际，能够引起儿童的共鸣，富有教育意义。小人书中的故事角色形象应饱满鲜活，有着儿童易于理解和接受的特征。故事情节应自然流畅，能对儿童进行正确的价值观引导。同时，还应考虑到不同年龄段儿童的年龄特点、认知水平和兴趣需求，开发丰富多样、富有教育意义的阅读主题，从而培养阅读习惯，提升综合素质，为儿童的健康成长奠定基础。

3. 原则三：愿景具象化，链接生活实践

项目愿景是学校项目使命的具象，是与学校教育价值观联系的、可以调动师生情感的图景。推进"小人书"项目深度变革，我们需要明确"小人书"项目的愿景，并将项目愿景具象化。经过前期讨论与研究，我们把"小人书"项目的愿景确立为"让小人书成为新时代儿童的品格画像和成长履历"，小人书不再是单纯的连环画，而是转化为"儿童自身的生动实践"。带着这样的哲思，我们以小人书为载体，旨在将抽象的日常生活、政策精神等具象化，把看不见、不容易理解的事物变得可以看见、容

易理解，直至融入学生的生命体验。

4. 原则四：融合多学科，培育核心素养

五育融合的教育理念下，围绕学科核心素养建构课程群，是小人书主题开发的常见形式。课程群是以特定的素养结构为目标，由若干门性质相关或相近的单门课程组成的结构合理、层次清晰、彼此连接、相互配合、深度呼应的连环式课程集群。小人书的内容可以涵盖语文、科学、艺术等多个领域，例如小人书的画面设计、色彩运用等与美术学科密切相关，同时编写小人书还需有良好的文字功底，通过故事情节来布局画面，这又与语文学科高度相关。通过这种形式的多学科融合，可以加强儿童与社会生活的多学科关联，再现"世界图景"的完整结构，培养完整的人。

5. 原则五：结构有序列，保持系统连贯

如果只是将小人书作为书本，孩子们可能会觉得枯燥乏味；但如果把小人书视为整个世界，则孩子们可能会拥有放眼世界的眼光。为此，按照一定的逻辑，理顺"小人书"项目纵向与横向的关系，建构丰富的序列化的主题结构，保持内在逻辑的系统连贯尤为重要。在横向上，我们将小人书进行合理的分类，如将小人书分成红色文化与革命历史、时代楷模与先进事迹等八大类别，让儿童分门别类地感受与体验完整的世界；在纵向上，将小人书按照年级分为不同层级，由简至繁，由具体到抽象，形成一个适应不同年龄阶段孩子的主题阶梯，让"小人书"项目有逻辑地、立体地落地。

二、"小人书"主题内容分类

新时代小人书，不仅承载着中国文化的深厚底蕴，更是时代变迁的生动记录。在学校多年的创作实践中，我们围绕丰富的内容，精心创设了八大主题：红色文化与革命历史，时代楷模与先进事迹，科技创新与发展成就，传统文化与非物质文化遗产，生态文明与劳动教育，公民教育与法治宣传，心理健康与阳光心态，国际交流与"一带一路"。这些主题既传承了中华民族的优秀传统，又反映了新时代的鲜明特色，成为学生们深入了解历史、感悟时代、提升素养的重要载体。

1. 红色文化与革命历史

小人书通过讲述革命历史英雄人物的故事，展现中国共产党领导下的新民主主义革命、社会主义革命的光辉实践与艰辛历程以及改革开放以来取得的伟大成就。这些革命历史事件、英雄人物的事迹展现了坚定的理想信念、崇高的爱国主义情操和无私奉献的精神风貌，是激励我们不断前行的强大力量。创作这类主题的小人书，旨在进

一步增强学生的国家认同感、民族自豪感和社会责任感，激励学生不断从革命历史英雄事迹中汲取智慧和勇气，面对新时代的挑战，积极投身于中国特色社会主义现代化建设之中，为实现中华民族伟大复兴的中国梦而不懈奋斗。

例如，2021年时值中国共产党成立100周年，我们以中国共产党一大在嘉兴南湖的一艘红船上召开的故事为脚本，融合了科学、语文、道德与法治等学科，创编了《百年红船记忆》小人书，旨在深刻揭示红船精神的核心价值，让学生了解和感悟中国共产党的初心和使命，培育国家和历史责任感。

《百年红船记忆》小人书内容分为三大部分。第一部分结合科学学科，介绍嘉兴南湖的地理位置、自然环境以及选择在此秘密召开会议的原因，引导学生理解和分析地理环境对历史事件的影响。第二部分以语文学科为主导，概述时代背景：1921年，国内外形势复杂，中国面临内忧外患，社会动荡不安，参与中共一大的代表们怀抱着救国救民的理想，冒着生命危险，聚集在嘉兴南湖。在此基础上，阐释红船精神的内涵，即坚定理想信念、勇于创新创造、艰苦奋斗、无私奉献的精神，分析红船对中国革命和中国共产党发展的历史意义。第三部分结合道德与法治学科，展示红船精神在新时代的传承与发扬，激励着全党全国各族人民为实现中华民族伟大复兴而不懈奋斗，强调红船不仅是历史的见证，更是精神的灯塔，作为新时代的少先队员们，也应不断从中汲取力量，肩负起社会主义接班人的历史重任。

最后，以《百年红船记忆》小人书为牵引，学生走进红色教育基地、寻访新农村、参观长江保护馆……学生在行走中不断内化知党恩、跟党走的精神品质，绘就了《最美人世间》《喜迎二十大》等100本小人书。

2. 时代楷模与先进事迹

在新时代的背景下，为响应习近平总书记关于"记住要求、心有榜样、从小做起、接受帮助"的重要讲话精神，学校积极组织各类活动，聚焦模范人物、道德楷模、科研领军人物和优秀党员等时代先锋，通过记录他们的先进事迹，传播社会正能量，树立时代新风尚。为确保学生的成长步伐与国家的精神同频共振，学校长期开展"致敬时代英雄，感受时代脉搏"系列寻访实践活动。近年来，冲锋在前的抗疫英雄、历尽沧桑的抗日老兵、勇毅坚韧的退役军人等成为学生创作的小人书中的核心角色，展现了时代楷模崇高的奉献精神和社会责任感。

比如，在"寻访大国工匠"这一主题活动中，学生们有幸走近了邓建军这位技术精湛的劳动模范。该活动精心设计了"前期准备，领略'匠'之风采""深入车间，收获'匠'之精髓""心得交流，共享'匠'之魅力"三个环节，使学生深入了解邓建军不仅是一位拥有高超技能的匠人代表，更是积极倡导正能量、热心于人才培养和社会公益事业的时代典范。学生们通过绘制小人书，生动再现了大国工匠邓建军所体现的新时代劳动者勤奋拼搏、终身学习、锐意创新和无私奉献的精神。

另外，中国共产党成立100周年之际，学校在"百年征程"系列教育项目引领下，组织学生走访了革命功臣周长根爷爷。他亲身参与过抗日战争、解放战争和抗美援朝战争，是为新中国诞生和社会主义建设做出重要贡献的英勇战士。此次寻访活动按照"追忆峥嵘岁月　泪洒壮丽篇章""探讨理想信念　传承不朽精神""展示耀眼军功章　寄语小康社会"三个层次展开，学生们组成小组，利用小人书这一载体，依次展示了"重大战役再现""革命丰碑铭记""人民英雄赞歌""少年英雄启示录"四个篇章的内容，从而深化了学生对抗日战争史实的理解，使学生对"抗战精神"的崇高内涵有了更为深刻的认识和体验。

3. 科技创新与发展成就

通过彰显我国在科技、航天、交通、信息等领域的重大突破与辉煌成就，如嫦娥探月计划所代表的深空探测成就、北斗卫星导航系统的全球覆盖能力、日常生活中广泛应用的人工智能技术以及北京冬奥会上展现的众多高科技成果，同时分享华为等国内行业翘楚在科技创新方面的实践历程和成功案例，激发学生的国家认同感和民族自豪感。

在此主题引导下，学生们创作了一系列反映科技进步与国家荣耀的小人书作品，诸如《航天逐梦：中国航天纪实》《献礼二十大：科技创新新篇章》《冰雪科技：北京冬奥背后的故事》《常州骄傲：现代科技成果展示》等作品。在创作过程中，学生深入了解了我国的科技实力，并进一步增强了民族自尊心与自豪感。

以《星途璀璨：嫦娥奔月》小人书为例，开篇"序言"部分详述了中国航天事业的发展历程及嫦娥工程的重大战略意义，强调科技创新对于国家发展的关键作用。在"历史溯源"板块中，描绘了自古以来人类对月亮的探索梦想，展现了我国科学家和技术人员胸怀祖国、矢志不渝的精神。"梦想起航"叙述了我国科学家启动探月计划的决策过程，生动展现了科研人员的工作场景、面对挑战时的坚韧精神。"攻坚克难"展示了嫦娥工程所遭遇的技术瓶颈，叙述了工程师们智慧攻关、技术创新的壮举。"飞天时刻"再现了嫦娥一号发射升空时紧张而又激动人心的场面。"里程碑式成就"记录了嫦娥一号成功绕月飞行的重要节点，全国上下欢腾庆祝这一中国航天史上的伟大突破。"接力前行"篇章则讲述了嫦娥二号、嫦娥三号任务的成功实施及其取得的重要科技成果，凸显嫦娥工程连续推进与技术进步的特点。"月壤回归"描述了嫦娥五号胜利返回地球，完成月球样品采集这一历史性使命的情景。最后，"展望未来"部分通过展望嫦娥六号、嫦娥七号等后续任务的美好前景，鼓励学生从小关注并支持科技创新，将爱国情怀融入心中，用实际行动参与到国家科技发展的宏伟蓝图之中，为实现中华民族伟大复兴的中国梦贡献智慧和力量。

4. 传统文化与非物质文化遗产

挖掘整合中华民族优秀传统文化和各民族民间艺术瑰宝，以及开展推广非物质文化遗产的教育，旨在让学生从小接触并热爱民族文化。例如，学校巧妙地将传统手工艺融入小人书制作，结合"金手指"活动，教授刺绣、衍纸、编织等传统技艺，并以小人书形式展现它们在现代社会的传承与创新。同时，推出一系列以传统节日和习俗为主题的小人书，与德育活动紧密结合，生动介绍春节、中秋节等重要节日及其相关的习俗活动内涵。与食育课程相结合的《豆腐的"前世今生"》《一碗面的"底气"》《甜蜜艺术：糖画传奇》等作品，深度探讨了中国传统美食的制作工艺和故事传说。另外，还特别推出了反映传统体育与游戏的小人书《"空竹"舞动的旋律》。这些丰富多彩的小人书作品充分展现了中国传统文化的多元性和深厚性，激发同学们自觉承担起保护和传承非遗文化的重任。

例如，《甜蜜艺术：糖画传奇》这部小人书，首先详述中华民族悠久的文化积淀与丰富的非物质文化遗产，强调糖画在民间艺术中的独特地位及其文化价值。随后，追溯糖画的历史渊源并阐述发展现状，勾勒出早期糖画艺人的生活背景和社会角色。接着，通过讲述一个年轻学徒拜师学艺的故事，再现糖画艺术代代相传的过程；细致描绘糖画制作的各个环节——熬糖、拉丝、塑形等，并阐释其在节庆庙会等民俗场合中承载的文化意蕴。最后，剖析糖画艺术当前面临的现实困境，如工业化冲击导致的传统手工艺衰落等问题，同时展望糖画艺术在未来的振兴之路，倡导更多年轻人参与糖画技艺的学习与传承，从而唤醒大众对传统艺术魅力的认知，增强全社会对文化遗产保护的责任意识与行动力。

5. 生态文明与劳动教育

该主题主要围绕生态文明建设这一核心理念，描绘我国在环境保护、绿色发展方面付出的努力及取得的成效。学生通过创作环境保护主题的小人书，生动地展示了将环保意识融入日常生活的点滴实践，如垃圾分类的普及、水资源的有效利用以及大规模植树造林活动等，这些行动对生态环境产生了积极而深远的影响。对于劳动教育主题，学校以高品质项目"金手指工坊：新课程视域下劳动教育的创新实践"为依托，构建了一套学科融合的"金手指"特色劳动课程体系。该体系从劳动国家课程中提炼出八大任务群，整合跨学科学习中的劳动元素形成跨学科劳动群，从劳动特色课程中提炼出"金手指"创意劳动群等，让学生在动手动脑的实践中发展思维，让智慧在指尖流淌，从而在课程的滋养下培养劳动意识、能力、精神，实现新时代劳动教育的转型。社区志愿服务主题的小人书则着力于引导学生投身于社会实践，比如参与志愿者服务、社区清洁工作等，通过亲身参与来增强社会责任感和提高团队协作能力，进一步理解劳动与个人成长、社会进步的关系。

以"龙城有我一棵树"植树活动为例，学生们以自己亲历的种植过程为主线，创作了富有情感温度的小人书故事。首先描绘的是学生在学校课堂上初次接触植树知识，满怀期待与兴奋的心情；然后刻画了同学们与家长一起选购适宜树种的情景，通过对话交流展示不同树木特性和生长环境要求；并且详述了孩子们亲手栽种的过程，从挖坑、置苗、覆土到浇水，描绘了他们辛勤付出的身影；接着讲述了树木在生长过程中遭遇的各种挑战，如极端气候和病虫害侵袭，强调了耐心守护和细心关爱的重要性；同时还呈现树木成年后为周边生物提供栖息环境和净化空气的功能，记录学生们因共同照料树木结下的深厚情谊；借四季轮回之变，生动展示了树木随季节更迭带来的校园美景变化，春天花满枝头，夏日浓荫蔽日，秋天果实累累，冬日枝干挺拔；之后是成果分享，展现树木成为校园的新地标，学生们在此嬉戏读书，享受着绿意盎然的美好时光；最后寄予未来期许，鼓励所有学生都去亲手种下一棵树，为地球增添一份生机勃勃的绿色力量。学生用小人书讲故事的形式，不仅教授了植树的具体步骤，更深层次地传递了爱护自然、保护生态的意识，激发了对环保事业的热情以及对未来美好生活的憧憬。

6. 公民教育与法治宣传

社会主义核心价值观是中国特色社会主义价值体系的核心内容，它由国家层面倡导的富强、民主、文明、和谐的价值目标，社会层面追求的自由、平等、公正、法治的价值取向，以及公民个人应具备的爱国、敬业、诚信、友善的价值准则构成。学校教育聚焦于学生的品格塑造与思想建设，借助小人书这一生动的教学载体，对社会主义核心价值观进行了深度剖析和校本化解读，旨在让学生把握时代脉搏，重温历史经典，通过创编故事、传承文化的方式，内化并践行社会主义核心价值观。

例如，在社会层面的价值取向——法治建设方面，学校以争创"法治示范校"为契机，组织学生创编"法治小人书"，引导学生增强法治观念，助力校园法治文化建设；同时，组织学生实地走进检察院，开展"走近《民法典》——《民法典》小小法治宣传员共育活动"。在活动中，学生遵循习近平总书记关于"将民法典纳入国民教育体系，加强对青少年民法典教育"的指示精神，亲身参与法律实践之旅。他们参观了富有教育意义的小橘灯公益展厅，一个个鲜活的案例和一张张活动照片，让学生们深刻感受到法治的力量，从而从小树立法治意识，形成遇事找法、依法行事的习惯。

在这场收获颇丰的法治学习旅程中，"检察官专题讲座：《民法典》与少年的你"成为一大亮点。讲座人结合具体生动的生活案例，深入浅出地讲解了《民法典》中与青少年生活密切相关的若干条款，让原本复杂的法律知识变得易于理解。参与活动的学生们在聆听讲座后，通过创作小人书的形式，将所学的《民法典》知识和个人感悟凝结成图文并茂的故事，降低了《民法典》的学习难度，有效推动了《民法典》在学生群体中的普及。

7. 心理健康与阳光心态

学校作为江苏省健康促进学校金牌单位和江苏省心理健康教育特色学校，充分结合自身心理健康特色的优势，依托常州市中小学生品格提升工程"启智润心：涵育小学生'积极心理品质'的表达性艺术实践"，以心理小人书为载体，从自我认知、情绪管理、压力应对、人际关系构建、积极思维培养以及生活平衡等多个心理教育维度进行主题内容整体架构。在心理健康节活动中，学生们积极参与创作各类心理主题小人书，如通过自我认知类小人书深入认识自己的情绪特征与性格特点，既要看到自身的优点也要接纳不足，从而树立起积极健康的自我形象；情绪管理类小人书传授如何识别并妥善处理各种不同情绪状态，如何将负面情绪转化为积极力量等。（见附录一）

以心理健康节中学生创作的《星光闪烁的小小星球——关爱孤独症儿童》的心理小人书为例，封面中央描绘了一位眼神清澈却略显疏离的小男孩，他孤独地站立在一个象征其内心世界的小星球上，下方附有一句深情的引言："每颗星星都有独特的光芒，每个孩子都是世间独一无二的存在。"整本小人书由四个篇章构成：首章"孤独的星星"生动再现了小男孩在生活中表现出的孤独症典型特征，使小读者直观了解到孤独症儿童的基本特性；第二章"探索你的宇宙"讲述了主人公接受医院诊断并确认患有孤独症的过程，同时图文并茂地普及了孤独症相关知识，旨在消除社会误解，倡导理解和接纳；第三章"爱的力量"展示了学校心理健康教师、家长及社会各界爱心人士如何运用音乐疗法、艺术疗法等手段，帮助主人公逐步提升社交能力，并逐渐发掘出他在绘画方面的特殊才能；第四章"星星的光芒"描述了主人公凭借其在绘画领域展现的天赋，成功引起了社会对孤独症儿童潜在才华的关注与肯定。故事最后以饱含深意的结语收尾："我们共享同一片星空，每一颗星星都值得被尊重，让每一颗星星自在闪光。"这部小人书呼吁全社会共同关注和支持孤独症儿童的成长，助力他们在各自的"星球"上释放出属于他们的独特光彩。

8. 国际交流与"一带一路"

在中国积极参与全球化的进程中,其角色定位愈发显著,并通过"一带一路"倡议积极推进广泛的国际合作与交流。这一倡议不仅体现在经济领域,更在教育、文化及旅游等领域的人文交流活动中得以深化,例如留学生互访计划、国际艺术节活动等。"一带一路"主题小人书的制作,旨在拓宽学生们的全球视野,传递和平友谊的理念,弘扬包容互鉴、共同发展的精神内涵。

以我校举办的"泱泱中华 多彩和鸣"艺术节活动为例,遵循"一国(城)一特色"原则,各班级对"一带一路"沿线的一个特定国家或城市进行深入研究,探寻其地方语言、民族风情、舞蹈音乐、传统服饰、美食风光、影视作品以及特色节日庆典等多种文化元素,策划实施一场最具该地特色的展示表演活动,多元化地呈现各地原汁原味的风土人情、民俗习惯和地方文化底蕴。活动结束后,将所有班级的研究成果整合,创编了"丝路新篇:一带一路"小人书集。书中背景是一幅详尽的世界地图,标注出了"一带一路"倡议的路线及其关键节点城市,并配以文字呼吁全世界携手并进,搭乘"一带一路"的发展快车,共筑美好的未来世界。

这部小人书集的创作过程,无疑让学生们更加深刻地认识了国际交流合作的重要性,感受了各国文化交融的魅力,同时也传递了和平友好的理念,增进国际间的理解和友谊,这也正是我们作为世界公民应有的担当和责任。

以上八个主题既独立又相互关联,共同构成一幅新时代中国的全景画卷。学校始终引领学生走在新时代波澜壮阔的画卷中,创编与时代、社会紧密相连的主题内容。除此之外,学校还开发了形式多样的小人书课程群,形成了"人生启蒙课""价值浸润课""励志寻访课""劳动与志愿服务课"四种课程实施样态,全面覆盖学生生命成长的每一个重要节点、每一次行动实践。

第二节 "小人书"项目的立体化/体系化构建

在新时代多学科融合的背景下，小人书充分发挥了学科整合、五育并举的积极效应，学校以国家课程、特色课程、实践课程为三驾马车，构建了体系化的"小人书"项目。

一、国家课程主导，挖掘小人书五育融合的创作因子

1. 在国家课程中开发"小人书"项目的意义

新时代背景下教育强调"五育并举"与"五育融合"，力求实现德智体美劳全面发展。小人书作为一种富有中国特色且深受青少年喜爱的图文阅读形式，其内容开发与国家课程体系相结合，具有以下重要意义。

（1）促进教育资源的整合。国家课程是经过科学规划、精心设计的基础教育资源，涵盖了各个学科的核心知识和价值观。小人书从国家课程中提炼主题，可以有效地整合教育资源，确保内容的科学性和教育性。例如，"小人书"项目可以将不同学科的知识进行有机融合，打破学科壁垒，实现课程资源的整合；小人书还可以将文字、图片、音频、视频等多种教学资源有机结合，丰富教学内容和形式，提高教学效果，实现教学资源的整合；不同学科的教师可以共同参与小人书的创作与研究工作，相互学习、相互借鉴，形成合力，共同推动"小人书"项目的发展，实现师资力量的整合；等等。

（2）实现学科知识的可视化。小人书以直观的图像和简洁的文字叙述，将抽象的知识点形象化。学生通过创作与学科内容紧密相关的连环画故事，能促进对课程内容的深度感知和理解。这具体表现在以下几个方面：一是小人书拥有直观生动的呈现方式。小人书通过图画、颜色等视觉元素，将学科知识以直观、生动的形式展现出来，相比于纯文字描述，更能吸引学生的注意力。二是小人书拥有深入浅出的解释说明。如小人书可以用图表的形式展示数据变化，用比喻或拟人的手法解释科学原理，将复杂抽象的学科知识变得易于理解。三是通过小人书的创作，可以培养可视化思维。通

过创作小人书，学生逐渐学会用图像、表格等方式来表达和解释知识，学生的可视化思维能力得到了很好的培养。

（3）推进五育价值的渗透。首先是德育的渗透。小人书以故事的形式传播社会主义核心价值观，展现中华民族优秀传统文化等内容，可以提升学生的道德品质和社会责任感。其次是智育的深化。学生在阅读小人书的过程中，不仅能够掌握基础知识，还能够通过思考、分析、判断等思维活动，深化对知识的理解。接着是体育的融入。虽然小人书主要以文字和图画为表现形式，但并不意味着体育元素无法融入其中。相反，通过设计一些与体育运动相关的故事情节或场景，将体育精神、运动规则等内容融入其中，学生不仅能够了解体育知识，更能够感受到运动的魅力，激发参与体育活动的兴趣。再者是美育的展现。小人书本身就是一种艺术形式，学生通过亲手绘制插图、设计版面等方式，不仅能够得到美的熏陶，更能够提升自己的审美能力和创造力。最后是劳动教育的体现。学生通过设计一些与劳动相关的故事，展示劳动的价值和意义；参与小人书的制作、装订等，体验劳动的艰辛与乐趣。

（4）增进跨学科学习体验。"小人书"项目以跨学科的方式呈现知识，将不同学科的内容融合在一起，这与新课标中强调的跨学科学习理念相契合，旨在打破学科壁垒，促进知识的整合与综合运用。这种知识整合的方式有助于学生形成完整的知识体系，加深对知识的理解。同时，小人书的创作还为学生提供了多样化的学习方式和视角，让学生意识到不同学科之间的联系和相互影响，从而引导学生从不同学科的角度思考问题，培养他们的跨学科思维和解决问题的能力。除此之外，新课标鼓励学生通过学科实践活动和项目学习等方式，将所学知识应用于生活大情境中，以培养创新精神和实践能力。"小人书"项目正是一个极佳的实践平台，它为学生提供了创作、阅读和讨论等多种形式的实践机会。通过"小人书"项目，学生能够将跨学科知识应用于实际情境中，有效锻炼了实践能力和培养了创新思维。

因此，在新时代多学科融合的背景下，从小人书中发掘国家课程资源，不仅是创新教育手段的一种体现，也是顺应新课标理念，全面提高育人质量的有效途径。

2. 国家课程主导下小人书主题内容的开发策略

（1）基于学科维度，立足教材，进行拓展延伸。

步骤一：研读"双新"（新课程方案、新课程标准）文件，明确小人书主题内容开发的方向。

2022年印发的《义务教育课程方案和课程标准》强调了全面培养学生的德、智、体、美、劳，落实立德树人根本任务，并将党的教育方针细化为各门课程着力培养的核心素养。我们以"双新"为遵循，研究不同学科的课程标准，提炼各学科课程所需培养的核心素养和关键能力。如，语文学科的核心素养包括语言建构与运用、思维发展与提升、审美鉴赏与创造、文化传承与理解。数学学科核心素养为数学抽象、逻辑推理、数学建模、直观想象、数学运算和数据分析等。研读"双新"文件，让小人书主题内容的开发从方向上与国家新课程标准相衔接，与国家意志相一致，确保文化传承和育人方向的正确性和时代性。

步骤二：深研学科教材，挖掘小人书主题内容开发的素材。

在"双新"理念指引下，我们通过了解各年级、各学科的教学目标和内容要点，来把握课程的整体框架和知识分布，再根据教材内容，提炼出适合用小人书形式展现的核心主题。这些主题既可以是教材中的重点课文，如蕴含了深刻道理的文学作品等；也可以是历史场景的重现，帮助学生更好地理解历史脉络和事件背景；还可以是科学原理，通过小人书的直观展现，让学生在轻松愉快的阅读过程中掌握科学知识。同时，我们还可以基于教材内容进行拓展与延伸，以此丰富小人书的内容，使其更具有深度和广度。以统编版小学语文教材三年级上册中的《望庐山瀑布》为例，这首诗描绘了庐山瀑布的壮丽景象，表达了诗人对大自然的热爱和赞美。在开发小人书时，我们可以基于这首诗进行以下拓展与延伸：

首先，介绍庐山瀑布的地理位置、自然景观以及历史文化背景。通过小人书的形式，展示庐山瀑布的壮丽景色，让学生仿佛置身其中，感受大自然的鬼斧神工。同时，我们可以引入一些与庐山瀑布相关的历史故事或传说，如李白的创作背景、当地的风土人情等，增加小人书的趣味性和文化内涵。

其次，拓展学生对瀑布这一自然景观的认识。通过小人书，展示不同地方、不同形态的瀑布，让学生了解到瀑布的多样性和美丽。同时，我们可以引导学生思考瀑布的形成原理、水流的力量等科学知识，将文学与科学相结合，拓宽学生的视野。

此外，我们还结合现代科技手段，如虚拟现实技术，为学生呈现一个更加逼真的庐山瀑布场景。通过佩戴 VR 眼镜，学生可以身临其境地感受瀑布的磅礴气势，增强阅读体验和学习效果。以上拓展与延伸，既丰富了小人书的内容，也使学生更加深入地理解了《望庐山瀑布》这首诗的意境和情感，拓宽了视野，提升了综合素养。

（2）基于主题维度，融合多学科，实现价值深化。

步骤一：厘清主题的内涵和外延，明确主题价值。

主题是小人书创作的核心，它决定了故事的走向和情感的表达。从主题的维度进行开发，我们需要对主题本身有清晰的认识，包括理解主题的内涵、外延等。这就意味着我们在小人书创作过程中，不仅要基于主题进行故事的创编，更要注重通过故事来展现核心主题的不同层面和深度。

首先，理解主题内涵，奠定创作基石。以"绽放友谊之花"这一主题为例，我们需要思考友谊的本质是什么，它如何影响人们的生活，在人们的成长过程中友谊扮演着怎样的角色。这些问题的答案构成了我们对友谊主题内涵的理解，也为我们的创作提供了方向。

其次，探索主题的外延，丰富创作内容。友谊不仅仅存在于人与人之间的交往中，它也可能在人与动物、人与自然之间产生。此外，友谊也可能在不同的文化、历史背景下呈现出不同的形态。拓展主题的外延，可以为小人书的故事创作提供更多的思考和灵感。

步骤二：探索主题在不同学科中的表现，开发实施路径。

小人书的创作不局限于某一门国家课程，可以融合多门课程的知识和元素，共同致力于小人书主题内容的开发。因此，我们需要基于主题探索其在不同国家课程中的表现，为小人书的创作提供更多元的视角和素材，让学生感受到多学科的交融，提升学生的综合素养。例如，我们以"智慧探险"为主题，探索了体育、数学和劳动等课程的融合应用。

在体育课程中，我们可以设计一系列益智型体育活动，如通过定向越野、寻宝游戏等活动，让学生在探索中锻炼体能，培养空间感知和定向能力。在创作小人书时，展示主人公如何运用智慧克服困难与挑战，最终赢得胜利。在数学课程中，我们可以设计有趣的数学游戏和挑战，让学生在解决问题的过程中学习数学知识和思维方式。在创作小人书时，我们融入数学元素，如让学生通过计算路程、时间等来推进故事情节的发展。在劳动课程中，我们可以设计一系列劳动任务，让学生通过观察、思考和动手实践来完成，内容可以涉及植物的种植技巧、工具的使用方法、材料的搭配等。在创作小人书时，学生可以将自己的亲身经历融入小人书的创作中，既锻炼劳动能力，又培养解决问题的能力。

从学科的维度，基于教材开发小人书主题，可以更好地落实国家课程的目标和内容要求，小人书作为国家课程实施方式的一种创新载体，有助于增强国家课程的趣味性和吸引力，激发学生的学习兴趣和积极性。从主题维度融合多学科进行开发，有助于学生更全面地认识和理解主题，通过不同学科之间的互补和碰撞，产生新的思想和观点，从而更好地应对现实生活中的挑战和问题，提升实践能力和综合素质。

总之，结合国家课程开发"小人书"项目，应当紧密结合国家课程的教育目标和内容，始终坚持以学生的兴趣为导向，注重内容的趣味性和互动性，通过多元化、趣味性的形式，将五育融合的理念具体化、形象化，为学生提供全面、立体的阅读体验，从而促进其全面发展。

二、特色课程深化，以小人书为载体实现多学科融合育人

1. 特色课程深化的意义与价值

"小人书"项目历经近20载，成功融合了各学科与五育理念。它以小人书为桥梁，跨越文学、艺术等多元学科，让学生在创作中拓宽视野。同时，项目注重五育并举，全面提升学生的知识、品德、审美能力、身心素质和实践能力，培养学生的健全人格，促进学生的健康发展。

（1）课程资源的整合。遵循环境育人理念，学校将小人书元素融入"楼梯阁""共享廊""典藏馆""影像园""弘扬区"等物型空间的文化建设上，从校内场馆到校外基地，从本校教师到校外各类人力资源，形成大德育磁力场，为学生获得沉浸式的价值观学习体验提供支持。结合本校特色课程开发小人书，是对教育资源的一次有效利用和整合，使教育课程资源的利用得以最大化。

（2）项目文化的传承。党的二十大报告指出，用社会主义核心价值观铸魂育人，社会主义核心价值观是凝聚人心、汇聚民力的强大力量。"小人书"项目呼应时代需要，指向儿童成长，能够承载学校的"尊重"办学理念、历史传统和特色成果等内容，以"尊重文化"为引领，将社会主义核心价值观嵌入课堂、延展到活动、融入生活，在潜移默化地渗透和浸润中，进一步发挥小人书的思想引领功能，有助于增强学生对学校的认同感和归属感，同时也能对外展示学校的独特魅力和教育成果。

（3）实践活动的融通。与"小人书"特色项目相结合，可以确保教育目标、内容的连贯性，学生在特色活动中学到的知识技能、思维方式，可以得到进一步的应用和巩固。学生对于自己学校的特色往往更加熟悉和感兴趣，将这些内容继续以小人书的形式进行深化，可以激发学生的学习兴趣，提高他们的研究积极性和主动性。实践活动的一以贯之，也有助于实现"双减"背景下的减负增效的目的。

2. 特色课程深化下小人书主题内容的开发策略

小人书课程是一门学校特色课程，我们在开发时以培育社会主义核心价值观为价值追求，用品格的卓越发展促进学生全面健康成长。2021年，小人书特色课程在原有基础上深化发展，在五育融合的背景下再出发，升级为"新小人书"。这

一转变不仅是对原有小人书课程的延续和拓展，更是对项目内容和实施方式的全面升级。

步骤一：深化核心理念，形成校本化解读，让内容开发有遵循。

"新小人书"课程内容的设计在社会主义核心价值观的基础上，再次进行了深入的校本化解读与开发，旨在以点带面，引领五育融合背景下的"新小人书"项目的整体设计。通过对中国学生发展核心素养的深入研究和对《少先队活动课程指导纲要》的仔细研读，我们形成了一套具有学校特色的社会主义核心价值观解读体系。这一体系不仅涵盖了国家、社会、个人三个层面的价值导向，还结合五育的要求，将其转化为具体、可操作的教育目标。

例如，在德育方面，我们强调家国情怀、责任担当，引导学生树立正确的价值观和道德观；在智育方面，我们注重协商共赢、乐学善学，培养学生的思维能力和创新精神；在体育方面，我们倡导尊重他人、宽容友爱，通过体育活动培养学生的团队协作能力和竞技精神；在美育方面，我们提倡彬彬有礼、乐观向上，让学生在艺术欣赏和创作中感受美的熏陶；在劳育方面，我们强调和睦礼让、勤劳节俭，通过劳动教育培养学生的实践能力和社会责任感。

这样的校本化解读，一方面让国家倡导的价值导向可以深入浅出地扎根于学生的心灵深处，让价值导向落地生根；另一方面也让五育融合成为创新的种子，为内容开发提供明确的遵循和方向。

步骤二：融合多类课型，实施校本化策略，让内容开发有抓手。

在实施形式上，我们创造性地融合了小人书推荐课、阅读鉴赏课、成果汇报课、自主创编课等多种课型，并深入融合五育理念，为学生提供汲取主题灵感、创作多种主题小人书的平台，让学生在创作的过程中，提升综合素养，实现全面发展。

在阅读鉴赏类课程中，我们精心挑选了涵盖历史、文学、艺术等多个领域的小人书作品，旨在为学生打造一个丰富多彩的阅读世界。这些小人书不仅画面精美、故事生动，更蕴含着深厚的文化内涵和思想精髓。例如，在"百年红船记忆"主题中，学生们自主阅读小人书，沉浸在那些波澜壮阔的历史瞬间，写下自己的故事感受；在"常州梳篦"主题中，学生们通过同伴互读，感受梳篦文化的传承与发展。整个过程中，学生们不仅欣赏到了小人书的艺术美，还能够在潜移默化中培养道德品质、增强社会责任感。

在自主创编类课程中，我们结合"龙城好少年""美德少年"等评选活动，鼓励学生发现身边的榜样，将真实的故事转化为小人书创编素材。例如，《文明的样子很美》

描绘了学生们在日常生活中展现的文明举止,《诚信是金》则讲述了同学们诚实守信的动人故事,而《雨中护国旗》则展现了学生们对祖国的深厚情感和对国旗的崇高敬意。这些作品不仅主题鲜明,而且富有时代感。学生在构思、创作的过程中,不仅重温了党的光辉历史,感受了祖国日新月异的发展变化,更在潜移默化中增强了民族自豪感和爱国情怀。同时,我们也注重将体育精神和美育元素融入小人书的创作中。学生们通过描绘体育场景,展现了团队协作和竞技精神;通过运用丰富的色彩和线条,展现了对美的独特感受和追求等。

学校"小人书"项目作为一种独特的德育载体,始终引领着学生在创编的全过程中进行深入思索和探究。学生们紧密结合时代、社会和生活实际,创作出与时俱进、贴近生活的主题和内容。在创作的过程中,他们不断深化对各类主题的认知和理解,将其内化于心、外化于行。

三、实践课程延展,让五育融合的种子在学生心中发芽

1. 实践课程延展的意义与价值

小人书作为一种图文并茂、易于传播的德育载体,在"知、情、意、行"四个维度中,特别强调"行"的意义和价值。行,即实践。在"双减"背景下,学校大力开展小人书实践活动,坚持校内与校外结合、常规与特色并重,丰富的实践体验让五育融合的种子在学生心中发芽。

(1)知行合一,用实践检验真理。德育的最终目标不仅仅是理论知识的传授和情感价值的熏陶,更重要的是要将其转化为实际行动。正如马克思主义哲学所倡导的,实践是认识的基础,也是检验真理的唯一标准。小人书的创作将道德行为规范融入故事,鼓励孩子们在日常生活中践行,从而实现知行合一。

(2)内化行动,形塑品格习惯。道德品质的形成很大程度上依赖个体的行为习惯。小人书如果只停留在认知层面的传播,则难以培养出稳定的道德行为模式。只有当书中描绘的道德行为被学生内化为自己的行动,并在生活中反复实践,才能真正形塑良好的品格和习惯。

(3)时代媒介,传播社会责任。小人书不仅是一种阅读介质,更是全媒体时代的重要媒介。强调"行"的延展,有助于引导学生从小培养对社会责任的认识,学会尊重他人、关心社会,参与公益事业等,从而成为有责任感、有担当的社会成员。

(4)榜样示范,实现无痕育人。小人书通过生动的情境再现,可以模拟现实生活

中的道德抉择情景，让孩子们在阅读中提前体验，学习如何正确行事。同时，书中积极正面的角色形象能够起到榜样的作用，激励他们在现实生活中仿效好的行为，落实道德准则，实现无痕育人。

因此，小人书创作时强调"行"，旨在将内容延伸到生活中，进而在生活中再产生新的主题。只有当道德观念落地生根，转变为具体的道德行为，德育工作才能产生实质性的效果，进而推动孩子们全面发展和素养提升，成长为具有高尚品德的人。

2. 实践课程延展下小人书主题内容的开发策略

（1）人生启蒙课：序列开发，开启小人书主题内容启蒙之旅。

在人生启蒙课程的设置中，我们从不同年级学生的成长需求和培养目标出发，通过一至六年级课程的整体架构，开发了一年级"入队启蒙"、二年级"阅读启蒙"、三年级"成长启蒙"和"心育启蒙"、四年级"劳动启蒙"、五年级"公益启蒙"、六年级"梦想启蒙"小人书主题内容，为学生提供了一个丰富多元、螺旋上升的小人书主题启蒙环境，促进他们的全面发展。

一年级的学生对集体生活充满好奇与期待，"入队启蒙"是他们迈向集体生活的第一步。我们开发以"少先队的光荣与使命"为主题的小人书，通过生动的图画和简洁的文字，帮助学生了解少先队的历史与职责，培养他们的组织观念和责任意识。

二年级的学生已经适应小学生活，随着识字量的逐渐增长，他们对阅读产生了浓厚的兴趣，阅读启蒙成为重点。我们抓住这一关键时期，推出系列"阅读启蒙"小人书，选取经典童话、寓言故事等，让学生在阅读中培养想象力和阅读兴趣。阅读启蒙小人书不仅符合他们的认知水平，还能激发他们的阅读热情，为后续小人书持续深入的创作打下坚实的基础。

三年级的学生开始面临成长与心理变化的关键期，他们开始有自己的想法和困惑。因此，我们开发"成长启蒙"和"心育启蒙"主题小人书，引导学生正确看待成长中的困惑和挑战，学会情绪管理和人际沟通。"成长启蒙"小人书通过生动的故事和情境，帮助学生理解自己的情感变化，掌握基本的情绪调节技巧，促进他们的身心健康发展。

四年级的学生具备更强的动手能力和实践能力，"劳动启蒙"课程展示了劳动的魅力和价值。我们创作以"劳动最光荣"为主题的小人书，让学生在阅读中体验到劳动的乐趣，培养他们的劳动习惯和创新思维。"劳动启蒙"小人书通过展示各种劳动场景和劳动成果，让学生认识到劳动的价值和意义，从而树立劳动观念。

五年级的学生开始关注社会现象和公共事务，他们的社会责任感逐渐增强。因此，我们策划"公益启蒙"主题小人书，以真实的社会公益事件为素材，引导学生了解社会责任和奉献精神的重要性。"公益启蒙"小人书通过讲述公益人物和公益事迹，激发学生的公益意识和行动力，培养他们的社会责任感和公民素养。

六年级的学生梦想开始萌芽，他们开始思考自己的未来和人生目标。我们推出"梦想启蒙"主题小人书，鼓励学生大胆追求自己的梦想，通过小人书中的励志故事，激发他们的奋斗精神和追求卓越的信念。"梦想启蒙"主题小人书帮助学生明确自己的目标，为他们的未来之路指明方向。

（2）励志寻访课：深入实践，探寻小人书主题创作灵感。

一是依托"一巷、两园、三院"，深入挖掘地域文化。地域文化是当地历史、人文和自然环境交织而成的独特印记，是滋养学生精神成长的重要土壤。我们学校地处文化底蕴深厚的常州，拥有得天独厚的地域资源。因此，我们紧密结合学校的特色资源和地域文化，围绕"一巷、两园、三院"等核心框架，将地域资源转化为寻访活动中的主题内容，精心策划了一系列富有特色的寻访活动。

在"一巷"的寻访中，我们组织学生走进青果巷。这条历史悠久的巷子见证了常州的沧桑变迁，学生们漫步在古色古香的街巷中，聆听着老人讲述过往的故事，感受着古城的历史韵味。他们用心观察、用笔记录，将青果巷的点点滴滴融入小人书的创作中，让更多的人领略到了这条巷子的独特魅力。

"两园"寻访更是让学生们大开眼界。在中华孝道园里，学生们领略了中华民族的传统美德，深刻体会到了孝道文化的内涵。他们通过参与园内的各种体验活动，如孝道讲座、亲子互动等，增进了对孝道文化的理解和认同。烈士陵园则让学生们了解了革命先烈的英勇事迹和崇高精神。他们肃立在烈士纪念碑前，默哀致敬，用心灵去触摸那段峥嵘岁月。

此外，"三院"的寻访活动也让学生们收获颇丰。在敬老院中，他们与老人们亲切交流，发扬了尊老敬老的传统美德；在儿童福利院中，他们与孩子们互动游戏，传递了关爱与温暖；在法院和检察院的参观中，他们了解了法律知识，增强了法治意识。

这些寻访活动不仅让学生们亲身感受到了地域文化的魅力，更为他们提供了丰富的创作素材。他们将自己的所见所闻所感融入小人书的创作中，用画笔和文字记录下这些难忘的经历，让地域文化得以传承和发扬。

二是学习身边榜样，挖掘先锋文化。榜样是时代的标杆，是引领我们前行的灯塔。在寻访活动中，我们特别注重引导学生们关注身边的榜样人物和先进事迹，让他们从榜样身上汲取力量，激发前行的动力。我们邀请了优秀学生代表分享自己的学习经验和成长历程。这些学生用朴实无华的语言讲述了自己的奋斗故事，让在场的同学们深受启发。他们用自己的实际行动诠释了什么是责任、担当和奉献，让其他学生找到了前进的方向和目标。

同时，我们也关注时代的发展和社会热点，将寻访活动与国家的重大事件和社会的进步紧密结合。例如，在庆祝建党百年的活动中，我们组织学生参观红色教育基地，了解党的光辉历程和伟大成就。学生们通过参观纪念馆、观看纪录片等方式，深入了解了党的历史和奋斗精神，增强了爱国情怀和社会责任感。

此外，我们还挖掘了身边的先锋文化。邓建军、朱新财等先锋人物的事迹成了我们寻访的重要内容。学生们通过深入了解这些先锋人物的成长经历和奋斗故事，感受到他们坚韧不拔、勇攀高峰的精神品质。这些先锋人物成为学生们心中的偶像和榜样，激励着他们不断追求进步。

通过这些寻访活动，学生们不仅学习到了榜样人物和先锋的精神，更将这些精神内化为自己的行动准则。他们在日常生活中积极践行这些精神，用自己的实际行动去传递正能量和爱国情怀。同时，他们也将这些经历和感悟融入小人书的创作中，用画笔和文字记录下这些难忘的时刻，让更多的人能够感受到榜样和先锋的力量。

（3）劳动与志愿服务课：践行公益，丰富小人书主题教育内涵。

策略一：借助多元平台，进行宣讲传播。

借助小人书"典藏馆"这一平台，学校常态化开展各种小人书宣讲活动，并将宣讲传播作为传承红色基因、弘扬社会主义核心价值观的重要途径。学校组织党史小人书宣讲活动，让学生们通过小人书这一生动形象的载体，深入了解党的光辉历程和伟大成就；组织红色故事表演活动，让学生们将小人书中的故事搬上舞台，用生动的表演形式传播红色文化。

此外，学校还注重将宣讲传播活动与学校各大文化节相结合。如在学校五月体育节活动中，我们组织了一场红色主题运动会，根据小人书中的英雄人物原型，设计了"翻山越岭""障碍赛跑"等比赛项目；六月艺术节中，鼓励学生们通过绘画展览、音乐表演等形式表现红色故事，演绎红色精神的内涵；在十一月"金手指"节活动中，引导学生们参与党史小人书的设计、制作和展示工作，将红色文化融入小人书创作的每一个细节。

当然，这些活动不仅仅局限在校园内，我们还带领学生们走出学校，走进社区、商场等公共场所。学生们与居民共赏红色故事，宣讲党史，让更多的人了解党的历史

和文化。在宣讲过程中，学生们不仅锻炼了自己的口才和表达能力，还加深了对党的热爱和拥护之情。（图4-1）

图4-1　红色小人书故事展演

策略二：开展志愿活动，深化育人内涵。

在小人书系列活动的推动下，学校进一步深化育人内涵，通过一系列志愿服务活动，引导学生们将小人书中的知识、情感和价值观内化于心、外化于行，争当新时代的先锋模范。

如在"学雷锋精神　做时代新人"志愿服务活动中，学生们纷纷走出校园，走进社区，以实际行动践行雷锋精神。他们帮助老人做家务，陪伴他们聊天，为社区的清洁环境贡献自己的力量。在"种下一棵树　增添一片绿"植树活动中，学生们不仅学到了植树造林的知识，更体会到了劳动的乐趣和价值。他们用自己的双手为地球增添了一抹绿色，也为自己种下了一颗环保的种子。在"关爱星星的孩子"义卖活动中，学生们用自己的作品为特殊儿童筹集善款。他们纷纷拿出自己的小人书、手工艺品等进行义卖，将所得善款捐献给需要帮助的特殊儿童。"我爱红领巾"队前教育活动通过庄严的入队仪式，增强了学生们的组织归属感和荣誉感。他们戴上红领巾，庄严宣誓，成为少先队的一员。队前活动让学生们更加珍惜自己的身份和荣誉，也激励他们为红领巾增光添彩……

通过参与劳动与志愿服务活动，学生们在实践中不仅锤炼了道德品质，更增强了社会责任感。这些活动不仅锻炼了他们的团队合作精神，还培养了他们的奉献精神。学生们用实际行动践行了新时代好少年的标准，展现了先锋模范的风采，为新时代的建设贡献了自己的力量。

第三节 "小人书"项目开发的核心理念

在近20年的不懈探索中,我们逐渐形成了"小人书"项目开发的"五多"核心理念:倡导多主体的积极参与,确保项目的广泛性与深入性;注重多渠道收集信息,丰富项目资源;采用多形式辨别方法,确保内容的真实性与准确性;探索多种类创编方式,提升项目的创新性与吸引力;致力于多方面传阅,扩大项目的影响力和传播范围。这一理念的实施,有效推动了"小人书"项目的持续发展与优化。

一、多主体参与

项目策划阶段,学校成立了由校长、德育主任、多学科教师组成的项目策划小组。这个小组负责项目的整体规划和设计,确定项目的目标、内容框架和实施步骤。同时,学校还积极邀请家长代表、社区工作者参与策划讨论,听取他们的意见和建议,确保项目更符合社区和家庭的期望和需求。

内容创作阶段,学校积极组织校内外的多元主体共同参与,形成了一个强大的创作团队。校内,教师利用课堂教学与兴趣社团活动,充分激发学生的想象力和创造力,引导他们创作充满特色的作品。学生们则在教师的悉心指导下,积极投入小人书的创作过程。校外,学校邀请了家长、社区文化工作者以及民俗专家季全保先生担任创作顾问,他们凭借丰富的经验和专业知识,为学生提供宝贵的指导和建议,有效提升了作品的质量。

项目的实施和推广阶段,学校与社区、机构、家长以及在线平台用户等多主体建立了互动与合作。学校利用小人书"典藏馆"这一平台,动员全校所有师生,常态化开展各类展示活动。同时,学校充分发挥小人书"弘扬区"的功能,积极与周边的巢湖社区、华山社区、新北法院、三井文体站等十大德育实践基地联动,展示学生的创作成果,吸引家长和社会各界人士的关注和参与。此外,我们还利用校园网站、公众号等在线平台,发布项目动态,分享创作故事,这种线上传播方式打破了地域限制,使得更多主体能够了解和参与到"小人书"项目中来。

项目的评估和反馈阶段，学校邀请家长、社区工作者、省市品格提升工程的教育专家等外部主体参与项目的评估和反馈。他们可以从不同的角度对项目的实施效果、学生的创作水平等方面进行评价和建议，如家长能够基于家庭教育的视角，为项目提供实用的反馈；社区工作者则可以从社区建设的角度出发，评价项目对社区文化的影响；教育专家则能从专业的角度，对项目的实施效果和学生创作水平进行深入的剖析。他们的建议和意见不仅有助于学校深入了解项目的实际效果，更能为学校今后的项目开展提供宝贵的经验和借鉴。

学校广泛吸引和汇聚不同背景、不同专业领域的主体共同参与"小人书"项目，丰富了项目的内容和形式，提升了项目的质量和影响力，促进了学生的全面发展。

二、多渠道收集

一是采购系列作品。学校积极拓宽采购渠道，精心选购了多套小人书代表作。其中既有经典的《三毛流浪记》、四大名著等脍炙人口的作品，也有《中国价值：图说社会主义核心价值观的根与源》《最美的中国人》《中国梦》等小人书。这些书籍不仅具有深厚的文化底蕴和教育意义，还为学生们的创作提供了丰富的素材和灵感。采购这些书籍，确保了项目的藏书质量，也为学生们提供了良好的阅读和创作环境。

二是开展征集活动。学校积极开展"童年的记忆——'小人书'典藏馆藏书征集"活动，鼓励学生和家长从家中和社会上搜集并捐赠小人书。这种方式不仅充实了馆藏，还让学生和家长更加深入地参与到项目中来，增强了他们的归属感和参与感。此外，学校还与当地的图书馆、秋白书苑、民间旧书摊等建立合作关系，定期交换或借阅小人书资源，从而拓宽了收集渠道，提升了馆藏的多样性和丰富性。

三是创编身边素材。项目组鼓励学生发挥创意，从日常生活、学习经历或是书籍资料中挖掘出精彩的题材，进而创作出一批自编的小人书。这些小人书以真实的故事为背景，通过生动的画面和简洁的文字，将身边的美德、榜样和正能量传递给更多的读者。例如，结合学校读书节和各类评选活动，学生们将征文大赛中的优秀作品和美德少年的事迹融入小人书的创作中，使得小人书的内容更加贴近儿童的生活实际，这不仅丰富了项目的藏书种类，也为"小人书"项目注入了新的活力和内涵。

三、多形式辨别

明确辨别标准，体验辨别过程。我们设定了清晰的小人书辨别标准，包括内容健康、绘画精美和文字准确等要求，为学生提供了明确的阅读导向。通过组织学生分组阅读不同的小人书，引导他们根据标准进行讨论和分享，让学生在实践中深入理解辨别方法。此外，角色扮演等互动环节让学生模拟购买过程，更直接地让学生体验了辨别方法的应用，提升了他们的辨别能力。我们倡导，作为新时代的少年，学生要学会明辨是非，摈弃糟粕，用实际行动保护我们的优秀传统文化。

实地参观学习，增强辨别能力。为了让学生更直观地了解优质小人书的特点，我们组织了实地参观活动。学生通过参观小人书展览、新华书店和图书馆，了解了优秀小人书的绘画技巧、文字表达以及整体设计等方面的精湛之处，从而加深对优质小人书的认识和理解。同时，我们还邀请图书馆员进行现场讲解，分享辨别技巧和经验，帮助学生更深入地掌握辨别的方法。

开展实践活动，践行辨别成果。围绕"学习新时代先锋，争做新时代学生"的主题，我们开展了一系列实践活动，旨在让学生将所学的辨别方法转化为实际行动。学生们积极参与，将100名改革先锋和10名国际友谊奖章的获得者的先进事迹绘制成小人书进行传阅。通过阅读这些小人书，学生们不仅了解了先锋们的奋斗历程和卓越贡献，还提升了自己的阅读能力和文化素养。学生们纷纷表示，要从小学先锋、长大做先锋，为传承和发扬中华优秀传统文化贡献自己的力量。

净化阅读环境，守护文化净土。我们深知校园周边和家庭作为学生活动的主要场所，其阅读资源的品质至关重要。为了营造一个健康、纯净的阅读环境，我们结合"童年的记忆"寻访活动进行家庭小人书大清查，对存在不良内容或质量低劣的小人书进行了清理。同时，与校园周边的书店、文具店等商家进行沟通，共同为孩子营造一个良好的阅读氛围，力争让学生能够接触到更多优质、健康的阅读资源。

通过明确辨别标准、实地参观学习、开展实践活动及净化阅读环境等多形式辨别活动，学生逐渐提升了对小人书的自主辨别能力，强化了道德判断能力，进行自我教育，形成了正确的价值观和文化素养。

四、多种类创编

1. 小人书的呈现形式

小人书的呈现形式多种多样，每一种都有其独特之处。经过多年的实践探索，我们结合学生的年龄特点与个性特长，总结出了三种主要的小人书呈现形式：单页小人书、双页小人书和多页小人书。

（1）单页小人书。单页小人书以其简洁明了的特点受到广大读者的喜爱。它通常包含插画、明信片或书签等元素，主题鲜明，一目了然。这种形式的小人书方便携带和传阅，非常适合快节奏生活中的碎片化阅读。近年来，我们制作了一系列社会主义核心价值观的单页小人书，深受学生欢迎。

（2）双页小人书。双页小人书以其丰富的内容和多样的形式吸引了众多读者。它采用折页或卡片的形式，可以容纳更多的文字和插图，为读者提供更为完整的故事或信息，这种形式的小人书常常作为宣传册使用。以学生创作的《传统节日》的双页小人书为例，对折页设计展现了节日习俗、起源、诗歌与民间故事，这样的设计使得内容更加丰富多元。

（3）多页小人书。多页小人书以其深厚的内涵和精美的制作赢得了读者的青睐。它通常以连环画或绘本的形式呈现，通过多页连续的画面和文字来叙述一个完整的故事。这种形式的小人书能够更深入地展现故事情节和细节，使读者在阅读过程中获得更为丰富的情感体验。如《法治小先锋》小人书就采用了连续的画面和文字，每页讲述一个案例，倡导读者遵守法律，自觉维护公共秩序，做遵纪守法的好公民。

无论是单页、双页还是多页小人书，它们都是传递知识、情感和价值观的重要载体。通过不同的呈现形式，小人书为读者提供了多样化的阅读选择，丰富了他们的阅读体验。同时，这些小人书也为我们传承和弘扬中华优秀传统文化，传播社会主义核心价值观提供了有力的支持。

2. 小人书的制作方式

我校的小人书制作方式独具特色，主要分为手绘与电子两种形式。手绘小人书作为传统文化的璀璨瑰宝，以其独特的方式承载着小人书的精髓，让学生在构思、绘制的过程中，深入感受故事的魅力。而电子小人书则以其便捷、高效的特点受到学生的青睐，学生们在创作过程中，不仅能够利用技术快速呈现自己的想象与构思，还能在潜移默化中接受故事的熏陶。这两种形式的小人书制作，既展现了传统文化的魅力，又融入了现代科技的元素，为学生提供了一个全新的创作平台。

（1）步骤一：寻找素材。无论是手绘小人书还是电子小人书，寻找素材都是创作的起始点。我们鼓励学生围绕主题从自身的生活学习中挖掘素材，从时代的变迁中找寻典型故事或在书海中探寻那些触动心灵的篇章。这些故事可以是关于诚信、友善、爱国等核心价值观的生动实例，可以是富含智慧的寓言传说，也可以是身边同学诚实守信的感人瞬间，或是一次团结合作解决难题的过程。这些发生在身边的故事，往往最能触动人心。学生们需要将这些故事精心整理成文稿，让每一个细节都跃然纸上，为接下来的创作提供丰富而鲜活的素材。

（2）步骤二：构思设计。在积累了丰富的素材之后，学生们便进入了构思设计的阶段。他们需要思考如何将故事转化为生动的画面，包括角色的形象、场景的布置以及故事情节的展开等。这是将文字故事转化为视觉画面的关键。在构思过程中，学生们充分发挥自己的想象力，勾勒出角色的形象特点，如年龄、性别、服饰等。想象故事发生场景，如背景、色彩、光影等元素，以营造出符合故事氛围的视觉效果。同时，还要根据故事的起承转合，设计出一系列引人入胜的画面，通过角色的动作、表情和对话来推动故事的发展。对于电子小人书，构思设计则更加注重技术与创意的结合。除了以上构思设计的基本要素，还需要考虑如何利用动画、音效等元素来增强故事的吸引力。

（3）步骤三：绘制小书。绘制小书是制作小人书的核心环节。手绘小人书要求学生们运用绘画技巧将构思好的画面呈现在纸张上。他们可以选择使用铅笔、水彩笔等绘画工具，根据故事情节和角色特点进行绘制。在绘制过程中，学生们需要注意画面的布局、色彩的搭配以及细节的处理，力求使画面更加生动、形象。而电子小人书的制作则对学生将技术运用与文字编排相融合的能力提出了较高的要求。学生们可以利用专业的绘图软件，如系统自带的画图工具、Photoshop 等，进行绘制。这些软件提供了丰富的绘图工具和特效功能，可以帮助学生们快速生成精美的画面。值得一提的是，随着人工智能技术的发展，人工智能（AI）绘图也逐渐成为学生们制作电子小人书的一种新方式。AI 绘图技术让学生们可以更加便捷地生成精美的画面，降低了绘制的难度，同时也为他们的创作提供了更多的可能性。

（4）步骤四：文字描述。文字描述是小人书不可或缺的一部分。无论是手绘小人书还是电子小人书，都需要用简洁明了的语言来描述故事。文字的描述应该与画面相协调，使画面与文字相互呼应，共同传达故事的主题和情感。在手绘小人书中，学生们可以用文字说明角色的对话、动作和心理活动，以及故事的发展和转折。这些文字可以写在画面的下方或旁边，以便读者更好地理解故事内容。在电子小人书中，学生们可以利用软件的文字编辑功能来添加文字描述。同时，他们还可以利用动画和音效来配合文字描述，使故事更加生动有趣。

通过"找一思一绘一文"四步，学生们制作出了既蕴含深厚传统文化底蕴又散发现代科技光芒的小人书作品。无论是手绘小人书那细腻传神的笔触，还是电子小人书带来的新颖互动体验，都为学生们提供了一个亲身参与、感受故事正能量的平台。在这个过程中，学生们不仅锻炼了绘画和创作技巧，更在深入体验故事内涵的同时，汲取了书中传递的勤奋、诚信、友善等积极品质。这些品质激励着他们将所学所感融入日常学习和生活中，努力成为新时代的优秀少年。

五、多方面传阅

在完成小人书的制作后，如何将其价值最大化，让更多的人欣赏到学生们的创作成果，成为接下来的重要任务。因此，我们设计了"典藏馆"阅读、小人书漂流、小人书专题展览等活动。

学校设立的小人书"典藏馆"，不仅收藏了学生们精心制作的小人书，更成为传承与展示小人书文化的重要场所。我们定期组织各种小人书阅读活动，邀请学生们自由阅读这些小人书，写故事感受，学创作方法，让他们在品读中接受美的熏陶，提升对美的感知和辨别能力。同时，我们还开展推荐阅读活动，鼓励学生们分享自己喜欢的小人书，谈推荐理由，赏创作技巧，进一步激发他们的阅读兴趣与创作热情。

除了日常的自由阅读，我们还结合学校的课程设置，组织了小人书漂流活动。例如，在期末课程中，我们策划了《中国梦》小人书的漂流活动。《中国梦》小人书包括"传承文明之梦""励志报国之梦""文化兴国之梦"等多个篇章，在不同班级、不同年级之间进行传阅，学生们在阅读中深入了解了中国梦的内涵，感受中华民族伟大复兴的历程。这种培育社会主义核心价值观的方式得到了《少年号角》等媒体的肯定与报道。

我们定期开展专题展览活动，如《中国梦》小人书展览、《百年红船记忆》"党史"小人书展等。这些展览不仅吸引了校内师生的关注，更吸引了校外人士的兴趣。学校"党史"小人书走出学校，走进社区、走进商场，成为一道亮丽的风景线。学生们通过巧妙的构思和精美的绘制，将那些感人至深的党史故事呈现在读者面前，让人仿佛置身其中，穿越时空的隧道，回到了那段波澜壮阔的历史，感受到了那个时代的风云变幻和英雄辈出。

通过"典藏馆"阅读、小人书漂流及小人书专题展览等活动，我们成功地将学生们创作的小人书推广至更广泛的群体，不仅提升了校内师生的审美与创作热情，也让校外人士领略到小人书的魅力。这些活动不仅展示了学生的才华，更促进了小人书文化的传承与发展，为"小人书"项目的不断迭代和发展注入了新活力。

第五章

"小人书"多学科融合的实施与评价

在当今的教育背景下，多学科融合已经成为教育领域的热门话题。小人书，以其独特的艺术形式和丰富的文化内涵，深受孩子们的喜爱，其独特魅力在于"亲童性""交互性""融合性"。如何在多学科融合中发挥作用，实现五育并举，成为我们探索实践的方向。

小人书所蕴含的故事情节、人物形象、道德观念等元素，为多学科融合提供了广阔的空间。在我校的教育教学实践中，小人书多学科融合的教育模式已得到了广泛的应用。小人书中的道德观念、价值观念等元素，可以帮助孩子们树立正确的道德观念和价值观。小人书中的故事情节和人物形象，可以激发孩子们的想象力和创造力，促进智育的发展。此外，小人书中的插图和画面，可以培养孩子们的艺术鉴赏能力和审美能力，推动美育的发展。而小人书中的故事情节和角色行为，还可以引导孩子们养成积极的生活习惯和行为习惯，推动劳动教育的发展。在多学科融合的背景下，各学科相互渗透，共同促进孩子们全面发展。

学校不断完善内外融通的"五色花"场域空间，持续推进立身悟道的小人书课程群落建设以及积极探索润物无声的"三结合"评价体系，从三方面立体架构、形成体系，夯实了项目的共生路径，为学生提供了更加全面、深入和富有成效的学习体验。

第一节　打造内外融通的物型空间

学校充分利用每一处场馆，让每一个空间、每一处角落成为学生的舞台。整体构建"五色花"校园小人书场域，"五色花"分别对应德、智、体、美、劳的评价维度，使"五育并举"的评价落到实处。"五色花"场域作为"小人书"项目的文化地图，记录着学生每一次活动展示的身影，学生在行走、流连间感受小人书的独特文化魅力。步道小人书"楼梯阁"，学生的动态阅读和交流在这里随时发生；开放小人书"共享廊"，小人书专题展览在这里定期举办；众筹小人书"典藏馆"，学生原创、各方捐赠的小人书在这里分类收藏；流连小人书"影像园"，由孩子们原创的小人书转化的电子影像和童真动漫在这里分享；联结小人书"弘扬区"，整合利用校外教育资源，进行多种形式的专题会演，辐射全社会。学校的场域空间从校内延展到校外，破除了学校与社会之间的壁垒，让传统文化落细落小落实。（图5-1）

图 5-1 五色花场域空间构成

一、书架觅梯：步道小人书"楼梯阁"

"浇花要浇根，育人要育心。"这句古老的中国谚语，揭示了育人的本质：教育不仅仅是知识的灌输，更是心灵的培育。学校，作为孩子们成长的摇篮，其育人环境的打造显得尤为重要。学校独具匠心地设计了充满趣味的小人书"楼梯阁"。这不仅仅是一个装饰性的设计，更是一种全新的育人理念的具体实践。小人书以其独特的魅力，吸引了孩子们的眼球，让他们愿意停下脚步，驻足翻阅。

"楼梯阁"的设计巧妙地融入学校的整体规划中。它不仅仅是一个简单的阅读角落，更是一个充满教育意义的育人空间。学校将学生们自制的小人书进行分类呈现，让每一个走过这里的孩子都能随时随地翻阅，了解身边的人和事，学习身边的榜样。这样的设计，不仅丰富了学校的育人手段，更让教育变得生动有趣。孩子们在翻阅小人书的过程中，不仅增长了知识，更在潜移默化中接受了正面的价值观引导。他们学会了如何成为一个榜样,如何争当小先锋。这样的教育效果,远胜于枯燥的说教。此外,"楼梯阁"的设计还充分考虑了孩子们的心理需求。在忙碌的学习生活中,一个充满趣味和惊喜的阅读角落,无疑为孩子们提供了一个放松心情、享受阅读乐趣的好去处。这样的环境设计,不仅有助于培养孩子们的阅读习惯,更有助于他们形成积极向上的人生态度。(图 5-2)

图 5-2 楼梯阁

二、先锋活页:开放小人书"共享廊"

教育家苏霍姆林斯基曾经深刻指出:"学校环境要达到连墙壁也在说话。"这句话道出了学校环境对学生成长的重要性。学校作为一个育人的殿堂,不仅要教授学生知识,还要营造一个充满文化氛围的环境,让学生在耳濡目染中接受文化的熏陶和感染。

廊道作为学校建筑的重要组成部分,不仅仅是连接各个空间的通道,更是学校文化的传播者和展示者。廊道如同一条"文化水渠",源源不断地向学生传递着文化的精髓和内涵。学校应当充分发挥廊道的这一功能,使其成为培育和践行传统文化的生动载体。学校在廊道内设置"共享廊",定期举办小人书专题展览,如"新时代先锋""百年红船记忆""最美人世间"等。这些展览不仅丰富了学生的课余生活,更让他们在欣赏小人书的同时,领略到了模范先锋的风采,感受到了时代的脉搏,心灵受到了洗礼。(图 5-3)

图 5-3 "共享廊"及小人书专题展览

三、典藏有体：众筹小人书"典藏馆"

学校建设了独具特色的场馆——小人书"典藏馆"。小人书"典藏馆"内收藏着学生原创、各方捐赠、自主购买的小人书 16 000 余册，形成了一定规模的小人书库。我们精选了多套具有代表性的小人书作品，以夯实"典藏馆"的文化底蕴，满足广大师生的阅读需求。我们鼓励学生从生活、学习以及书籍中探索故事元素，并将其整理成文稿形式。这不仅为后续的小人书创作提供了丰富的素材，同时也促进了学生对传统文化的理解和认同。我校曾结合读书节举办了"争当美德好少年"的征文大赛，并通过评选"尊重之星""龙城好少年""美德少年"等活动，引导学生发现身边的榜样。诸如《文明的样子很美》《诚信是金》《楼上楼下》等作品，均源于学生身边的真实故事，它们不仅为小人书的创作提供了鲜活的素材，更激发了学生参与创作的热情。

在每年寒暑假期间，我校积极开展图书征集活动，面向学生家庭和社会广泛征集小人书。学生以小组为单位，共同设计撰写"小人书征集令"，积极寻找、发现和购买身边的小人书。在寻访过程中，学生深入了解了小人书的历史背景和文化价值。学校对收集到的小人书进行分类认证，颁发收藏、捐赠、寄存等不同类别的证书，以表彰学生的贡献并激发其收集热情。这些举措不仅丰富了小人书"典藏馆"的馆藏量，也增强了学生的自豪感和归属感。此外，我们还邀请了多位小人书收藏家来校分享他们的收藏故事，让学生更深入地了解小人书的历史和文化内涵。这些活动不仅加深了学生对祖国的认识和热爱之情，也为小人书"典藏馆"注入了新的活力。

小人书"典藏馆"按照"红色文化与革命历史""时代楷模与先进事迹""科技创新与发展成就""传统文化与非物质文化遗产""生态文明与劳动教育""公民教育与法治宣传""心理健康与阳光心态""国际交流与'一带一路'"等8个主题分类呈现。"典藏馆"分为3个区域：创作区、阅览区和展示区。学校整体设计"典藏馆"阅览方案，开展长期阅读活动和短期专题活动，保证每班一学期3次以上走进"典藏馆"。开展"相约典藏馆"系列活动，师生在这里阅读浏览、恣意创作、分享交流；开展"阅读漂流"系列活动，配置"中国梦大型连环画系列"，开启学生的"追梦"之旅，学生在品读、鉴赏、宣讲中理解、内化、共享传统文化的内涵，提升认知力。（图5-4）

阅览区　　　　　创作区　　　　　展示区

图 5-4　典藏馆

四、童真创意：流连小人书"影像园"

小人书，作为一种独特的文化形式，通过其"连环性"和"多场景交互"的特性，构建了一个完整的叙事性生命体。这种概括方式，无疑是大表达和大实践的完美结合。近年来，学校积极响应师生们对于小人书的热爱与期待，将传统的小人书与现代信息技术相结合，进一步彰显了小人书的时代特点。为此，学校精心打造了"一米阳光"小人书"影像园"，它成为校园里一道亮丽的风景线。

为了丰富"影像园"的内容，学校向教师、学生和家长发出了电子小人书的征集令。这个举措不仅激发了孩子们的创作热情，还让他们有机会将自己的原创小人书转化为电子影像或童真动漫。这些有声有色的小人书，源于孩子们身边真实的故事，他们在欣赏与分享中陶冶情操，得到了润物无声的教育，从而提升了品格。小人书成为学生们一个自由而又广阔的创作空间。在这个空间里，学生们可以将自己对生活的观察以及对传统文化的深切体悟，巧妙地融入小人书的创作中。他们运用复杂精巧的画面处理，将故事的情感和细节刻画得淋漓尽致。通过自由地调整故事流动的时间，利用框式的构图展开叙事，学生们仿佛成了导演，正在创作一部属于自己的电影。

在这个过程中，小人书从平面纸媒逐渐走向了"儿童与世界的行动对话"。学生们成为自己生活的创造者、实践者和传统文化的传播者。他们通过小人书表达了自己的思想、情感和想象力，展现了新时代儿童的品格画像和成长履历。小人书所呈现的并不仅仅是书本身，更是背后的人。这些小人书的创作反映着孩子们的智慧、才华和梦想。它们是小孩子们内心世界的真实写照，是他们对于生活、对于世界的独特理解和感悟。因此，小人书不仅是一种文化形式，更是一种教育的工具，它能够帮助孩子们更好地认识自己、理解世界，提升他们的综合素质和品格。（图5-5）

图 5-5　影像园

五、书院寻踪：联结小人书院"弘扬区"

习近平总书记一直高度重视红色基因的传承和弘扬，他多次强调"要把红色资源利用好，把红色传统发扬好，把红色基因传承好"。这一理念不仅为学校的教育工作指明了方向，也为每一个人提供了行动的准则。在校内空间建设的基础上，我们的学校积极突破校园围栏，整合利用大教育资源，建设了一个以学校为圆心、3千米为半径的小人书院"弘扬区"。这一创新举措将学校与社区、商圈、文化中心等紧密地联系在一起，形成了一种全新的教育模式。

在这个小人书院"弘扬区"里,学生的专题小人书走进了万达广场、三井街道文体活动中心、社区等地方进行展览。这些小人书以生动有趣的形式,展现了红色文化和传统优秀文化的魅力。同时,"文明用餐"系列小人书在新北区餐桌文明专项行动启动仪式上亮相,为倡导文明用餐、弘扬节约精神贡献了一份力量。我们还与巢湖社区联合举办了"讲好老兵故事 传承红色基因"小人书故事展演。在活动中,老兵们亲自讲述他们的战斗经历和革命故事,而学生们则通过小人书的形式将这些故事进行再现。这样的形式不仅让红色基因得以传承,也让更多的人了解了革命先烈的英勇事迹。此外,学生自编自演的小人书故事还走进了江苏省红领巾馆。这些表演以小人书为来源,将传统优秀文化以生动有趣的方式呈现给观众,让更多的人感受到了中华文化的博大精深。(图 5-6)

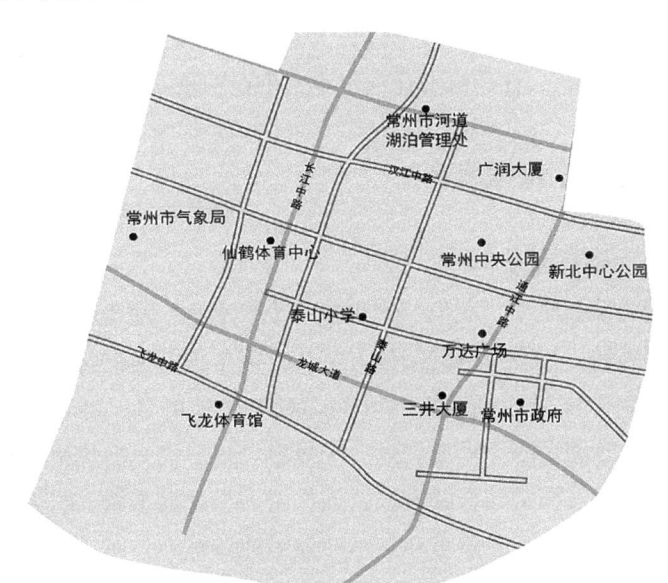

学校周边 3 千米半径范围的小人书院"弘扬区"

图 5-6 小人书院"弘扬区"范围及展览活动

第二节　推进多学科融合的课程实施

国家课程是学生学习的主阵地。学校遵循以传统文化为核心、以故事内容为情境、以情感生发为突破、以小人书为载体、以行动落实为宗旨，开设小人书价值浸润课，让传统文化的种子扎根在学生的心中。学校引导教师充分挖掘各学科教材中的传统文化要素，开展"以小人书为载体"的专题研究，每学期至少有一节学科渗透的组内研究课，举行小人书价值浸润课教学设计大赛。学科渗透做到"有目标、有要求、有推进、有成果、有评价"，让传统文化通过小人书在国家课程中真正落地。

一、小人书与国家课程融合

1. 小人书与语文课程融合

在语文课堂的阅读教学中，我们特别引入了小人书这一深受学生喜爱的载体，旨在激发儿童的阅读兴趣，传授有效的阅读方法，并逐步提升他们的阅读能力，鼓励学生以小人书的形式对文本进行创新性的改编。对于这些文字，要求每页段落短小精悍，文辞优美，同时能够清晰完整地叙述一个故事。孩子们充满热情，充分发挥他们的想象力和创造力，通过图文结合的方式，创作出一个丰富多彩、引人入胜的小人书世界。这不仅帮助他们感受到了语言和文学形象的独特魅力，还让他们通过绘画技巧和文学想象的结合，展现了新时代新社会新校园的风貌以及他们自己的独特思考。

每一次的小人书阅读和创作活动，都是一次跨学科的学习实践。这对于培养学生的文学素养、审美能力和科学素养具有重大的意义。在不同的年级，我们设计了不同主题的活动。一年级学生走进童话王国，选择自己喜欢的童话故事进行绘画创作，以图文并茂的形式展现童话的美好。二年级学生则畅游神话的星河，发挥想象力对感兴趣的神话故事进行续写和创编。三年级学生解开寓言的魔袋，为他们读过的并留下深刻印象的寓言故事绘制精美的小人书。四年级学生推开历史故事的大门，绘制历史典故小人书，并通过编演课本剧的形式，生动地讲述中华好故事，展现中华智慧的力量。五年级学生品味古典名著的魅力，从名著中选择经典故事片段，用小人书的形式展现其魅力。六年级学生则踏上一段历险的旅程，选择喜欢的历险书籍，用小人书的方式展现惊心动魄的故事情节。同时，他们还将发挥想象力和创造力，创编一篇以灾难历险为主题的科幻作品。

为了培养学生的语言表达能力，我们以"讲述"这一能力训练点为切入口，以五年级上册第三单元为例进行结构化任务群教学实践研究。我们以"了解课文内容，创造性地复述故事"的语文要素为能力提升点，紧扣教材"群"的特点，聚焦"讲述"进行调整、补充、优化，构建了结构化的任务群，并创设了真实情境以驱动课堂。针对这一单元的教学，我们围绕"讲述民间故事，传扬优秀文化"主题单元任务，借助小人书进行创作，既提升了学生的图文转化和故事缩写能力，又激发了他们对故事阅读的兴趣。在课文《牛郎织女》教学中，我们创设了简述故事、创讲故事、小人书脚本设计、小人书合作共创等学习任务，引导学生成为民间故事传讲员，并与口语交流整合，通过创编小人书讲好人物故事。这样，学生在真实情景中联结知识、技能和经验，经历完整的语文实践活动，使学习在课堂上得以真实发生。（图5-7）

图5-7　学生讲故事

对于特定的课文，我们也充分利用小人书这一形式进行教学。例如，《海底世界》是三年级下册第七单元的一篇科普说明文。我们借助小人书的形式，创设了真实的任务情境，将制作"海底世界导览手册"的任务贯穿始终。这一任务不仅让学生将课堂上学到的知识介绍给更多的伙伴和家长，从而强化和巩固所学知识，还鼓励他们在课后自主阅读《海底两万里》并继续查阅资料，完成导览手册的作业。这样的作业设计既拓展了学生的学习空间，达到了巩固基础知识的目的，又提升了学生的语文能力。

2. 小人书与道德与法治课程融合

《道德与法治》教材在义务教育阶段的重要性不言而喻，它以培养有理想、有道德、有文化、有纪律的社会主义合格公民为核心目标，将社会主义核心价值观作为主线贯穿始终。这一教材的设计，充分考虑到学生的心理发展水平和认知特点，紧密结合学生的生活经验，以渐进的方式，由近及远、由浅入深，引导学生深入认识和积极践行社会主义核心价值观。

在这一教育过程中，教材本身含有的简短"复版绘本"发挥了重要作用。这些绘本以图文并茂的形式，生动形象地展示了社会主义核心价值观的内涵和实践要求，使学生在轻松愉快的阅读中，潜移默化地受到熏陶和感染。低年级的教师们更是充分利用了这一资源，将其与学校的小人书进行有机结合，让学生在阅读小人书的过程中，自然而然地接触到社会主义核心价值观的内容。

对于中、高年级的学生，教师们则仿照"复版绘本"的形式，创编了更多的小人书。这些小人书不仅与教材紧密结合，还融入了法律知识和道德主题，让学生在阅读的过程中，不仅能够加深对社会主义核心价值观的理解，还能够学习到更多的法律知识和道德规范。同时，教师们还鼓励学生发挥自己的想象力和创造力，创编了《爱国数学家华罗庚》《家乡一日游》等主题多样的小人书。这些小人书不仅内容丰富、形式多样，而且充满了学生的个人情感和思考，使道德与法治教育更加生动、有趣。

在"古代科技 耀我中华"之"独具特色的古代科学"教学中，教师预先布置"预学单"，要求学生广泛搜集资料，深入研究中医药学、农学、天文学及算学等领域。学生需选择令自己最为自豪的内容，并以小人书这一创意形式进行呈现。在课堂上，我们构建博物馆式的研学环境，鼓励学生利用小人书向全班同学展示古代农学、天文学、算学等方面的杰出成就。此举旨在让学生深刻感受中国古代科技的辉煌成就，增强民族自豪感，培养文化认同感，坚定文化自信。在"不甘屈辱 奋勇抗争"一课中，预先布置"预学单"，指导学生搜集甲午中日战争的起因、关键战役及英雄人物故事。学生需将这些内容以图文并茂、生动形象的小人书形式展现出来。课堂上，学生将利用小人书进行故事讲述和讨论交流，以此获得革命传统教育和爱国主义教育。这样的教学方式旨在激发学生的爱国热情，树立他们奋发图强的志向。

在道德与法治课中，对于历史题材的教学，我们始终坚持以儿童为中心，将历史与生活紧密相连。我们致力于转变学生的学习方式，通过小人书这一创新手段，引导学生主动探究、体验、理解和思辨历史。在历史与生活的交融中，学生将学会如何更好地生活、如何成为一个更好的人，为成为全面发展的社会主义建设者和接班人奠定坚实的基础。

3. 小人书与艺术课程融合

小人书，作为一种独特的艺术形式，与艺术学科紧密相连。艺术课程的核心素养，涵盖了审美感知、艺术表现、创意实践以及文化理解等方面。其中，创意实践尤为关键，它要求学生能够综合运用多学科知识，紧密结合现实生活，进行艺术创新和实际应用。这一过程不仅培养了学生的创新意识，还提升了他们的艺术实践能力和创造力，进一步增强了他们的团队精神。

小人书，作为文学与绘画的完美结合，其表现形式和题材极为丰富多样。将小人书内容融入艺术课堂，对全面培养学生的艺术素养和综合素质具有积极的意义。在课堂上，我们将小人书与美术教学内容相结合，作为小学艺术"造型·表现"领域的学习内容。学生们通过学习小人书及其创作过程，不仅能够认识线条、色彩等美术语言，还能够理解其独特的文图配合方式。结合美术色彩与构图教学内容，学生们进一步学习创作小人书。在这一过程中，他们需要考虑如何将画面上的各种艺术形象合理地安排在绘画空间中，既要满足内容的表达，又要符合构图原则，并选取适合的表现形式来突出主题思想。此外，依托小人书开展美术鉴赏评价课，我们可以评价学生的绘画技巧、构图能力、空间想象力以及叙事能力，让他们感受中国传统艺术的魅力。这不仅能够丰富学生的知识，还能够陶冶他们的情操，提升他们的审美趣味，增强他们的文化自信和民族自豪感。

以"最美家乡"一课为例，我们设计了"征集最美小人书""小人书场景绘制""绘制最美小人书"三个活动。在课堂上，我们创设了一个情境：常州旅游局正在网上发布征集令，征集最美常州宣传册为家乡代言。学生们在创作小人书时，可以选择绘制家乡优美的风景、历史悠久的人文古迹、充满童趣的主题乐园、秀丽的自然风景、别具特色的乡村以及具有现代化气息的常州新地标文化广场等内容。此外，他们还可以介绍常州的丰富物产，并绘制"常州三杰"，彰显常州人代代传承的常州精神。最后，学生们将单页内容组合到一起，加上封面制作成一本小人书。这样的教学活动不仅丰富了学生的艺术创作经验，还加深了他们对家乡文化的理解和热爱。

4. 小人书与劳动课程融合

根据《义务教育课程方案和课程标准（2022年版）》，劳动被正式纳入课程体系，每周至少安排1课时。此举旨在深入挖掘劳动在道德、智慧、体质和审美等方面的教育价值，确保在整个课程实施过程中，学生的劳动观念、劳动精神得到全面培养，从而培养出一批理解劳动、善于劳动、热爱劳动的新时代人才。

在劳动课中，学校特别强调了创意劳动与小人书创作的结合。这种结合是基于儿童生活、社会需求和知识体系的综合考量，与学科教学及实践活动紧密相连。在小人书的创作过程中，我们切实贯彻了国家所倡导的"科学精神"和"实践创新"等核心素养，致力于培养具有合作探究、创新创造、问题解决和技术应用等能力的新时代劳动者。通过劳动实践，学生能够更深入地感受美、认识美和创造美，这充分体现了新时代劳动教育的精神，充分发挥了劳动的育人功能。以工艺劳动任务群为例，学生可以选择纸工、泥工、编织等传统工艺制作项目，了解所需的基本材料和工具，并在教师的指导下按照要求完成作品制作。在整个过程中，学生不仅能够体验传统工艺的魅力，还能通过文字和图画表达自己的想法，对作品进行评价。"立体书"是劳动与技术课程三年级下册的第三课内容，是对三年级上册立体贺卡项目的延伸和升级，两者在可动结构原理上具有相似性。通过本课的学习，学生将制作出一本简单的立体小人书，从而深入了解立体书的结构原理，并激发对结构变化与设计的兴趣。（图5-8）

图 5-8　劳动课上的作品展示

5. 小人书与综合课程融合

在综合实践活动中，学生们运用多样化的综合实践学习活动来深入探究小人书。小人书曾一度风靡，但20世纪90年代以来，其影响力逐渐减弱，新品数量锐减，被读者认可的更是凤毛麟角。作为传统艺术的瑰宝，让现代学生了解并体验小人书所蕴含的不同时代的文化精髓显得尤为重要。为此，学生们通过查阅工具书、网络搜索等途径，全面了解了小人书的定义、发展历程及现状。

通过采访和调查问卷的设计，学生们不仅学会了从多个角度分析问题，还搜集了不同年龄层次的人对小人书的不同态度，这在一定程度上提升了他们的语言表达能力、观察能力、思考能力和组织能力。在辨别小人书的过程中，学生们掌握了浏览封面封底、查看图片质量、详读文字等方法，以识别不健康的内容。同时，他们还通过制作海报、手抄报、宣讲和故事表演等方式，提醒大家在购买和阅读小人书时要保持警惕。通过参与小人书"典藏馆"的活动，学生们分工合作，分别负责整理、编号、留存小人书，使其在校内得以广泛传播。这不仅激发了学生的成就感，还引导他们在实践中学会明辨是非，摒弃糟粕，以实际行动保护优秀的传统文化。

二、小人书跨学科主题课程的实施

新课标强调，课程内容需紧密联系学生个人经验和社会生活，促进学科知识的内部整合，统筹规划综合课程与跨学科主题学习，以加强课程的协同育人作用。针对学生核心素养的发展，课程内容需经过精心挑选与设计，学校特别设立"跨学科主题"学习活动，占总课时的10%，以加强不同学科间的相互联系，提升课程的综合性和实践性。跨学科主题学习的核心在于"整合"，即将不同个体融合成具有功能性或统一性的整体。在分类上，可根据新课标中各学科对跨学科主题学习知识的定位，将其分为"运用知识解决复杂问题"与"利用跨学科主题学习知识"两类。同时，根据实践操作中的主导学科的不同，也可分为"单学科主导"与"多学科主导"的跨学科主题学习。

每年五月，我校都会迎来一场盛大的小人书文化节。这不仅是一场文化的盛宴，更是一次跨学科学习的绝佳机会。通过巧妙地将小人书融入各个学科，我们为学生们创造了一个充满创意和探索的学习环境。在第五届小人书文化节中，我们以"编织"为主题，将美术、劳动、科学、音乐、体育、语文、数学、英语等多个学科巧妙地融合在一起。我们设计开展了"千编万化小人书"跨学科学习活动，旨在提升学生的合作探究能力、创新创造思维、问题解决技巧以及技术应用能力等综合素养。（图5-9）

图5-9 小人书文化节

为了确保活动的顺利进行，我们充分挖掘了每位教师的特长，并将小人书巧妙地融入课堂。每个学科的教师都根据自己的学科特点，创新开发了与小人书相关的课程，使学生在学习课程的同时，能够深刻体会到传统工艺"守正创新"的内涵与意义。在美术课上，学生将编织手链的流程精心创编成小人书，用图文并茂的方式展示了编织的魅力。在综合实践课中，他们利用小人书研究传统编织的历史演变，深入了解了编织技艺的起源和发展。在语文课上，学生阅读了《编织家》《织毛衣的多多》等小人书，感受到了编织的温暖和亲情。在体育课中，将"编花篮"等趣味小游戏示意图绘制成小人书，让学生在游戏中体验到编织的乐趣。

此外，我们还在学校"梦想舞台"设置了一面编织墙，成为小人书文化节作品展示墙。美术组提前为每个年级组设计制作好特色手牌，各年级都派出学生在现场介绍作品。全校师生共同参与，投出自己神圣的一票，评选出优秀作品。这些作品不仅展示了学生的才华和创意，更体现了他们在跨学科学习中所取得的丰硕成果。最终，我们为评选出的优秀作品颁发《优秀作品收藏证书》，并将其收藏到学校小人书"典藏馆"。这一举措不仅激发了学生们的创作热情,也为学校的小人书"典藏馆"增添了一笔宝贵的财富。通过这样的小人书文化节,我们为学生们创造了一个充满乐趣和创意的学习环境。在这个环境中,他们不仅能够学到知识,还能够锻炼自己的综合能力,为未来的学习和生活奠定坚实的基础。(图5-10)

图 5-10　小人书作品展示

三、小人书特色课程的实施

学校组建"小人书课程建设项目组",以语文、美术教师为核心力量辐射培育一批特长型教师。学生根据小人书课程清单进行自主选择,以走班制的形式,实现小人书特色课程的全面普及。在阅读鉴赏、分享交流、自主创编等不同类型的特色课程中,引导学生领略小人书的传统文化。

1. 小人书推荐课

在当代,如何有效激发小学生的阅读兴趣并培养他们的历史文化素养,已成为教育工作者们关注的重点。小人书作为一种独特的儿童文学形式,凭借其图文并茂的特点,成为培养小学生阅读兴趣的有力工具。小人书,作为一种深受孩子们喜爱的读物,其独特的魅力在于将文字与图像完美结合,为孩子们呈现了一个个生动有趣的故事世界。这些故事不仅符合小学生的认知规律,还在潜移默化中引导他们了解中国历史、革命故事等。通过阅读小人书,孩子们不仅能够感受到优秀文化的魅力,还能从中汲取时代先锋的价值内涵。

为了充分发挥小人书在培养小学生阅读兴趣方面的作用,学校尝试开设"小人书推荐课"。这门课程精选适合小学生阅读的经典篇章,将其以通俗易懂的文字和简洁明了的画面呈现给学生,让他们在轻松愉快的氛围中接受经典阅读的启蒙。同时,课程根据小学生的年龄特点和兴趣偏好,设置多样化的阅读主题,如历史故事、寓言故事、哲理故事、名著故事等。通过这些主题的阅读,孩子们可以深入探索不同的教育内容,如亲情关系、友谊关系、生命教育、环境教育、人格发展等。这样的阅读体验不仅能够丰富孩子们的情感世界,还能帮助他们在阅读中形成正确的价值观和人生观。

此外，借助新课标对"整本书阅读"的要求，小人书推荐课注重引导孩子们从阅读小人书扩展到阅读原著，以拓宽他们的阅读视野。通过阅读原著，孩子们可以更加深入地了解故事背后的历史文化背景和人物情感，从而提升历史文化素养和阅读能力。

2. 阅读鉴赏课

小人书，作为一种传统文化的瑰宝，它用简洁生动的语言、丰富多彩的画面，记录了一个个鲜活的故事。在阅读鉴赏的课堂，学生感受到传统文化的魅力，并学会如何鉴赏小人书。小人书的内容丰富多样，既包含了寓言故事、民间传说，又有历史典故、名人逸事。这些故事不但富有教育意义，而且语言生动凝练。学生在阅读的过程中，不仅能够了解故事的情节，还能学习丰富的词汇和生动的表达方式。同时，小人书的构图也极具特色，清晰的主次关系、协调的色彩搭配，都为学生提供了学习绘画艺术的良好素材。在阅读鉴赏课上，教师会引导学生关注小人书的内容呈现特点。通过对比不同的小人书作品，学生认识到构图的重要性，明白主次要分明，才能让画面更加和谐统一。同时，色彩的选择和运用也是小人书的一大特色，教师会教授学生如何运用色彩来表达情感，营造出不同的氛围。

除了对小人书的形式特点进行鉴赏，教师还会引导学生深入挖掘小人书的价值内涵，通过讲解故事背后的寓意和道理，让学生明白小人书所传递的传统文化价值观，从而培养学生的道德情操和审美能力。在阅读鉴赏的过程中，教师还会引导学生关注画面信息和文字信息之间的联系。通过对比画面和文字，学生能够理解到两者之间的互补关系，从而更加深入地理解故事的内容和寓意。这种以儿童阅读兴趣为导向、以图画读物为核心的阅读主题教育活动，不仅激发了学生的阅读兴趣，还提高了他们的阅读能力和鉴赏水平。

3. 自主创编课

自主创编课如同一颗璀璨的明珠，闪烁着独特的光芒，照亮了学生们的探索之路。这门课程不仅赋予学生模仿的能力，更激发了他们创作的激情。为了让学生深入了解常州的民俗文化，学校特地邀请了民俗专家季全保先生前来开设讲座。季全保先生用生动的语言和丰富的案例，为学生讲述了常州民俗、小人书的历史及制作过程。在讲座中，一幅幅手绘小人书展现在学生们眼前，它们如同时光机，将学生们带回到几十年前的常州。学生们从这些手绘图中感受到了当时的风情风俗、社会百业、儿时游戏、古城之最以及百年老字号等丰富的文化内涵。这些小人书不仅让学生领略了传统文化的魅力，更为他们的创作提供了宝贵的灵感。

在课堂上，教师引导学生抓住小人书的创作特点，进行小人书的自主创编。我们鼓励学生发挥自己的想象力，创作具有个性化和创意的小人书。同时，教师还根据小人书的内容将其分为传统文化小人书和创新生活小人书，让学生在传承传统文化的同时，也能够关注现实生活，发现生活中的美好。在小人书的制作过程中，学生潜移默化地接受了故事的熏陶，这些故事丰富了他们的情感体验，为他们的品格提升奠定了坚实的基础。他们通过创作小人书，不仅锻炼了自己的动手能力和创新思维，更在情感教育的熏陶下，逐渐形成了积极向上的价值观和人生观。（图5-11）

图5-11 教师指导创编小人书

4. 成果汇报课

为了充分发挥小人书的教育功能，我们特别设计了"小人书成果汇报课"，旨在通过阅读、交流、创作等多种形式，让学生在享受阅读乐趣的同时，感悟传统文化的魅力，提升创新创造能力。我们充分利用校本课和延时服务时间，引导学生梳理故事情节，深入感悟人物品质。此外，我们还组织了丰富多样的交流活动。学生可以互相阅读对方的小人书，品味人物特点，讨论故事情节的发展。这种同伴互读的形式，不仅增强了学生的阅读理解能力，还培养了他们的团队合作和沟通能力。

为了拓宽学生的阅读视野，我们还鼓励学生推荐自己喜爱的小人书，并分享推荐理由、阅读成果。通过这种方式，学生不仅学会了如何鉴赏小人书，还提升了口头表达能力和批判性思维。为了让家长更好地参与到孩子的阅读生活中，我们还特别设置了课后亲子共读环节。在这个环节中，学生和家长一起阅读小人书，讲述故事情节，探讨小人书的历史背景，分享自己的阅读收获。这种亲子共读的形式，不仅增进了家长与孩子之间的情感交流，还让孩子在家庭中也能感受到传统文化的熏陶。

四、小人书实践课程的实施

儿童的道德和品格起源于实践和学习，在认知世界的过程中需要一定的媒体支持。新媒体时代，小人书作为儿童品格锤炼的载体，从"案头"走向"架上"，进入学校和广阔的公共空间，发挥着社群阅读的功能，自带"共享"的特质。儿童需要经历由"知"到"情"再到"行"的转化过程，在"价值共享""情感共享""活动共享"中，真正做到知行合一。

1. 小人书人生启蒙课

学校根据学生的成长规律，精心设计了针对不同年级的启蒙课程，旨在引导学生逐步开启智慧之门，具体课程包括：一年级的学生接受入队启蒙，培养组织观念、责任意识和担当精神；二年级的学生接受阅读启蒙，通过小人书等形式激发阅读兴趣，培养学习能力；三年级的学生接受成长启蒙与心育启蒙，通过真实故事理解成长的意义，并学会情绪管理和人际沟通；四年级的学生接受劳动启蒙，通过实践活动培养劳动习惯和创新思维；五年级的学生接受公益启蒙，培养社会责任感和奉献精神；六年级的学生接受梦想启蒙，通过小人书等形式激发梦想和追求。这些启蒙课程旨在全面促进学生的身心健康发展，为他们的未来奠定坚实的基础。

2. 小人书励志寻访课

情感认同是将价值思想转化为个人德性和行为习惯的关键环节。在校园内，学生通过对"新时代好少年""龙城好市民"等典型事例的学习，深刻感受到身边榜样的力量。这些事例不仅让学生看到了优秀人物的风采，更激发了他们内心的共鸣和向往。在这种情感认同的推动下，学生积极投身到小人书的创编中，将身边榜样的故事转化为生动的画面和感人的文字。在校园外，学校以"一巷、两园、三院、四先锋"为核心框架，引导学生深入社会，亲身感受历史与文化的魅力。其中，"一巷"指的是青果巷，这条历史悠久的巷子见证了常州的沧桑变迁，是学生感受古城韵味的好地方。"两园"分别是中华孝道园和烈士陵园，前者弘扬了中华民族的传统美德，后者则是纪念那些为国家付出生命的烈士，两者都是培养学生爱国情怀的重要场所。"三院"指的是敬老院、儿童福利院和法院或检察院。通过参观这些机构，学生能够增强社会责任感和法律意识。"四先锋"则是指邓建军、朱新财等先锋人物，他们的事迹激励着学生们勇攀高峰，追求卓越。学生将寻访过程中的所见所闻所感以小人书的形式呈现出来，既加深了对历史的理解，又提高了艺术修养。

3. 小人书志愿服务课

在当今社会，如何有效地传承和弘扬红色文化，培养学生的家国情怀，已成为教育领域和社会各界关注的焦点。学校积极倡导并实践着一种全新的教育理念：通过活动共享和行动延展，引导学生将认知情感外化为行为习惯。这种理念的核心在于，让学生在参与丰富多彩的活动过程中，不仅获取知识，更能深化情感体验，形成良好的行为习惯。学校积极与社区、街道合作，开展了"讲好老兵故事　传承红色基因"系列活动。这些活动包括红色故事表演、红色课本剧巡演等，旨在通过生动的表演和讲解，让更多的人了解党的历史和红色文化。学校还举办了"红领巾志愿者在行动""争当新时代好队员"等一系列活动,这些活动形式多样,内容丰富,旨在让学生在参与中体验,在体验中成长。这些活动的广泛开展,不仅凸显了教育的育人价值,更在无形中正面引导了学生的行为,让学生体验到了帮助他人的快乐,也在实践中培养了社会责任感,增强了团结协作精神。

第三节　构建形式多元的评价体系

一、评价的价值追求

评价工作应聚焦学生的全面发展以及教师整体能力的提升。鉴于学生身心发展的个性化需求，教师应深入认识不同学生在智力与非智力方面的差异，协助学生认识自我、珍视自我，积极探索适应各类学生的课程评价策略，以充分发掘每个学生的多元潜能。在评价过程中，教师应构建民主、平等、和谐的氛围，重视学生对评价的反馈与建议，充分激发学生的积极性，鼓励他们全程参与课程评价，勇于表达个人见解与情感；同时，加强对学生在情感、态度与价值观等方面的评价，以推动学生在认知、情感、态度与价值观等多个维度的全面发展，进而提升学生的综合素质。

"教育是一种对生命的尊重与关怀"是学校的核心办学理念，这一理念不仅符合学生身心发展的需求，更是对当前教育目标的深入思考和明确表述。随着社会的进步和教育理念的不断更新，现代教育更加注重学生的全面发展与个性培养。在践行这一办学理念的过程中，学校的评价体系发挥着至关重要的作用。一个完善的评价体系应该以学生发展为本，旨在促进每个学生的全面发展和个性成长。这样的评价体系不仅要关注学生的知识掌握情况，更要注重学生的能力、情感、态度、价值观等多方面的发展。

陶行知先生提出的"六大解放"教育思想为我们提供了一个很好的参考。他强调通过手的活动，促进学生的大脑积极发育，使学生心灵手巧。这一思想体现了手与脑之间的紧密联系，手的活动不仅能够锻炼学生的实践能力，还能促进学生的智力发展。正如苏霍姆林斯基所说："儿童的智慧在他的手指尖上。"手使脑得到发展，变得更加明智；脑使手得到发展，变成创造的工具。基于对"解放儿童的双手"和"智慧在指尖"的价值追求，我们构建了一个多元化、序列化、多层级的评价体系。在这个体系中，我们设置不同层级的评价项目，包括基础技能、实践能力、创新思维等，以全面评价学生的发展水平。同时，我们还根据不同年级、不同学科的特点，设计序列化的评价内容，以确保评价的针对性和有效性。通过构建多元化、序列化、多层级的评价体系，我们更好地促进了学生的全面发展，让每个学生都能够在尊重与关爱的环境中茁壮成长。

二、评价的实施策略

1. 评价指标多样化

随着社会的持续进步和信息时代的来临，仅仅掌握知识和技能已经不能满足现代社会对人全面发展的要求。因此，在注重学业成就的同时，人们的视线开始转向个体发展的其他方面。这包括但不限于积极的学习态度、创新精神、合作意识与能力、探究能力、交往沟通能力以及分析和解决问题的能力。同时，个体还需要树立正确的人生观和价值观。这种转变体现在教育评价上，从过去单纯考查学生学到了什么，到现在更加注重学生是否学会了学习、生存、合作和做人等方面的综合评价。小人书评价正是一种体现这种综合评价理念的方式，其内容不仅涵盖了学生对传统文化的感知，还包括学生参与小人书活动的过程以及学生在日常生活中的实际表现。这种评价方式有助于全面、客观地评估学生的综合素质，促进学生的全面发展。

2. 评价方法多元化

评价的方法多种多样，人们主要将其分为两大类：质性评价与量化评价。质性评价不仅强调评价者和被评价者的多元互动参与，还重视对个体的独特体验和行为意义构建进行解释性的理解，它在理论与实践中越来越受到人们的重视并得到广泛运用。小人书的评价方法是多元化的，而质性评价要更为客观真实，更关注学生成果在社会上的拓展和延伸。因此，我们强调以质性评价为主，定性与定量相结合，实现评价方法的多元化，这有利于更清晰准确地描述学生和教师的发展状况。在评价方式上将表现性评价、增值性评价、综合性评价等方式相结合，以此促进学生发展。

3. 评价方式序列化

为了真正体现评价的多元性和有效性，评价方式必须序列化，确保评价能够贯穿学生的整个学习过程。在学校的小人书评价体系中，评价方式包括自我评价、同伴评价、教师评价、家长评价等多个维度。这些评价方式在不同的学习阶段和活动中交替使用，确保评价能够全面、客观地反映学生的学习情况和成长轨迹。同时，评价方式的序列化也体现在评价的层次性上，从简单的知识理解到复杂的能力应用，从个体的表现到团队的合作，都有相应的评价方式与之对应。

4. 评价主体多层级

评价主体不仅包括教师，还包括学生、家长和社会等多个层级。这样的设置能够确保评价更加全面、客观和公正。教师评价主要关注学生在小人书学习过程中的表现和能力发展，学生自我评价和同伴评价则能够让学生更好地认识自己，激发学习的内驱力。家长评价则能够让家长更好地了解孩子在学校的学习情况，促进家校合作。社会评价则能够让学生更好地了解社会对人才的需求，为未来的职业发展做好准备。

5. 评价结果反馈与改进

评价不仅是为了了解学生的学习情况，更是为了促进学生的发展。因此，评价结果的反馈与改进至关重要。在小人书评价体系中，评价结果会及时反馈给学生和家长，让他们了解学生的学习情况和需要改进的地方。同时，教师也会根据评价结果调整教学策略和方法，以更好地满足学生的学习需求。学生和家长也可以根据评价结果制订相应的学习计划和改进措施，促进学生的学习进步和全面发展。

三、评价的组织实施

1. "三级递进"表现性评价

评价采用"三级递进"机制，以年段进行划分，分别设立故事卡、修炼册、弘扬证，激励学生多阅读、多分享、多创作。

（1）低年段故事卡，点燃阅读的火花。在低年段，学生的好奇心旺盛，想象力丰富，正是培养阅读习惯和兴趣的黄金时期。为此，学校特别设立了故事卡制度，旨在通过丰富多彩的阅读活动，激发学生的阅读兴趣，培养他们的阅读习惯。学校根据学生的年龄特点和认知水平，精心挑选了一系列适合低年段学生阅读的小人书，并罗列成推荐书目。这些书籍内容丰富，既有经典童话故事，也有寓言故事、历史人物传记等，旨在为学生提供一个多样化的阅读环境，拓宽他们的视野。在故事卡的设计上，学校也下足了功夫。每张故事卡都精心设计，色彩鲜艳，图案生动，充满了童趣。学生可以通过读、听、讲等多种形式，将自己印象深刻的故事绘制成小人书，然后将其粘贴在故事卡上。这不仅锻炼了学生的阅读能力和动手能力，还激发了他们的创作热情。为了激励学生多阅读、多分享、多创作，学校还采用了贴笑脸的方式。每当学生在阅读、分享或创作方面取得进步时，都可以获得一个笑脸贴纸作为奖励。这些笑脸贴纸不仅代表着学生的成就，更是他们阅读的足迹和成长的见证。

（2）中年段修炼册，内化文化的传承。进入中年段，学生的自我意识逐渐觉醒，对传统文化和品格修养的需求也日益增强。针对这一特点，学校设立了修炼册制度，旨在通过系统化的训练，帮助学生内化传统文化，形成良好的品格修养。修炼册的设计注重图文并茂，学生在每周的打卡中，记录自己践行传统文化的过程和感悟。这些记录可以是学习心得、行为反思，也可以是参与传统文化活动的照片和感想。通过个人自评、同伴互评、小组组评等多种形式，学生在修炼册上留下了立身悟道的成长痕迹。在同伴互相学习、反思的过程中，学生逐渐将传统文化内化于心、外化于行。他们不仅在知识层面了解了传统文化的博大精深，更在行为层面践行了传统文化的精神内涵，形成了良好的品格修养。

（3）高年段弘扬证，践行文化的内涵。到了高年段，学生已经具备了一定的文化素养和社会责任感。为了让他们能够将所学所得付诸实践，学校设立了弘扬证制度，鼓励学生走出校园，走进社区，将传统文化传递给更多的人。学校定期组织高年级学生参与红领巾志愿活动，如到社区图书馆讲故事、为老年人表演传统节目等。在这些活动中，学生不仅将小人书的故事分享给了身边的人，还通过实际行动践行了传统文化的精神。根据他们在志愿活动中的表现，学校在弘扬证上给予相应的"点赞"，既是对他们努力的认可，也是对他们未来发展的期待。

通过低年段故事卡、中年段修炼册和高年段弘扬证的设立与实施，学校形成了一个系统的传统文化教育体系。这个体系不仅关注学生的知识学习，更注重学生的品格修养和文化传承。在这样的教育环境中，学生不仅能够学到知识，还能够在实践中体验到传统文化的魅力与价值。

2. "五育融合"增值性评价

在当今教育环境下，增值性评价已经成为学校教育改革的重要方向。为了更好地落实"五育并举"的教育方针，学校积极探索有效的评价方式和机制。小人书"五色花"评价，不仅激发了学生的积极性，也让教育评价更加具体、可行。学期初，我们下发给每位任课老师五种单色花，分别对应德、智、体、美、劳五个评价维度。这五种单色花不仅代表了五个方面的素质，更是学校对学生全面发展的期望和要求。每当学生在小人书阅读、创编、实践某个方面表现出色，老师就会给予相应的单色花作为鼓励。这样的评价方式让学生感受到了成长的快乐，也激发了他们主动参与的积极性。（图5-12）

学校还设立了"阳光卡"制度。每个学生的单色花数量都会在"阳光卡"上体现，这不仅是对学生表现的直观展示，也是对他们努力成果的肯定。通过每日登记、每周汇总、每月评价、每期表彰，学生在相互竞争与合作中不断成长，评选出的"进

图 5-12 "五色花"评价要求

步之星"和"班级之星"更是成为班级中的榜样和引领者。学校还创新地设立了"五色花银行",鼓励学生用收集到的五色花币兑换实物或心愿。这一举措不仅丰富了评价方式,也让学生更加珍惜自己的劳动成果。他们可以通过自己的努力,实现自己的心愿,这种成就感和满足感是无法用言语表达的。

增值性"五色"积点性评价立足"五色行动",采用"五色累积"评价机制,从单色花到"阳光卡",再到五色花币,这一系列的设计都旨在激发学生主动参与的积极性。这样的评价方式不仅关注了学生的学业成绩,还注重了他们的品德、体育、美育和劳动教育等多方面的发展。它不仅让每个学生都有机会登上班级"心花朵朵开"的榜单,更让他们在快乐中成长,实现自我价值的提升。

3. "全面发展"综合性评价

在追求教育的全面性和个性化发展的今天,综合性评价已经成为一种重要的教育手段。这种评价方式不仅关注学生的知识掌握情况,还注重学生的品格养成和综合素质的提升。为了更好地实施综合性评价,学校通过评选"小能人""小标兵""代言人"等方式,激励学生全面发展。"小能人"通常指的是在小人书实践中有突出表现的学生,比如阅读数量多、创作能力强等;"小标兵"则是指在学习和生活中都表现出色的学生,他们不仅在小人书活动中有优异表现,还具有良好的品德和行为习惯;而"代言人"则是那些能够代表学校和班级形象的学生,他们通常具有较强的语言表达能力和组织能力。

为了选出这些优秀的学生,学校制定了详细的评选细则。这些细则不仅包括了学生的小人书阅读、创作等方面,还涉及了学生的品德、行为习惯、社会实践等多个方面。通过这样的评选方式,学校能够更全面地了解每个学生的发展情况,同时也能够激励学生的全面发展。每个学生都有自己的特长和兴趣,通过评选"小能人""小标兵""代言人"等方式,学校能够发现和培养更多的优秀学生,让每个学生都能够在自己擅长的领域得到发展。同时,这种方式也能够激发学生的学习兴趣和积极性,让他们在学习和生活中都能够保持积极向上的态度,引导学生树立正确的价值观和道德

105

观，培养他们的社会责任感和公民意识。

　　让·季奥诺曾言："人就像叶子，只要风经过，他就会歌唱。"同样地，小人书也如叶子一般，每当儿童翻阅，生命便在其中欢歌。在五育并举、学科融合的理念下，小人书不仅是一本读物，更是一种生命的交往。它构筑起了创作者和阅读者之间的互动空间，让生命与生命之间得以连接、唤醒、影响和塑造。近 20 年的坚守与传承，小人书已经融入了无数孩子的生命中，成了他们成长旅程中不可或缺的一部分。它见证了孩子们的成长与变化，也陪伴着他们度过了无数的欢乐时光。在未来的日子里，愿小人书继续陪伴着更多的孩子，让他们在阅读的海洋中畅游，聆听生命的歌唱。

第六章

"小人书"多学科融合的实践案例选编

第一节 "小人书"人生启蒙课的设计与实施

古人云:"蒙以养正,圣功也。""蒙"即蒙昧、幼稚、无知,"养"即培养、教育,"正"即正道或端正的品性。作为中华民族教育智慧,"蒙以养正"揭示了教育的功能和价值,也就是说一个人从童年开始就要接受正确的教育,良好的启蒙教育影响人的一生。

人的一生当中,6~12岁是学习的黄金时期。进入小学,意味着孩子真正踏上了主动学习之路,孩子的学习基础就是在小学时期建立的,这是一个可以让孩子从胆怯的"小毛头"转变成一个勇于发表自己主张的人的关键时期。所以,小学六年的启蒙教育显得尤为重要。

小学阶段的学生以具体形象思维为主,所以教师在教学时会采用直观的方式,例如图片、生动的语言描述等,形象直观、图文并茂的形式更容易让小学生接受。在日常教育中,我们发现孩子喜欢阅读各类小人书,它的内容丰富有趣、通俗易懂,孩子看得懂、愿意看,而且小人书便于携带、置放、保管、普及。我们以小人书这种特别的育人载体,聚焦6年的启蒙教育,希望能通过创编、传阅等学生自主活动,实现学生价值观的自育和他育,也使小人书育人价值更加丰富和持久。

学校遵循学生成长节律,设计了引领学生开蒙悟道的启蒙课:入队启蒙、梦想启蒙、成长启蒙、心育启蒙、阅读启蒙、劳动启蒙。活动过程中,以小人书为载体,或阅读,或创编,或记录,或传阅,丰富的小人书活动促进学生心灵成长和生命绽放。

创享"小人书":多学科融合的沉浸式育人实践

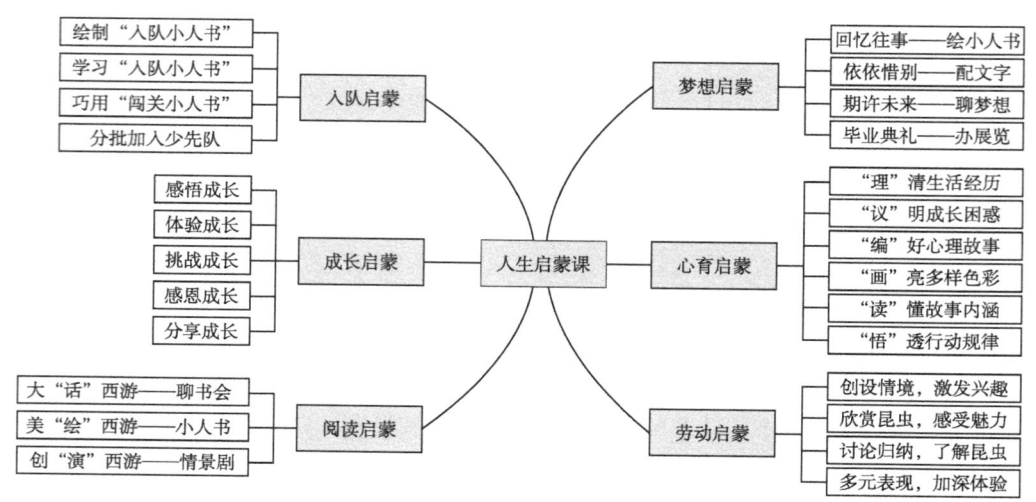

```
绘制"入队小人书"                          回忆往事——绘小人书
学习"入队小人书"   入队启蒙       梦想启蒙   依依惜别——配文字
巧用"闯关小人书"                           期许未来——聊梦想
分批加入少先队                             毕业典礼——办展览

感悟成长                                  "理"清生活经历
体验成长                                  "议"明成长困惑
挑战成长    成长启蒙   人生启蒙课   心育启蒙   "编"好心理故事
感恩成长                                  "画"亮多样色彩
分享成长                                  "读"懂故事内涵
                                         "悟"透行动规律

大"话"西游——聊书会                        创设情境,激发兴趣
美"绘"西游——小人书   阅读启蒙   劳动启蒙   欣赏昆虫,感受魅力
创"演"西游——情景剧                        讨论归纳,了解昆虫
                                         多元表现,加深体验
```

图 6-1 人生启蒙课的内容

人生启蒙课涵盖了责任担当、学会学习、劳动意识等学生发展核心素养,关注儿童的全面发展;除了知识,更多地教会儿童积极主动地学习,更完整地认识世界,形成正确的价值观。

入队启蒙和梦想启蒙借助小人书帮助少年儿童增强组织意识、责任意识和担当意识,激发他们的光荣感和责任感。学生从丰富的活动中获得满满的正能量:要热爱少先队、热爱祖国,要养成好习惯,要有梦想,要敢于探索,知行合一,树立正确的世界观、人生观、价值观。

成长启蒙和心育启蒙通过小人书中的真实故事,引导学生正确认识"成长"的意义,学会管理自己的情绪,与人进行良好的沟通,做一个身心健康的人。

阅读启蒙和劳动启蒙通过阅读和实践相结合,引发学生阅读兴趣,引导学生学会学习、独立思考,在实践中创新,动手动脑,发展思维,明白美好生活要靠劳动创造。

实践活动一　逐梦少先队,心向红领巾

【活动主题】

智享"小人书"人生启蒙课之入队启蒙

【设计理念】

一年级儿童无论在心智上、认知上、习惯上、能力上都很难达到少先队员的标准，不能完全明白红领巾的含义，不能深刻理解少先队员的光荣与责任。鉴于此，学校开展一、五年级"以队带童，一起成长"的活动，巧妙地利用"入队"小人书化解难题，为一年级学生的身份转变做好过渡、衔接工作。

【活动目标】

（1）通过绘制"入队"小人书，让队员们了解少先队的历史、宗旨和优良传统，增强他们对少先队组织的认同感和归属感。同时，培养队员们的爱国主义情感和集体主义精神，让他们认识到自己作为少先队员的责任和使命。

（2）通过学习"入队"小人书，培养队员们的综合素质和全面发展。通过参与各种社会实践活动和志愿服务活动，预备队员们可以更好地了解社会、认识世界，增强社会责任感和公民意识。

（3）在巧妙运用完小人书后，举办入队活动，吸引更多的学生关注和参与少先队组织，增强少先队的凝聚力和影响力。同时，通过活动的组织和实施，锻炼少先队干部的组织能力和协调能力，促进少先队组织的健康发展。

【活动架构】

"以队带童，一起成长"入队启蒙活动由一、五年级共同开展，五年级的老队员提前查找、回顾少先队知识，并创作"入队"小人书，通过中队长倡议、小队长讲解、队员一对一指导等形式向一年级新生讲解入队知识，讲解过程中还设置了抢答、竞猜等活动，让一年级新生学得兴趣盎然。

同时，学校也为每一个一年级学生准备了"心向红领巾"闯关小人书，内含入队的各种知识。在辅导员、五年级大哥哥大姐姐、家长的共同帮助下，学生集满10颗星就可以入队啦！这既是他们入队考核的凭证，也是他们光荣入队的见证。

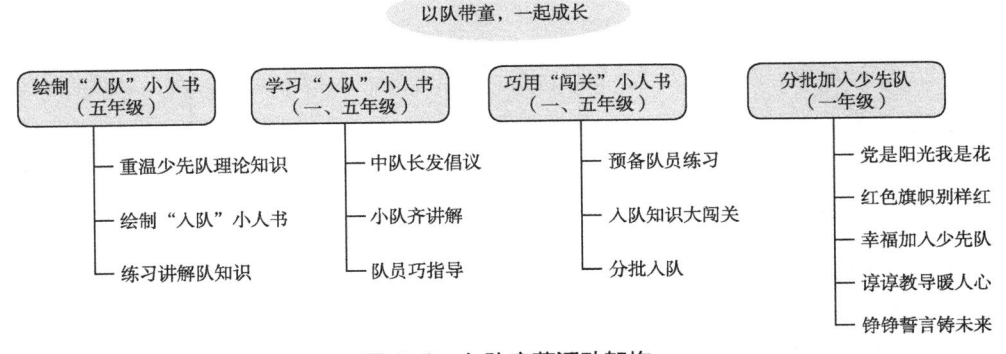

图6-2 入队启蒙活动架构

【活动过程】

对于一年级学生来说,少先队的概念比较抽象,不易理解。为了让一年级学生能顺利入队,学校组织一年级、五年级学生联合开展"以队带童,一起成长"的活动,巧妙地运用小人书这种直观、生动的载体来帮助他们认识和了解少先队。

一、第一阶段:绘制"入队"小人书 重温少先队知识

1. 活动一:重温少先队理论知识

一年级的预备队员入队需要知道哪些知识呢?五年级老队员通过自主查阅少先队官方资料、阅读少先队相关书籍、采访辅导员老师,全面、系统地查找和学习少先队知识,重温少先队的历史、宗旨、任务、队旗、队徽、队歌等基本知识,加深对少先队的理解和认同,这也为学生绘制"入队"小人书奠定了知识基础和情感基石。明确少先队的目的在于维护少年儿童的正当权益,团结和教育少年儿童,听党的话,爱祖国、爱人民、爱劳动、爱科学、爱护公共财物,努力学习,锻炼身体,参与实践,培养能力,立志为建设中国特色社会主义现代化强国贡献力量,努力成长为社会主义现代化建设需要的合格人才,做共产主义事业的接班人。

2. 活动二:绘制"入队"小人书

老队员们将入队需要了解的知识细致地罗列,并亲手创作了带有学校特色的"入队"小人书。绘制"入队"小人书是一个富有创意和趣味性的活动,它不仅能够帮助队员更好地理解和记忆少先队的相关知识,还能提升队员的绘画技能和创作能力,步骤如下:

(1)确定内容。首先,队员们确定好"入队"小人书的主题和内容。可以选择入队仪式、少先队活动、队员的日常生活等作为主题,展现少先队员的风采和少先队的精神。同时,要确保内容健康、积极向上,符合少先队的宗旨和要求。

(2)设计形象。在绘制小人书时,设计生动可爱的人物形象是关键。队员们发挥自己的想象力,设计具有特色的少先队员形象,包括不同性别、年龄、性格的队员,并设计辅导员、家长等角色。注意人物形象的比例和表情,使其更加生动逼真。

(3)构思情节。为了使小人书更具吸引力和趣味性,队员们构思了一个个有趣的故事情节,将少先队的相关知识融入故事中,通过生动的情节和对话,展现少先队员的成长历程和精神风貌。同时,他们也关注到了故事情节的连贯性和逻辑性。

(4)创意绘制。在绘制画面时,队员们关注到了画面的布局和色彩搭配,多用可

爱的风格和明丽活泼的色彩。用水彩、蜡笔、彩色铅笔等绘画工具，根据故事情节和人物形象的需要，绘制出丰富多彩的画面。

（5）添加文字。在画面的合适位置，添加简洁明了的文字说明，介绍画面内容、人物关系以及少先队的相关知识。文字说明与画面内容相呼应，帮助一年级儿童更好地理解小人书的内容。

（6）汇编成册。最后，队员们将绘制好的画面按照故事情节的顺序装订成册，形成一本完整的"入队"小人书。一般选择使用彩色纸张或布料作为封面，增加小人书的观赏性。

通过绘制"入队"小人书，老队员们不仅加深了对少先队知识的记忆和理解，还培养了自己的绘画技能和创作能力，同时也展示了自己的才华和个性，感受到了创作的快乐和成就感。（图6-3）

图6-3 "入队"小人书

3. 活动三：练习讲解队知识

小人书制作好了，队员们分工讲解。为了使讲解更加生动，能吸引低年级小朋友认真听讲，积极发言，老队员编写了详细的课堂讲解稿，注重语言的流畅性、童趣性、启发性，与此同时，针对一年级小朋友的喜好准备了一些奖品，以提高他们识记队知识的积极性。这些准备工作完成之后，老队员进行队知识讲解的练习，为"以队带童，一起成长"活动的顺利展开奠定坚实的基础。

通过重温少先队理论知识、绘制"入队"小人书和练习讲解队知识，五年级老队员更加深入地了解了少先队的意义和内涵，增强了对少先队的认同感和归属感，同时也提升了自己的表达能力和组织能力。

二、第二阶段：学习"入队"小人书　初识少先队知识

在一年级学生入队之前，一、五年级会有多次联合活动，中队长、小队长、队员都有明确的任务分工，帮助一年级学生学习队知识，爱上少先队。

1. 活动一：中队长发倡议　号召来入队

五年级中队长向一年级预备队员发出热情的倡议："一年级的小朋友就要加入中国少年先锋队，成为一名光荣的少先队员了。在这之前，一年级学生是预备队员，预备队员应该要做到：讲礼仪，懂礼貌；爱学习，爱劳动；团结同学，乐于助人；自己的事情自己做，一天比一天进步。"这些富有鼓励性的话语，激发了一年级学生对入队的向往，细致合适的目标，为他们指明了努力的方向。

2. 活动二：小队齐讲解　牢记队知识

老队员之前亲手创作了带有学校特色的"入队"小人书，并在组内对照"入队"小人书多次练习了讲解："小朋友们，这是我专门为你们创编的《队前教育十知道》小人书。这是我们的队旗，上面的图案你们知道分别代表什么吗？""下面，我们要进行入队知识抢答，答对的小朋友可以获得奖励，如试戴红领巾一节课、自选一本《入队"十知道"》小人书带回去……你们准备好了吗？"

老队员们还特别设置了抢答、竞猜等游戏活动，提升一年级学生的学习兴趣。他们时而讲解，时而操练，老队员耐心细致的指导和预备队员孜孜不倦的学习态度，成为一道亮丽的风景线。

3. 活动三：队员巧指导　本领速提高

系红领巾、唱队歌是一个少先队员所必备的技能。在活动开始前，五年级老队员向学生展示小人书《我会系红领巾》，学生借助小人书中介绍的详细流程，伴随着老队员"披在肩上边，左尖压右尖，右尖绕一圈，圈里抽出尖"的动听歌谣，手指绕圈，领巾飞舞，笑容洋溢。

一次次活动，一次次历练，老队员们在活动中重温了作为一名少先队员的责任

与担当，并努力地将其内化为自己的行动，在"以队带童，一起成长"活动中向团组织交上满意的答卷。预备队员们用自己的努力，展现了即将入队的少先队员积极向上的精神风貌。一本本小人书，如同一块块红色路基，铺就了一条通往少先队的红色之路。在"以队带童，一起成长"系列活动中，预备队员在小人书的帮助下，与老队员手牵手，步入了少先队的光荣旅程。

三、第三阶段：巧用"闯关"小人书 人人加入少先队

1. 活动一：预备队员勤练习

一年级预备队员在练习入少先队的过程中，会经历一系列的学习和实践活动，这旨在帮助他们了解少先队的历史、宗旨和优良传统，培养他们的爱国主义情感和集体主义精神。

在五年级老队员的带领和指导下，一年级预备队员对照"入队"小人书，学习了少先队的基础知识，更好地理解了少先队的内涵，同时也激发了爱国热情和对少先队的向往。

预备队员们在入队知识学习的基础上，和爸爸妈妈一起制作了单页《六知六会一做》小人书：知道少先队的队名、队旗、队徽、队礼、队员标志及其意义，会唱队歌、呼号、敬队礼、系红领巾、入队宣誓、写入队申请书，以及入队前为人民做一件好事。结合"学雷锋日"，预备队员们在班级、学校、家庭、社区中努力寻找机会为人民做一件好事。这些活动旨在帮助他们树立正确的价值观，培养良好的行为习惯，并为日后的少先队生活打下坚实的基础。（图6-4）

一年级预备队员在练习入少先队的过程中，认真学习、积极参与、注重实践，努

图6-4 《六知六会一做》小人书

力成为一名合格的少先队员。

2. **活动二：入队知识大闯关**

入队知识大闯关是入少先队前的一项重要活动。一系列有趣而富有挑战性的关卡，帮助预备队员深入了解少先队的基本知识和优良传统，增强他们的光荣感、责任感和使命感。

学校为每位预备队员准备了《心向红领巾》的"闯关"小人书，由五年级老队员担任少先队知识闯关小考官。

现场设置多个闯关情境，每个闯关点都对应着不同的少先队知识点或技能点。例如，有的闯关点要求预备队员们快速准确地回答关于少先队历史、宗旨、任务等的问题，有的闯关点则要求他们展示佩戴红领巾的技巧或进行队歌合唱等。预备队员们信心满满地接受考核，嘹亮的队歌歌声、高高举起的小手表达着他们对中国少年先锋队的敬意。预备队员完成一项闯关，小考官就会在他们的"闯关"小人书上盖上印章。

通过参与入队知识大闯关活动，预备队员们不仅能够在轻松愉快的氛围中学习到少先队的相关知识，还能够培养自己的团队协作能力和竞争意识。同时，这样的活动也有助于增强少先队的凝聚力和向心力，促进少先队员之间的交流与互动。

3. **活动三：分批加入少先队**

分批入队是少先队员入队工作的一种形式，旨在坚持"全童入队"的组织发展原则，按照教育充分、程序规范、执行细化的总要求开展。这一形式的核心是根据入队标准进行科学评价，达标一批、吸收一批，最终完成"全童入队"的目标。

在入队知识大闯关后，学校根据"闯关"小人书上的印章数统计预备队员们的现场考核情况，然后，根据队员们在各方面的综合表现，如队前教育参与质量、"五育并举"活动评价以及民主评议等进行量化评价。经过组织批准后，预备队员会分不同批次加入中国少年先锋队。

分批入队的目的在于培养少先队员的组织归属感和光荣感，让队员们从小学先锋、长大做先锋，成为一名光荣的新时代少先队员。这一形式也有助于增强队员们的行动力，让他们学会对照任务一项项落实行动。同时，通过争创过程磨炼队员，让他们学会客观评价自己和身边的同学。

【收获与思考】

一年级学生还不太能深刻理解红领巾的含义、少先队的光荣与责任，"入队"小人书就成为很好的载体。

1. 小人书中的思想引领

将入队知识融入图文并茂的"入队"小人书中，对于一年级儿童来说比较乐于接受，入队不仅仅是形式上的一种转变，更象征着孩子们在政治和思想上的成长和进步。"入队"小人书拉近了一年级儿童与少先队的距离，为预备队员入队做了很好的过渡、衔接工作。学校通过小人书这个孩子喜闻乐见的载体，让预备队员感受到了作为一名少先队员的荣誉和责任，帮助儿童树立了正确的世界观、人生观和价值观。通过接受思想引领、政治启蒙教育，队员们能够了解国情、强化自信，培养对习近平新时代中国特色社会主义思想的情感认同，培育和践行社会主义核心价值观，坚定共产主义理想信念。

2. 漂流阅读中的成长感悟

除了"入队"小人书，其他小人书同样也滋养着一年级儿童幼小的心灵。学校发挥资源优势，在"典藏馆"内配置了多套小人书。通过小人书漂流阅读，多学科整合实施，引导学生学习先锋人物，开启"追梦"之旅，并为之不懈奋斗。如科学课上，教师通过小组合作、对比实验，对桥梁的承重力进行探究，引导学生认识桥梁之父——茅以升；音乐课上，通过视频欣赏、小组合作表演"千手观音"，学生认识了美的使者——邰丽华；主题班会课上，学生互相推荐先锋人物，感悟人物精神。

小人书漂流阅读实现了多学科整合，滋养了学生心灵。学生阅读中国古代和近代典型人物和事迹，学习先锋人物不断求索、不懈奋斗的精神，在品读和鉴赏中深刻感受社会主义核心价值观的内容。

3. 社会实践中的拔节成长

入队前需要做一件好事。学生通过阅读《雷锋的故事》小人书，认识了雷锋，一年级学生在"学雷锋月"中了解、感悟、践行雷锋精神。

在雷锋精神的感召下，一年级学生开始学习雷锋，从身边的小事做起，把礼貌带进校园，把微笑带给同学，把孝敬带给家长，把谦让带给他人。他们在老师、家长志愿者的组织下走出校园，进一步践行雷锋精神，为社会添上自己的一份力量。捡垃圾、抹凳椅、护绿植、宣传垃圾分类知识……"小雷锋"们干得热火朝天，都想为社会出一份力。活动中学生的热情还吸引了在周边玩耍的学龄前小朋友，他们也加入关爱社区的队伍中来。活动结束后，学生用小人书的形式记录活动过程，以图文并茂的形式展示自己做好事的经历和感受。

一年级学生在一本本小人书的启蒙下，在一次次小人书的阅读中，在一件件亲力亲为的好事中，逐渐认识到了少先队的荣光，牢牢记住了入队的要求，从小学习做人、从小学习立志、从小学习创造，努力成长为担当民族复兴大任的时代新人，争做新时代好队员。

实践活动二 少年乘风起，未来"毕"可期

【活动主题】

智享"小人书"人生启蒙课之梦想启蒙

【设计理念】

梦想是每个人内心深处最美好的向往，而教育则是实现梦想的重要途径。梦想启蒙教育课程的设计旨在引导孩子树立正确的人生观和价值观，培养他们积极向上的心态和健康的人格，为他们的未来奠定坚实的基础。小人书作为贯穿他们小学生涯的一种重要教育形式，自然也成为梦想启蒙教育课程重要的抓手。我们希望通过一系列精心策划的活动，让孩子们在毕业之际感受到成长的喜悦和未来的无限可能。梦想启蒙教育课程和小人书这一独特的教育形式也将继续发挥着它们的重要作用，为更多的孩子点亮前行的道路，引领他们走向更加光明的未来。

【活动目标】

（1）采用交流与分享等形式，借助小人书回忆小学六年的点滴生活，表达对母校、老师的感激和留恋以及对同学的依依惜别之情。

（2）学习制作小人书的方法，完成毕业展。

【活动架构】

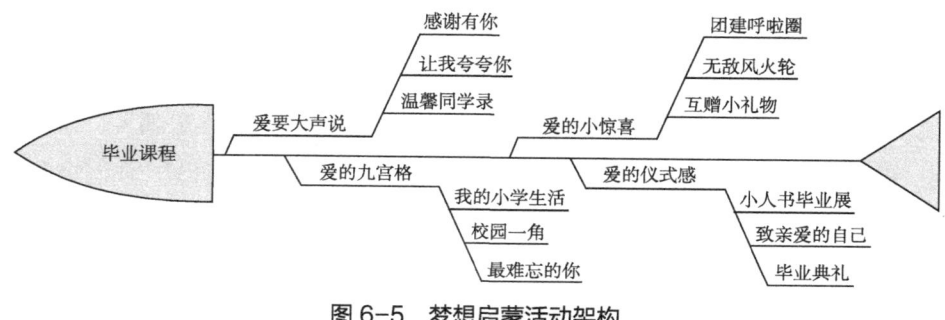

图 6-5 梦想启蒙活动架构

【活动过程】

下文以"难忘的小学生活"为例。

一、活动一：聊聊往事，把回忆绘成小人书

学生即将告别美丽的校园，告别朝夕相处的老师、同学，带着不舍跨入新的学校，开始新的学习生活。回头看看六年的小学生活，它就像一本本五彩斑斓的画册，细细品读，总能品出些清晰、真实又甜蜜的味道。

看，同学们通过制作各种形式的创意时间轴，把印象最深的人或事填写在相应的时间节点上，有没有勾起大家对小学生活点点滴滴的回忆呢？

1. 呈现时间轴

一转眼，你们在小学校园里度过了六年的时间，六年来聆听着老师的教诲，与同学一起学习、劳动、游戏。今天就让我们的思绪尽情驰骋，从记忆中搜寻最心动的情景，一起回忆那一个个印象最深的老师、同学，一件件难以忘怀的事吧！

2. 难忘的校园一景

"是谁托起了我的梦想，让智慧鸟飞向那泰山之巅"，熟悉的校歌再次响起。菁菁校园，最让你难忘的是哪一处呢？它们或许是一棵茂盛的香樟树，见证了你们从稚嫩孩童到青涩少年的成长；或许是一座古朴的教学楼，承载着你们对知识的渴望和追求；又或许是一片绿草如茵的操场，留下了你们奔跑跳跃的身影。

展示学生画的"校园一景"，并交流。（见附录二）

> 让我们来看看这张图片吧，它展示的是我们校园中最具特色的一景——小人书"典藏馆"。这座小小的图书馆，曾经是我们放学后最向往的地方。我们在这里翻阅着各种书籍，探索着知识的海洋，也挥洒着创作的热情。它对我们而言，不仅是一个学习的场所，更是一个梦想起航的港湾。
>
> ——学生1

3. 难忘的有趣活动

当然，除了美丽的校园一景，那些丰富多彩的活动也让你们难以忘怀。美丽校园的每一处，都有你们快乐活动的身影：每一次运动会、文艺会演、社会实践都是你们快乐成长的见证。（图6-6）

图6-6 "有趣活动"相关小人书

游戏"我做你猜":根据"有趣活动"的图片,做相应的动作,其他学生猜一猜这是什么活动。

远距离运送矿泉水瓶,但不能接触地面——当你们面临这一项仅靠个人力量完全不可能完成的任务时,该怎么做呢?心理团体游戏"群龙取水"则为大家开拓了思路。练习时,我们小组的每一个成员都是直面问题,积极地思索对策,不断地研讨问题解决的办法。取水的组员放心地把自己交给队友,身后的队友也是用心保护、值得托付。就这样,同学们认识到统一指挥的意义与重要作用,团队凝聚力得到了增强。

——学生2

在梧桐叶飘飞的季节,六年级的学生在老师的带领下,满怀憧憬地徒步前往河海大学参观。跟随着几位学长学姐,我们参观了碧草茵茵的操场,恢宏大气的文体馆,藏书万卷的图书馆,宽敞明亮的教学楼……处处彰显文化、充满生命力的校园让同学们流连忘返,交流分享活动更是点燃了我们求知的热情。"知者不惑,仁者不忧,勇者不惧。"孔子的这句话不仅激励着河海大学的莘莘学子,也萌发了泰小学生心中梦想的嫩芽。以梦为马,未来可期!

——学生3

4. 难忘的那一群人

在这些难忘的回忆中,最让我们难以割舍的还是那些与我们共度时光的人。他们或许是我们的老师,用智慧的光芒照亮了我们前进的道路;又或许是我们的同学,陪伴我们度过了无数个日日夜夜。他们是我们成长道路上的伙伴和引路人,也是我们心中最珍贵的财富。(图6-7)

图 6-7 "难忘的那一群人"相关小人书

他身材高挑，站在人群中颇为显眼。自接手我们班，他的幽默打动了我们，课上总是不经意间戳中我们的笑点，我们常常在笑声中结束课堂学习。不过，作为老师，他在我们心中是威严的存在。他凭借着大嗓门，让我们不敢"胡作非为"，这就是我们的数学老师！

——学生 4

不管是让人印象深刻的校园一景，还是让人收获满满的活动，都离不开那一群让你难忘的人啊！

二、活动二：话惜别情，为小人书配上文字

在时间的长河中，六年的小学生活如同一本丰富多彩的小人书，每一页都记录着我们的成长和收获。当看到大家精心填写的时间轴，听到同学们深情回忆那些美好的日子，过往的点点滴滴仿佛就在眼前，记忆涌上心头。这些珍贵的记忆，是人生旅途中最宝贵的财富，也是你们成长的见证。如今，你们即将告别这个熟悉的校园，离开那些陪伴你们度过无数美好时光的老师、同学。在这个特殊的时刻，请你用文字的力量，为那些难忘的瞬间留下永恒的印记，镌刻下我们共同的回忆。

孩子们一起为"难忘瞬间"配上文字，用简短的语句，表达出对那些美好时刻的怀念和感慨；再进行小组交流，互相分享，让每个人的心声都能被听见；还可以通过投屏展示，将这些文字呈现在大家面前，让每一个人都能感受到那份深深的惜别之情。

在这个环节，孩子们不仅可以回顾过去的点点滴滴，更可以表达对未来的期许和憧憬，用文字为即将踏上新征程的自己加油鼓劲，为未来的生活描绘出更加绚丽的色彩。

三、活动三：布毕业展，借小人书期许未来

雁寄鸿书，鱼传尺素。在生活的长河中，书信传递着深情厚谊，鱼雁传书成为连接人与人之间的纽带。细细回忆在小学经历的六个春秋，千种思绪涌上心头。同学们执笔抒怀，将六年来的点点滴滴化作万千祝福和感恩，轻轻落于纸上，一撇一捺，尽是道不完的思念。

毕业典礼在即，学校决定进行一次"莘莘泰小娃，拳拳赤子心"的毕业布展。这次布展旨在通过学生的创意和巧思，将共同记忆以独特的方式展现出来，以此寄托对未来的美好期望。

在小组讨论中，同学们纷纷提出自己的想法和建议。有人提议按照图片内容分类展示，如"有趣活动"板块可以展示我们在校园中度过的欢乐时光，用照片记录下那些笑声和掌声；"身边人物"板块则聚焦我们的老师，通过照片和文字表达我们对他们的深深感激；"校园一景"板块则展现学校的美丽风光，以此表达对母校的热爱和期许。

在展示形式上，同学们也充分发挥创意，提出了系列明信片、四或九宫格漫画加标题、扇面图谱、相框定格等多种方式。其中，最受欢迎的是小人书的展示方式。同学们纷纷表示，这种传统而富有童趣的形式，能够很好地展现泰小学子的天真烂漫和创造力。他们制作了横版和竖版的小人书，并为它们设计了精美的封面，作为优秀的毕业作品呈现出来。

在即将告别的时刻，希望这些美好的回忆能够成为孩子们未来人生路上的宝贵财富。让他们带着这些珍贵的记忆，勇敢地迎接未来的挑战和机遇，朝着自己的梦想，坚定而踏实地走好未来人生的每一步！

【收获与思考】

为了展示孩子们六年来的学习生活，并期待他们立足今天，脚踏实地，朝着自己的理想奋进，学校设计了一系列的"毕业课程"，本次活动是这次毕业课程的第二阶段。

1."书"忆往事，见证成长

在即将告别的时刻，孩子们通过绘"校园一景"、忆"难忘的一群人"和聊"有趣活动"，创作了系列小人书，深情回顾了小学生活中的点点滴滴。

那些难忘的瞬间、温馨的回忆和深厚的友谊都定格为暖心的瞬间，沉淀了时光，在心中留下美好的回忆。即使未来的道路充满挑战和变数，这些美好的回忆也将成为

他们前行的动力，激励他们勇敢迈向新的征程，创造更加辉煌的未来。

2. "书"表情意，笔墨传心

活动设计紧扣毕业课程的要求，凸显了综合性、实践性的教育理念。我们欣喜地看到，学生们不再是听众的角色，而是成为活动的主角，同时老师们也作为聆听者与欣赏者，共同见证了这一精彩纷呈的毕业展。

画学校，回忆在小学的经历；画老师，重现六年的过往；画同学，记住伙伴的身影；画自己，体味成长的滋味……在临近毕业的时候，以小人书的形式，我们敞开心扉，聊心中的老师，画美好的事物，唤起了远去的回忆。小人书不仅仅是学校的特色，也承载了我们对母校最真、最美、最难忘的情感。

——学生5

高耸的教学楼内传出琅琅书声，热闹的操场上充满童年回忆，车水马龙的路旁荡漾着欢声笑语，花花草草围绕着温馨的校园，这就是我的母校——泰山小学。毕业前，我用泰小的特色项目——小人书，记录下昔日的校园、敬爱的老师、亲爱的伙伴，留下他们带给我的快乐、温暖与希望。感慨六年时光匆匆流逝，在一起的日子都变成回忆；感慨那些奋笔疾书冲刺的日子，在笔尖下匆匆流去；感慨那些手挽着手打闹的日子，在谈笑声中匆匆逝去。怀念曾经的学校，在渐淡的阳光下熠熠生辉的样子；怀念曾经的老师，在明亮的教室里辅导我的样子；怀念曾经的同学，在草地上谈笑风生的样子。时光如梭，岁月流逝，小人书上的画面仍能清晰地在我脑海中浮现，很幸运这份回忆以小人书的方式永远收藏在母校，小人书保存了我内心最美好的回忆。

——学生6

3. "书"许未来，梦想启程

六年的小学生活，仿佛是一本丰富多彩的书，每一页都充满了孩子们的笑声、泪水。他们感谢老师们的辛勤付出，感谢同学们的陪伴和支持，并将这些感激之情，化作"给未来自己的一封信"，写给即将步入初中的自己，提醒自己要珍惜每一个时刻，要勇敢追求自己的梦想，"书"写未来!

毕业，是一首离别的歌，更是少年们成长的里程碑。愿他们铭记"求真、向善、溢美"的校训，以此为航标，踏上新的征程，努力去实现心中的梦想。少年乘风起，未来"毕"可期!

实践活动三　沐浴阳光，感恩成长

【活动主题】

智享"小人书"人生启蒙课之成长启蒙

【设计理念】

《礼记·曲礼》曰："人生十年曰幼，学。"十岁生日，标志着人生中的第一个十年，是孩子成长的第一块里程碑。十岁"成长礼"亦是学校"八礼六仪"中很重要的仪式，是人生路上一个新的起点，它意味着孩子们将告别稚嫩天真的童年，开始迈入意气风发、朝气蓬勃的少年时代。生活需要仪式感，成长历程也一样，成长过程中的点滴进步和美好瞬间由学生用小人书的形式记录下来，独特而有趣。一本"成长"小人书让孩子们记住了这个具有非凡意义的"生日"，更加理解成长的意义，更能懂得感恩父母的养育和老师的教诲。

【活动目标】

（1）通过活动，学生能感受到成长的力量，回味自己的成长故事，体会父母、老师养育的辛劳，学会感恩。

（2）通过活动，学生能展示自己的才能，体验成功的喜悦，学会珍惜。

（3）通过活动，激励学生迈入少年时代后学习承担责任，并用小人书记录下自己的感悟。

【活动架构】

小学成长礼是孩子成长过程中的一个重要仪式，是标志着他们从童年走向少年阶段的一个新起点。在这个特殊时刻，学校策划成长系列活动，旨在引导他们感恩成长、体验成长，并努力追逐梦想。成长活动包括感悟成长、体验成长、挑战成长、感恩成长、分享成长等，孩子们可以通过绘制小人书，来记录自己在成长礼前后的变化、感受和学习成果。每一页小人书都可以描绘一个特定的场景或事件，比如参加成长礼的仪式、学习新的技能、与同学们的互动等。通过这些小人书，孩子们可以回顾自己的成长历程，感受自己的成长和变化。

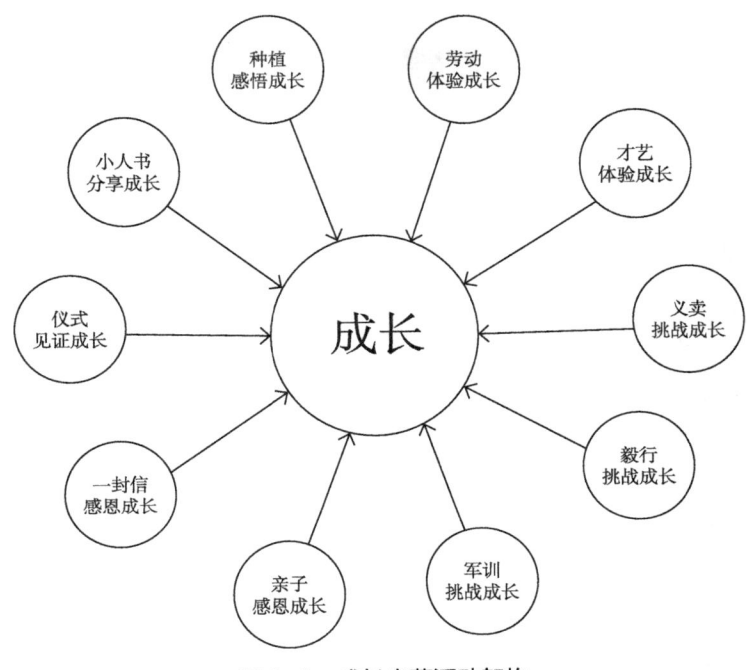

图 6-8　成长启蒙活动架构

【活动过程】

十岁是孩子成长的里程碑。十岁意味着应该告别幼时的淘气、顽皮，象征着一个人从童年迈向少年，学会更多的本领，懂得更多的道理，承担更多的责任，付出更多的关爱。对每个三年级，学校都会精心策划一系列十岁成长活动，并将小人书这一载体贯穿始终。每一次活动、每一次体验，学生都用小人书的方式记录下来，最终形成一本独一无二的、私人定制的"成长"小人书。

一、活动一：启蒙小人书之种植，感悟成长力量

成长，如同一场充满探索与发现的漫长旅行。为了让三年级的学生能够直观地感受到成长的魅力与力量，我们在阳春三月这个万物生长的季节，为每个学生布置了一项特殊的任务——种植大蒜。

大蒜，这个简单而又神奇的植物，成了孩子们成长的见证者。无论是选择水培还是土栽，每个孩子都怀揣着对生命的敬畏与好奇，开始了他们的种植之旅。几天之

后，当有的孩子兴奋地分享着"我的大蒜长出来啦！"的喜悦时，我们仿佛看到了他们心中那颗对生命充满热爱的种子也在悄然发芽。

当然，种植的过程并非一帆风顺。有的孩子遇到了困难，大蒜没有如期生长，但他们并没有放弃，他们选择继续尝试，不断调整种植方法，用实际行动诠释着成长的意义。这种面对挫折不放弃的精神，正是学生在成长过程中需要学习和培养的。

为了记录下这一过程中的点点滴滴，学生用小人书的方式，将种植大蒜的每一个步骤、每一个变化都生动地呈现出来。他们的小人书中有步骤图，有记录的表格，有剪贴画，还有心得体会。这些小人书不仅定格了孩子们的成长瞬间，更让我们看到了他们内心的世界和对生命的敬畏。

在种植、观察和总结的过程中，孩子们不仅直观地看到了生命成长的速度与力量，更深刻地感受到了生命成长的背后需要付出精力与不断尝试。他们学会了耐心与坚持，学会了面对困难与挫折时不放弃，更学会了珍惜每一个成长的瞬间。

这场种植大蒜的成长之旅，不仅让孩子们收获了种植的乐趣和成功的喜悦，更让他们在亲身体验中感受到了成长的力量。我们相信，在未来的日子里，孩子们会带着这份对生命的热爱和对成长的渴望，继续前行在成长的道路上，绽放出更加耀眼的光芒。

二、活动二：启蒙小人书之劳动，体验成长快乐

劳动是生活的一部分，也是成长的一部分，我们借助"米的 N 次方"活动，让三年级的学生更深刻地体验劳动和成长的快乐。

1. 水稻研究

水稻，作为中国传统农耕文化的重要代表，它的生长过程与孩子们的成长有着诸多相似之处。我们从播种开始，让孩子们亲手将稻种撒入泥土中，体验那份对生命的呵护与期待。随后，孩子们定期浇水、除草，用心照料着这片小小的稻田。在这个过程中，他们学会了耐心与坚持，也感受到了生命的顽强与坚韧。

与此同时，我们还鼓励孩子们用小人书的方式记录下水稻的生长过程。他们画出了水稻从播种到发芽、从生长到抽穗的每一个阶段，用文字和图画描绘出生命成长的奇迹。这些小人书不仅展现了孩子们对水稻生长过程的细致观察，更表达了他们对生命成长的敬畏与喜悦。（图6-9）

图 6-9 "水稻生长"相关小人书

2. 水稻收割

在老师和家长志愿者的组织下，学生们来到东南村稻田，志愿者给孩子们讲解割稻的要领并作演示，然后给孩子们分发手套、镰刀等劳动工具。孩子们兴奋地踏入稻田，开始了他们的水稻收割之旅。他们小心翼翼地割下一束束金黄的稻穗，感受着劳动带来的喜悦与成就感。通过此次动手实践，孩子们进一步认识了农耕知识和自然规律，更体会到了劳动的艰辛与不易，树立起珍惜粮食的意识，同时也磨炼了劳动的意志。

3. 大米美食

水稻去除糠皮后变成大米，是人们日常食用最多的粮食。除了米饭，大米还可以做出什么食物呢？学生进行了调查，并绘制成单页小人书和大家一起讨论。在家人的帮助下，他们亲手制作了很多以大米为主的美食：亲手卷一卷，卷材出寿司；用力转一转，磨出米浆；反复揉一揉，揉出饭团；学着包一包，包出粽子……大家将亲手制作的大米食品带到学校，与大家分享着劳动的成果。充分的动手实践让孩子们认识到"一粥一饭，当思来之不易"，从而更加懂得珍惜粮食、珍惜生活。（图6-10）

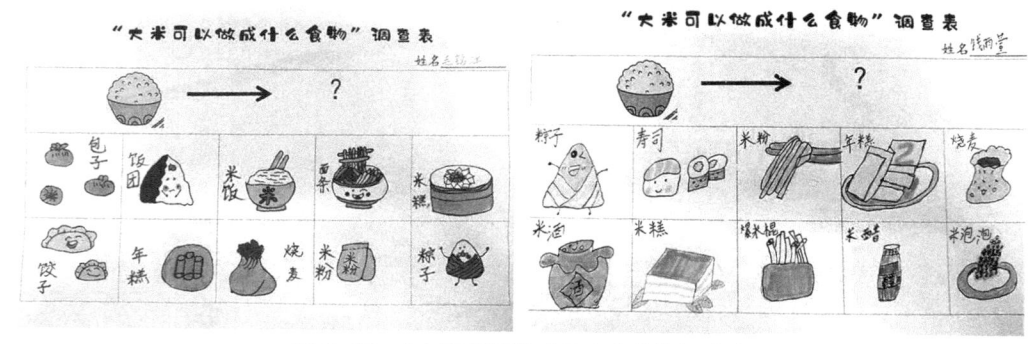

图6-10 "大米可以做成什么食物"调查表

4. 大米贴画

大米不仅是一种食品，通过艺术创作，也能成为一件件艺术品。孩子们充分发挥想象力，通过给大米染色，秀出自己的"绝活"，在彩纸上描绘着，用五谷杂粮填充着。经过一双双巧手的画一画、粘一粘、贴一贴，气势雄伟的中国地图、娇艳欲滴的花朵、憨态可掬的小动物……一幅幅可爱的稻米粘贴画就完成了。每一幅作品的制作不仅提高了孩子们的动手创造能力，更多的是让孩子们学会热爱粮食、热爱生活。

成长礼的劳动系列活动，不仅让孩子们体验到了劳动的乐趣和成长的快乐，而且让他们更加珍惜劳动成果，学会了感恩与分享，更让他们明白了成长是一个不断学习和进步的过程，让他们充分意识到劳动创造幸福，从而树立正确的劳动价值观，培养良好的劳动品质。同时，通过小人书的记录，他们也学会了用文字和图画来表达自己的情感和思想。

三、活动三：启蒙小人书之义卖，挑战成长能力

成长，是能力的提升。公益义卖，既是对特殊群体的一份关爱，也是以实际行动让更多人了解公益，传播公益理念，承担社会责任，更是一个通过实际行动去体验与挑战成长能力的契机。我们一般会选择"世界孤独症日""全国助残日"等节日联合社区开展公益义卖活动。

孩子们会早早地将义卖品准备好，如：自己不需要用到的故事书、玩具、布偶，还有亲手种植的多肉植物，亲手制作的挂件、手工发卡、丝网花……五花八门，琳琅满目。其中，最特别的义卖品，是自己精心制作的小人书。他们用自己的创意和想象力，绘制出了一个个生动有趣的故事，吸引了众多人的目光。

在义卖活动中，他们分工明确，有人负责导购，有人负责高举自制的个性化十足的促销海报，有人负责售卖，有人负责摄影……现场的吆喝声不绝于耳，此起彼伏的叫卖声、讨价还价声、欢笑声连成一片。爱心捐款箱里不一会儿就装满了孩子们的劳动所得……

义卖活动不仅锻炼了孩子们的沟通能力和表达能力，更让他们学会了如何面对挑战和困难。在义卖过程中，孩子们遇到了各种各样的人，有的对他们的作品赞不绝口，有的则对他们的推销技巧提出建议。孩子们虚心地接受建议，不断调整自己的策略，努力让更多的人了解和购买他们的小人书。

孩子们在挑战中不断成长，他们学会了如何与他人合作、如何解决问题、如何展示自己的才华。虽然过程中有时会遇到困难，但他们从未放弃，始终保持着积极向上的态度。这种不放弃的精神不仅让孩子们在活动中收获了成长，更让他们在未来的生活中更加勇敢地面对各种挑战。

四、活动四：启蒙小人书之仪式，感恩成长后盾

成长，更是懂得感恩。在成长礼亲子活动中，我们要求孩子们戴上眼罩，由父母牵着孩子，跨越障碍物。在慢慢行走的过程中，孩子们全身心地信任着爸爸妈妈，用心地牵着父母的手……等孩子们摘下眼罩，一个个深情的拥抱，一句句深情的表白，都传递了孩子们对家长的感恩。回到教室后，孩子们纷纷拿出了事先写好的书信，面对面地讲述爸爸妈妈和自己的故事，表达对父母的爱和理解。孩子和家长共度"十岁集体生日"，分享生日蛋糕。看着孩子从一个懵懂的孩童成长为少年，家长们百感交

集，热泪盈眶。相信，十岁的他们，将更懂得知恩感恩，感谢父母、感谢师长、感谢朋友。十岁的他们，将踏上新的征程，勇担责任……

成长，不仅是感恩父母，也要感恩社会。中国有句老话：远亲不如近邻。学生的社会关系比较单纯，除了学校和家庭，邻里关系能让学生最真切地感受到社会的冷暖。提醒水表灯亮的暖心小纸条、收被子的呼喊声、带垃圾的顺手行动……邻里间的互助互爱，让学生感受到了社会大家庭的和谐温暖。《邻里一家人，互助大家亲》《文明的样子很美》《和谐邻里情》《楼上楼下》等一本本生动的小人书记录着一个个暖心小故事，爱的种子、感恩的种子在学生心中悄然种下。

五、活动五：启蒙小人书之定制，分享成长喜悦

十岁是值得纪念的，每个孩子都制作了一本属于自己的"成长"小人书：书中有自己小时候的照片和现在照片的对比，体现出身体的成长；有自己的才艺展示，各类奖状证书、成长系列活动的掠影和感受等，体现出能力的成长；有家长寄语，体现出对自己孩子的殷切祝福。

前期学生和家人一起回顾成长经历，或剪，或贴，或画，或写，将节点性照片、证书、事件融合创编成一本属于自己的独特的"成长"小人书，在成长仪式上，大家相互传阅，相互学习，相互了解，相互分享成长的喜悦。

大家翻阅着自己亲手创编的"成长"小人书，爱不释手，回味着自己成长的喜悦，同时也分享着伙伴的成长快乐。也许，10年、20年后，他还会翻出这本小人书，想起快乐成长的时光，该是一种怎样的幸福啊！

"我和同学们排队去食堂用餐，突然，天色大变，要下雨了！夏天的雨可真是说下就下啊。不好，我是今天的护旗手，国旗可不能淋雨！我不顾老师和同学的异样眼光，飞奔下楼。"

这是学校国旗班学生创编的小人书《雨中护国旗》开头两页的配文。那天，三年级学生小刘顾不上吃饭，冒着大雨将国旗降下，并拥在怀中快速奔跑，护住了国旗，没让国旗一直淋着雨。同学们将这一幕看在眼里、记在心里，老师也组织大家根据这个发生在身边的故事，合作创编了《雨中护国旗》。

后来，学校还将这个故事搬上了校园大舞台。"作为国旗班的一员，每天准时升旗、降旗，爱护好国旗是我的责任！"舞台上，小刘铿锵有力的声音回荡在每个人心间。成长就应该从身边的点滴小事做起，从小爱旗、护旗，长大才能敬

旗，为国旗争光，用实际行动做好自己该做的每一件小事，长大后才能成长为报效祖国的"强国少年"。

十岁是成长道路上一个新的起点。十岁成长礼的庄严、温馨和感人，深深地印刻在了孩子们的脑海中。我们相信，经过十岁盛典的洗礼，我们的孩子一定会对自己的未来更有信心，对自己的人生充满希望，学会感恩、学会珍惜，长大后做一个顶天立地的人！

【收获与思考】

1. 小人书，成长的陪伴者

陪伴，让成长多了一份温暖。小人书伴随着泰山小学的学生一路成长。

"成长"小人书讲述了无数个引人入胜的故事，每一本小人书都是一个小小的世界，孩子们在其中探索、学习、成长。更重要的是，小人书陪伴着孩子们度过了成长过程中的每一个阶段。在孩子们遇到困难和挫折时，小人书中的故事和角色给予他们勇气和力量，让他们学会坚持与勇敢面对；在孩子们取得进步和成就时，小人书又与他们一同分享喜悦与自豪，记录下每一个成长的瞬间。

通过成长礼系列活动，孩子们更加深刻地感受到了小人书作为成长陪伴者的重要性。他们明白了小人书不仅是娱乐和消遣的工具，更是引导他们走向成熟与智慧的导师和朋友。

2. 小人书，成长的见证者

小人书作为孩子们成长的见证者，承载着他们成长的点滴回忆与感悟。随着孩子们的成长，他们的兴趣爱好、思维方式都在不断变化，而小人书就像一面镜子，反映出了孩子们内心的成长与变化。从最初的简单故事到后来的复杂情节，从单纯的娱乐到深入的思考，小人书陪伴着孩子们一起成长，一起进步。

小人书，以其独特的形式和内容，成为孩子们成长道路上的忠实伙伴。它以简洁的文字和生动的插图，记录下孩子们成长过程中的每一个重要瞬间。无论是第一次学会走路的喜悦，还是第一次上学的紧张与好奇，小人书都默默地记录下来，陪伴在孩子们身边。

小人书不仅是他们成长道路上的伙伴，更是他们成长的记录和回忆。在未来的日子里，孩子们会带着小人书的陪伴与见证，继续前行在成长的道路上，书写属于自己的精彩篇章。

3. 小人书，成长的分享者

小人书，以其独特的魅力，成为孩子们分享成长故事和感悟的媒介。它们小巧精致，便于携带，让孩子们可以随时随地记录和分享自己的成长经历。每一本小人书，都像孩子们的成长日记，记录着他们的欢笑、泪水、挑战和成就。

在成长礼上，孩子们纷纷拿出自己的小人书，与同伴们分享其中的故事。他们讲述着自己如何克服学习中的困难，如何在运动中挑战自我，如何在生活中学会独立。小人书成为孩子们分享成长的桥梁，让他们能够更加深入地了解彼此的成长轨迹和心路历程。同时，小人书也是孩子们展示自我和表达情感的舞台。他们用自己的笔触和色彩，绘制出一个个生动的人物形象，讲述属于自己的成长故事。这些小人书不仅展示了孩子们的绘画才华，更表达了他们对成长的理解和感悟。在成长礼的庆祝活动中，我们还特别设置了一个小人书分享区。孩子们可以在这里展示自己的小人书作品，与更多的伙伴分享他们的成长故事。他们互相交流着创作心得和成长体验，共同感受着成长的喜悦和力量。

小人书，作为孩子们成长的分享者，见证着他们的成长与变化，陪伴他们度过每一个难忘的时刻。在未来的道路上，这些小人书将成为孩子们宝贵的回忆和动力源泉，激励着他们不断前行、茁壮成长。

实践活动四 "心语"小人书，为孩子健康人生奠基

【活动主题】

智享"小人书"人生启蒙课之心育启蒙

【设计理念】

心理健康教育是学校的特色，每年学校都举办"心理健康节"，开展形式多样、富有成效的活动，形成立体多元的关注心理健康教育的环境和氛围，引导学生建立健全人格。"心语"小人书是心理健康教育的重要载体，通过富有创意和趣味性的方式，向孩子们传递心理健康知识和积极的生活态度。学生用他们童真的画笔描述了自己对心理健康的认识和理解，树立正确的人生观和价值观。

【活动目标】

（1）通过"心语"小人书这一媒介，普及心理健康教育知识，帮助孩子们建立正确的心理健康观念，增强他们对自身情感和心理状态的认识和理解。

（2）借助"心语"小人书中的积极元素和故事情节，培养孩子们的积极心态，让他们学会乐观面对生活中的困难和挫折，增强他们的自信心和抗挫能力。

（3）通过"心语"小人书中的角色互动和故事情节，引导孩子们学会与他人建立良好的人际关系，提升他们的人际交往能力，培养他们的合作精神和团队意识。

【活动架构】

我们按照"经验整理—信息交流—主题创作—展示分享"的流程开展"心语"小人书创编活动，依据儿童的经验、需要和兴趣设计小人书故事内容，形成小人书创编步骤，每个步骤都蕴含着心理健康教育的哲思。我们关注儿童情感态度和社会性的发展，也重视儿童对小人书创作艺术的表达，以主题鲜明、情节连续、角色统一、封面美观、分幅标记为小人书的基本要求，鼓励儿童动口、动眼、动脑、动手进行创作，引导儿童相互欣赏与分享，共享小人书创作的乐趣。

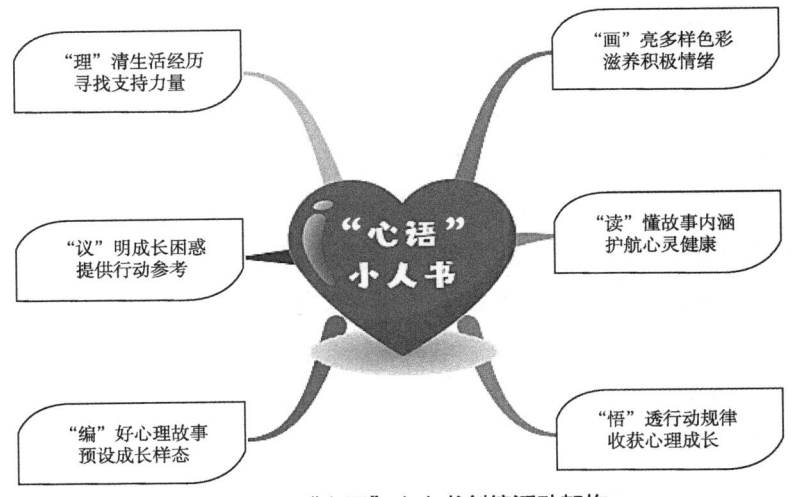

图6-11 "心语"小人书创编活动架构

【活动过程】

绘画是儿童认识和把握世界的独特方式，反映儿童对客观世界的理解与看法，是儿童表达情感、宣泄情绪的方式。小人书则以更加生动的形式、更多层面的理解来连续性地表现儿童对世界的感悟。随着儿童认知的发展、经验的积累、技能的提高，他们将对世界的认识由原来单一的"涂鸦"，变成有丰富的人物形象和画面色彩的小人书，充分表现对世界的更多认知，反映整体智慧的发展。

一、"理"清生活经历，寻找支持力量

社会适应是心理健康的标准之一，和谐的人际关系是重要内容之一。小人书中的"理"便是梳理个人社会适应的议题，紧扣学生生活中实际遇到的生生、师生、亲子等关系问题，寻找发展社会化的有效策略。学生通过"理"，梳理人际交往中好的经验和自身实际遇到的人际困惑。

教师在课堂上请学生分享关于人际交往的经历，让学生说一说在与他人相处过程中遇到过的印象特别深刻的事情。学生分享了与人交往的事件，教师肯定了学生能从教师、家人、同伴等不同群体中寻找支持力量，也告诉学生事物有两面性，同一个问题可以从不同的角度去思考。接着，教师又请学生填写"困惑清单"，学生小组交流人际关系方面遇到的烦恼，一起探讨解决的方法。

在"理"的过程中，我们发掘生活中好的资源，也积极面对遇到的问题，让学生逐步知道，万物没有绝对，需要放平心态，接纳所遇到的一切。

二、"议"明成长困惑，提供行动参考

之前梳理了成长中遇到的困惑和烦恼，哪些问题具有普遍意义呢？哪些方法具有普适性，可用来提供行为参考呢？都说"三个臭皮匠，抵个诸葛亮"，"议"的环节，就是博采众长。

在课前小调查中教师发现"朋友不跟我玩怎么办？"是比较普遍的成长困惑，便在课堂上呈现问题，组织学生头脑风暴，共同商量出解决办法。

针对讨论，教师总结提升：我们需要扩大自己的交往圈，学会和不同的人接触，接纳不同的人。大家可以根据不同的情况来设想不同的场景和解决策略。通过这次讨论，我们明白了如何看待问题才是关键，而且通常解决问题的方法总比问题多。

三、"编"好心理故事，预设成长样态

"编"便是把同学们"理"和"议"出的成长主题，编写成具有普遍意义的小故事。

同学们开始发挥各自的创作能力，用心编写属于自己的心理故事，积极参与心理故事编写大赛，创编中又会有新体会。

"心语"小人书选取的是学生自己的成长故事。每个人的成长中都会遇到各种各样的故事。在编写的过程中，学生的心境也会随之变化，变得更加平和。通过分享和创作，学生能够更好地认识自己，理解他人，从而更好地面对生活中的挑战，深化对自身心理成长的理解，增强心理韧性和适应能力。

四、"画"亮多样色彩，滋养积极情绪

以画舒心。学生在创作小人书的过程中，通过绘画工具，将潜意识内的感情呈现出来，同时，学生在心灵上、情感上、思想上缓解压力，调整情绪和心态，获得满足感、成就感、自信心。

师生们聚在一起交流学生创作的青春期系列"心语"小人书，学生通过对比3岁、7岁和13岁的自己，生动地记录了自己的身体变化，让我们看到了他们成长的依据。

> 我画的是3岁的自己，那时的我还是个小小孩，手小小的，步子也是小小的。而现在的我，手变得大了，腿也长了，能够干很多事情，走很多路。
> ——学生1

> 我画的是7岁的自己，那时的我看起来很稚嫩。而现在的我，个子长得很高，也变得成熟了。
> ——学生2

小人书是一种非常有效的成长记录方式，通过小人书，学生直观地看到了自己从小到大的变化，它能够直观地展现学生身体的变化以及思维能力的提升。通过小人书，学生可以更好地认识自我，理解成长的意义，并在不断进步和成熟的过程中展现自己的变化。学生利用小人书来记录自己的成长过程，帮助他们建立正确的自我认知和价值观，促进他们的全面发展。（图6-12）

图6-12 "心语"小人书示例

五、"读"懂故事内涵,护航心灵健康

学校创编了大量的"心语"小人书,涉及"生理我""心理我""社会我"三个系列,每个主题则对应了不同的成长议题,让学生在广泛的阅读中预知成长中的种种经历,提前做好心理建设,为学生的生命成长护航。当学生沉浸在阅读场景中时,老师即兴采访,了解他们的阅读选择和感受。

唉，我前天才被老师误会，当时心情挺不好的。现在读读《被老师误会怎么办》这本小人书，感觉好多了。而且这本书里还提供了应对方法，尤其是那个匿名倾吐大法，我打算回头试试看。

——学生 3

《妈妈唠叨怎么办》这本小人书画得真传神，写得也很现实，简直就是我的生活写照。我妈妈就是这样，经常唠叨。

——学生 4

学生在阅读的过程中，不仅回顾了自己的成长过程，还觉察到了成长过程中自己的不足之处。同时，他们通过书中的建议，学会了如何做出更好的回应，这些小人书为学生健康成长提供了宝贵的参考。

六、"悟"透行动规律，收获心理成长

"心语"小人书在宣传心理健康教育知识上，不仅仅停留在认知层面，更重要的是落实到行动中。学生在调整认知的基础上，用实际行动滋养自己，化解成长中遇到的心理困惑。学生对于阅读"心语"小人书表现出浓厚的兴趣，产生了深刻的感悟。

在阅读了《学会沟通》的小人书后，我深受启发。小人书中提到了非暴力沟通的方法，我便尝试将其应用到生活中。以前，每当妈妈在我写作业时频繁进屋打扰的时候，我总会不耐烦地说："你烦死了。"这次，我运用了非暴力沟通的技巧，对妈妈说："妈妈，我感觉非常被打扰，因为你一会儿进来一下，一会儿进来一下，我没法安心写作业了，我希望你等我写完作业再进来，让我有个安静的学习环境。"出乎意料的是，妈妈听完我的话后，愣了一下，然后便离开了，并且中途再也没有进来打扰我。

——学生 5

我与《调节愤怒情绪》这本小人书产生了共鸣。原来人在愤怒时，身体各部位的温度都会有所不同，小人书中提供了平息怒火的方法。其中，喝 20 小口水的技巧让我印象深刻。我尝试了好几次，发现这个方法真的很有用，能够有效地缓解愤怒情绪。

——学生 6

创编"心语"小人书，不仅能帮助学生们改变认知，还能促使他们落实行动。这些小人书为学生们提供了涵育积极心理品质的方法，并让他们收获了维护心理健康的

实践策略。通过阅读和分享，学生们不仅收获了知识，更在行动中体验到了成长的喜悦。

【收获与思考】

1. "小"人书蕴含"大"学问

传统的小人书是老一辈的画家们留下的一笔巨大的艺术财富，也是留给我们的一笔精神财富，宣扬的是正义和善良的价值理念。小人书虽然个头"小"，但是有"大"学问。优秀的小人书，能将深奥的道理、复杂的故事用生动的绘画方式进行表达，具有直观性、可读性和审美性的特点。

"心语"小人书是以学生生活经验为内容，通过文字和绘画相结合的创作方式形成的具有普及心理健康知识和涵育积极心理品质作用的读物，这种图文并茂的表达方式，既能够帮助学生深入理解心理健康知识，又能够激发他们的想象力和创造力。

2. "小"人书承载"大"功能

"投射"是一个心理学概念，通俗地说就是将自己的特征转移到他人身上的现象，即通过某些无意识的表达，体现表达者内心或潜意识里的真实感受。在教育领域，尤其是在青少年心理健康教育方面，投射理论具有重要的应用价值。"心语"小人书作为一种深受青少年喜爱的读物形式，巧妙地结合了投射理论，通过角色、语言和色彩的有效转换，为青少年提供了一个宣泄和物化潜意识中自我内在情绪的途径。这种方式不仅有助于青少年更好地理解自己的内心世界，还能帮助他们学会如何与他人建立更加健康、和谐的关系。

通过了解和运用投射理论，我们可以更好地理解自己和他人的内心世界，从而建立更加健康、积极的人际关系。同时，"心语"小人书等创意形式也为普及心理健康教育知识、提高青少年的心理素质提供了有效的途径。

3. "小"人书亮出"大"观念

"心语"小人书的创作能够成为普及心理健康教育知识的有效途径。在大数据信息时代的冲击下，人们面临着前所未有的信息洪流，负面情绪和信息的影响愈发显著。尤其是当代人群，包括儿童，普遍表现出更高的焦虑感，且抗压能力相较于上一辈人群明显减弱。这种背景下，寻找一种适合儿童接受和理解的方式来普及心理健康教育显得尤为重要。

小人书作为一种视觉化、形象化的表达方式，深受儿童的喜爱和认可，它能够通过生动的画面和有趣的故事情节，吸引儿童的注意力，使他们在轻松愉快的阅读中接受心理健康教育知识。因此，利用"心语"小人书的形式，对现下一些实际问题的起因进行分析，以有趣奇妙的故事形式传达给学生，传播心理健康知识，普及心理健康教育，是一种既具有创新性又富有实效性的做法。它能够帮助儿童在轻松愉快的阅读中建立积极健康的心态，为他们的成长和发展提供有力的支持。

4."小"人书彰显"大"内涵

"心语"小人书通过将小人书与心理健康教育相结合，不仅丰富了小人书的内涵，也为学生提供了一个直观、生动的自我表达和情绪宣泄的平台。这种活动形式有助于培育学生积极的心态，促进他们的全面发展。

从社会的角度来看，小人书活动可以帮助学生认识到社会多元性和复杂性。通过绘制反映社会现象、人际关系等主题的小人书，学生可以学会理解和尊重不同的观点和文化，培养包容和合作的精神。同时，小人书也可以作为一个沟通工具，帮助学生表达自己的情感和观点，促进他们与他人的交流和互动。

从自我成长的角度来看，"心语"小人书活动为学生提供了一个表达和反思的平台。通过绘制小人书，学生记录下自己的情感变化、成长经历以及面对困难和挑战时的心理过程。这种表达方式有助于学生更好地了解自己的内心世界，发现自己的优点和不足，从而调整心态，积极面对生活和学习中的挑战。

"心语"小人书有效地促进了学生的全面发展，帮助他们建立更加积极、健康的心态，为他们未来的成长奠定了坚实的基础。

实践活动五　从"小人书"爱上"大阅读"

【活动主题】

智享"小人书"人生启蒙课之阅读启蒙

【设计理念】

《义务教育课程方案和课程标准（2022年版）》明确提出了整本书阅读拓展型学习任务群的教学理念，旨在引导学生在语文实践活动中，根据阅读目的和兴趣选择合适的图书，制订阅读计划，综合运用多种方法阅读整本书，借助多种方式分享阅读心得，交流研讨阅读中的问题，积累整本书阅读经验，养成良好阅读习惯，提高整体认知能力，丰富精神世界。

统编教材充分贯彻新课标"培养学生广泛的阅读兴趣……增加阅读量……多读书,好读书,读好书,读整本的书"的理念,将课外阅读纳入课堂教学体系中来。为了更好地落实统编语文教材的实施要求,确保我校整本书阅读课程日常化,引领更多孩子爱上阅读,语文组将小人书这一学生喜闻乐见的载体,引入课外阅读的大世界中,依托统编教材"快乐读书吧"中的推荐书目,遵循三大导向"导趣为首、导法为重、导行为要",统筹安排学生自主阅读和教师指导,通过富有趣味的阅读实践任务,引导学生多读书、会读书、乐读书,提升学科综合素养,为精神打底,为幸福奠基。

【活动目标】

(1)以小人书为载体,在校园内营造一种"书声琅琅,书香满校园"的浓郁氛围,使阅读真正成为学生的自觉行动和生活需要。

(2)以小人书为基点,积极倡导"让阅读成为习惯"的理念,激发学生阅读整本书的兴趣,培养学生良好的阅读习惯,引导学生做终身阅读者,不断汲取书中的精神养料。

(3)以小人书为手段,学生通过共读、分享、碰撞、融合、再创,掌握阅读方法,提高读写能力,领略文学魅力,让书籍的意义在丰富的阅读活动中走向丰满。

(4)以小人书为平台,通过开展丰富的读书活动,将老师、学生、家长一同卷入,评选出"书香班级、书香教师、书香少年、书香家庭",树立典型,扩大影响。

【活动架构】

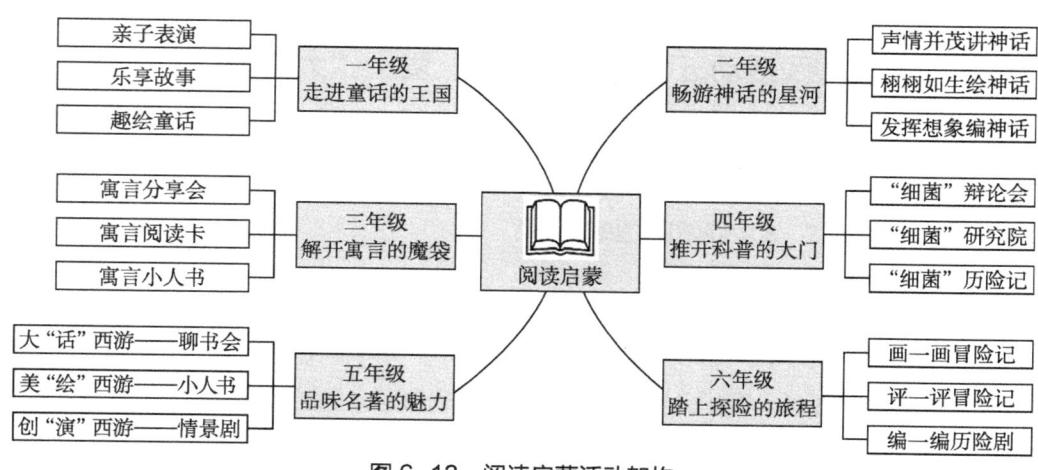

图 6-13 阅读启蒙活动架构

各年级围绕"快乐读书吧",通过创设不同的任务情境,开展主题式阅读交流活动:读写诵、绘讲演、小辩手、小编剧、评论员、阅读卡、思维图、任务单、小人书、课本剧……引导学生从不同角度开展整本书阅读,采用多种方法进行沉浸式阅读,运用不同方式展示阅读成果,培养学生积极的阅读情感,让学生真正在阅读中收获成长。

【活动过程】

下文以五年级"读经典名著,品百味人生"整本书阅读活动为例。

中国四大名著,承载着无数文化精华,在浩瀚如烟的古典小说领域中如四座屹立不倒的高山,无论沧海桑田如何变幻,其伟岸的身姿始终不被湮灭。

《西游记》是中国古代第一部浪漫主义章回体长篇神魔小说,主要写孙悟空、猪八戒、沙僧三人保护唐僧西行取经,沿途遇到九九八十一难,降妖伏魔,化险为夷,最后到达西天、取得真经的故事。作者展开了无比丰富的想象,描绘出一个神奇瑰丽、光怪陆离的魔幻世界,创造了一系列引人入胜的人物形象。

为适应小学生阅读,五年级组推荐了《西游记》青少版。这一版本共有三十八回,开篇有主要人物画像,章回主题通俗易懂,主题明确。精彩章回内容后面配有原著选段,方便学生对比阅读,感受语言魅力;并附有阅读思考和读后感,让学生读有所思、读有所悟。

《西游记》整本书阅读系列活动以"读经典名著,品百味人生"为主题,设计了大"话"西游、美"绘"西游、创"演"西游三大任务,形式丰富多彩,既有阅读情趣,又有阅读深度,让学生在"悦"读中畅快肆意,读西游,品人生。

一、大"话"西游——聊书会

1. 活动一:专题研究与分享

(1)理一理《西游记》中的各种宝贝、各大神仙、各路妖怪,它们各有什么本领特点?用喜欢的方式进行梳理并与同学交流。

(2)画一画《西游记》的取经路线。从东土大唐到天竺佛国,一路上跋山涉水,九九八十一难,也就有九九八十一个地点,请用思维导图的方式,试着将师徒四人经历的种种磨难以及途经的路线、遇到的妖怪画一画。

(3)找一找《西游记》中的"三"。当我们读到"三打白骨精",我们再去书中找一找有关"三"的故事，比如：三调芭蕉扇，斜月三星洞，三个妖怪的名字叫作辟寒大王、辟暑大王和辟尘大王……用小人书的方式绘制故事"一波三折"的经过，发现反复叙事的特点。

（4）猜一猜《西游记》中主要人物的外貌的特点。摘抄精彩语段，给同学们读一读、猜一猜。

（5）记一记，摘录并整理《西游记》中重要的数字，发现数字的秘密。比如定海神针有多重呢？13 500斤。蟠桃园共有3 600棵仙桃树，前面1 200棵，3 000年一熟，人吃了能成仙得道；中间1 200棵，6 000年一熟，人吃了能长生不老；后面1 200棵，9 000年一熟，人吃了能与天地同寿……留心什么地方写到哪些东西，用了哪些数字，这个数字表现出了什么。

（6）排一排西游"斗法榜"。《西游记》里的战斗中，哪吒跟孙悟空怎样打？孙悟空大战二郎神是怎样的？孙悟空和各种妖怪的战斗，有几次是自己打胜的，有几次是需要搬救兵？你认为哪些斗法（打斗）是精彩的？为什么精彩？试着用小人书的方式绘制打斗过程。

2. **活动二：话题思辨与讨论**

话题一：重构完美团队。

（1）如果让你在师徒四人中开除一人，你开除哪位？

（2）在班级团队中，你最像《西游记》中的谁？

（3）你的小伙伴中，哪些人的性格和角色和《西游记》取经团队中的某个人比较像？试着选择他（她）的一件典型事例绘制成小人书，给大家讲一讲。

（4）你对完美团队有了哪些新的认识？

话题二：解读成长密码。

任务情境：时光机报社开辟《西游记之孙悟空》独家专访栏目，带领大家走进悟空的人生经历，感知悟空的内心世界，解读悟空的成长密码。

（1）梳理孙悟空的六个名号，发现成长的重要阶段。

（2）深入阅读与名号相关的故事片段，抓住语言、动作、心理、神态等人物描写方法，来体会悟空的形象特点及成长的前后变化。

（3）绘制悟空的成长简历书，以此来训练思维能力、整合能力和小组合作能力。

（4）结合悟空的每一个成长阶段，联系自身，做出客观的评价，引发对于人生的丰富思考。

二、美"绘"西游——小人书

1. 活动一：画本设计

（1）赏一赏。从《西游记》经典故事中选择最感兴趣的一则，认真阅读故事文本内容，同时欣赏一些相关的影视、绘画作品，提高美学品位。互动交流，引导发现用画面呈现故事情节的技巧，如打斗场景中要抓住人物的动作以及使用的兵器，对话场景中要抓住人物说话时的神态。

（2）缩一缩。将选定的《西游记》节选内容，按照故事的起因、发展、高潮、结局，进行文本内容的缩写提炼，要能体现故事的精彩情节。以"三打白骨精"为例，引导学生抓住"三变""三打""三责"，梳理出故事的主要情节，发现一波三折、反复叙事的讲述特点。

（3）配一配。根据确定的文本内容，小组合作，分页设计画本的场景、人物、事件，应与文字相匹配。

2. 活动二：画本绘制

（1）文稿组：将前期讨论的每页文字誊抄到小人书画稿上，注意字迹工整，排版合理，不能有错别字。（小组推选书写高手负责）

（2）配图组：对应每页的文字内容，进行配图的绘制，注意画面的比例、色调的搭配、人物的细节勾勒。（小组推选绘画高手负责）（见附录三）

3. 活动三：成果展评

（1）晒一晒：各组将精心绘制的小人书在全班展示。

（2）评一评：评选出"西游"小人书"最佳文稿"奖、"最佳配图"奖、"创作精品"奖，颁发学校小人书"典藏馆"收藏证。

三、创"演"西游——情景剧

1. 活动一：赏剧本学改编

（1）比一比。欣赏课本剧表演《西门豹治邺》的片段视频，出示剧本内容和课文内容，对比发现剧本特点。

（2）改一改。进一步探究如何将文中叙述性语言改编成人物对话、表情、动作，尝试将《猴王出世》片段改成剧本台词。教师相机指导难点，如把叙述性语言转换为人物对话时，要注意人称的变化；有的叙述语言不一定要设计成台词，也可以用表情、动作来表现；实在无法转换为人物对话又无法省略的部分，可以适当借助布景或旁白等。

2. 活动二：分角色演剧本

（1）分一分。关于分角色，可让学生说说谁演哪个角色，为什么要让他来演，从而引导学生明白根据角色选择尽量适合的演员，如形象贴近、性格相似，或是根据演员的表演能力来决定。

（2）排一排。按照小组讨论的结果，在课外进行课本剧排练。内容可从《西游记》中自由选定。班内可推选出导演、编剧、演员以及服化道准备人员，组建成若干个小型剧组。关于怎么演，还要提醒学生，无论是对人物语言、表情、动作的设计，还是对服装、道具的准备，都要符合人物的身份和性格特点。

（3）演一演。全班展示排练成果，评选"最佳表演"奖、"最佳改编"奖、"最佳导演"奖。

【收获与思考】

1. 专题研读，让思维在阅读中深刻

《西游记》虽然是一部神魔小说，但是读着读着，我们会发现书里描写了现实中的人性，写魔、写仙、写社会，其实我们读来，是在读人、读事、读内心。因此，在读《西游记》的过程中，我们选择了不少书中有意思的主题或问题，进行"专题研究性学习"，并用思维导图的方式进行归类整理，利用午间阅读、课后延时进行交流分享。随着阅读的不断深入，我们还利用班队活动课，聚焦"完美团队""成长密码"这两个具有思辨性、深刻性的话题，展开了热烈的讨论。在此过程中，学生不仅习得了整本书的阅读方法，更收获了人生的启迪，也领悟到了名著经久不衰的魅力。

2. 绘小人书，让故事在纸页间跃动

在民间故事单元学习过程中，同学们已经掌握了将文本故事转化成小人书的能力。在认真阅读《西游记》后，同学们体验到了《西游记》中险境迭出的取经之旅，萌生了用笔画出来的强烈念头。于是，同学们选取《西游记》中的精彩片段，比如"猴王出世""孙悟空大闹天宫""高老庄大圣除魔""孙行者大闹五庄观""三打白骨精""真假美猴王""孙悟空三调芭蕉扇"等，首先进行故事关键内容的缩写，在保证故事主要内容完整和精彩的前提下，缩写概括相关文字。其次列出每幅画面的场景、人物、事件，完成每页小人书的脚本设计。最后，在小组成员的共同合作下，透过多彩的笔尖，创作出了一本又一本图文并茂的小人书作品。这一阅读活动，不仅加深了

《西游记》这部经典名著在同学们心目中的美好印象，更将阅读与绘画融合，生动传承了中华民族的古典文化，极大提升了名著阅读的艺术品位，从而让阅读变得更加有趣，也更具有意义。

3. 情境表演，让名著在舞台上闪光

漫漫取经路上，有妖魔鬼怪，有刀山火海，也有师徒四人坚定的背影和永不停歇的脚步。三打白骨精、大战红孩儿、女儿国遇险、真假美猴王、三调芭蕉扇……一个个扣人心弦的故事都可以浓缩在课本剧中。通过《怎么表演课本剧》的学习，同学们了解了如何选课文、分角色，并将知识落实于实践当中。为了演好角色，大家反复读故事，充分发挥创造力和想象力，揣摩人物形象，精心对《西游记》经典情节进行再创作和演绎。舞台上，小演员们全身心投入，以精湛的演技和生动的表演将《西游记》中的经典角色呈现得淋漓尽致。从剧本的构思到角色的塑造，从舞台布景的设计到服装道具的准备，每一个环节都凝聚了学生们的智慧和心血。通过名著课本剧表演活动，同学们更全面地了解、感受了古典名著，增加了阅读古典名著的兴趣，让整本书"活"起来，真正做到了寓"读"于"演"、"演"中得"乐"、"乐"处增益！

实践活动六　小小虫子，大大智慧

【活动主题】

智享"小人书"人生启蒙课之劳动启蒙

【设计理念】

2020 年 3 月，《中共中央 国务院关于全面加强新时代大中小学劳动教育的意见》发布，对劳动教育工作进行了整体部署。此后，教育部先后制定印发了《大中小学劳动教育指导纲要（试行）》《义务教育劳动课程标准（2022 年版）》。在劳动实践、劳动体验中坚持德育为先提升智育、加强体育、美育，落实劳动教育成为时代新要求。

基于此，我们系统架构"金手指"创新实践课程，从儿童生活、社会需求及知识体系层面出发，与学科教学、实践活动融合，跟学校特色文化对接，在课程的滋养下培养学生的劳动观念、劳动能力、劳动习惯和品质、劳动精神，全面贯彻新时代劳动教育精神，让学生在动手实践中感受美、认识美和创造美，培养学生心灵手巧、勇于探究、善于解决问题的品质。

【活动目标】

"小小虫子，大大智慧"活动围绕昆虫展开，通过引导学生欣赏昆虫、了解昆虫秘密、用工具制作昆虫模型等方式，加深学生对昆虫的了解。活动主要目标为以下几点。

（1）通过"昆虫"小人书的阅读，增强认识昆虫的能力，包括对昆虫外形的观察能力、对不同昆虫特点的分析比较能力、对昆虫习性的理解能力等。

（2）通过小人书故事的分享，增强信息整理以及迁移的能力，包括对信息化资源的分析能力等。培养对昆虫这一自然事物的好奇心，强化对自然的探索兴趣，形成人和自然和谐相处的意识。

（3）通过小人书故事的绘制，强化实践操作能力，在实践体验中进一步掌握昆虫的特征，感受自然的奥秘。

【活动架构】

在一次和学生沟通交流的过程中，我们发现有些学生对昆虫这一事物很感兴趣，还有一些学生则表示自己对昆虫有些害怕，因此不敢去认识它们……昆虫作为自然中一种十分有趣的生命，外形有着很大的差异，和人类生活也有密切的联系，有很大的教育价值。在本次的主题活动中，我们引导学生对昆虫的外形、住所、生活习性、种类等问题展开深入的探索，让神秘的昆虫在学生们的讨论中展示出自己真正的姿态，促进学生对自然生命的认识。

这次的活动探索关于昆虫的问题，在合作调查、资料分析、操作实践等过程中拉近学生和昆虫之间的距离，促使学生真正了解昆虫，增进学生对大自然事物的探索心理，激励学生不断发现、不断探索。活动前期收集资料，做好充分的准备，包括借助小人书和网络资源搜集了解昆虫的信息；活动中开展多元活动，绘制昆虫图像和"昆虫"小人书、制作昆虫模型，培养学生劳动精神、创新精神和实践能力；活动后期做好宣传和展览，如小人书昆虫故事会、"我眼中的昆虫"展览等，培养学生对昆虫的探索兴趣、对自然的好奇心、对生命的尊重。

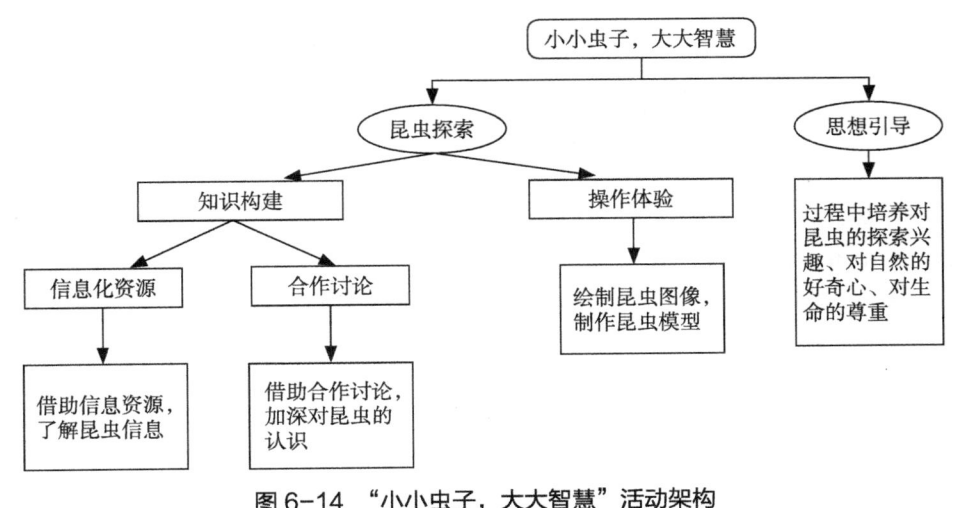

```
                    ┌─────────────────┐
                    │ 小小虫子,大大智慧 │
                    └────────┬────────┘
                  ┌──────────┴──────────┐
              ┌───┴────┐            ┌───┴────┐
              │ 昆虫探索 │            │ 思想引导 │
              └───┬────┘            └────────┘
         ┌────────┴────────┐
     ┌───┴────┐        ┌───┴────┐        ┌──────────┐
     │ 知识构建 │        │ 操作体验 │        │ 过程中培养对 │
     └───┬────┘        └───┬────┘        │ 昆虫的探索兴 │
   ┌─────┴─────┐           │             │ 趣、对自然的 │
┌──┴───┐  ┌────┴───┐   ┌───┴──────┐      │ 好奇心、对生 │
│信息化│  │ 合作讨论 │   │ 绘制昆虫图像,│    │ 命的尊重   │
│资源  │  └────┬───┘   │ 制作昆虫模型 │    └──────────┘
└──┬───┘       │       └──────────┘
   │           │
┌──┴──────┐ ┌──┴──────┐
│借助信息资│ │借助合作讨│
│源,了解昆│ │论,加深对│
│虫信息    │ │昆虫的认识│
└─────────┘ └─────────┘
```

图 6-14 "小小虫子,大大智慧"活动架构

【活动过程】

一、活动一：昆虫故事会，激发兴趣

生动有趣的情境可以让学生更快地进入到对昆虫的探索中来。课前教师鼓励学生搜集与昆虫有关的小人书，如《昆虫记》《西瓜虫日记》《抓虫子》等，引导学生发现自然界中有很多奇妙的昆虫：竹节虫是世界上体形最长的昆虫，行动十分灵活，而且善于伪装，经常待在枯树枝上，很难被发现；刺花螳螂的外形看上去十分漂亮，但是危险性很高，全身都长满了小刺……学生们还发现，生活中一些常见的昆虫实际上也有很多奇妙的习性，比如：蚊子经常会在黄昏的时候出现，因为这个时候人和动物的体表温度最高，血液流动也比较活跃，蚊子会被吸引过来；蜜蜂是自然界中的工人，可以帮助花粉的传播……在学生对昆虫充满了兴趣之后，教师向学生提出问题："大家可以看到，昆虫是那么有趣，了解这些昆虫的习性，可以为我们的生活提供很多的便利。但是还有很多人对昆虫没有形成正确的理解，对昆虫有很多误解。现在，如果我们想要举办一场昆虫博览会，帮助更多的人去了解昆虫，那么你作为主办方，首先需要对昆虫有哪些了解？在了解之后，你会如何去介绍这些昆虫？"

如此，在情境的驱动下，学生对昆虫产生了探索兴趣，为接下来正式探索昆虫奠定了良好的基础。在提出了问题之后，教师继续引导学生展开讨论，让学生想一想自己可以从哪些角度来研究昆虫，思考如何才能够将昆虫的秘密告诉更多人，帮助人们去了解昆虫，继而引发更多思索。

二、活动二：欣赏昆虫，感受魅力

对于昆虫，学生并不陌生。在情境创设完成之后，教师引导学生交流对昆虫的认识，学生可以畅所欲言。在学生介绍了自己对昆虫的理解之后，教师再对学生进行引导：昆虫是我们十分熟悉的一种生物，部分学生对昆虫感到恐惧，部分学生认为昆虫很有趣，那么大家真的了解昆虫吗？今天，就让我们一起来走近昆虫、了解昆虫吧！

接下来，教师使用多媒体资源以及语言讲解的方式，引导学生从外形、生活习性、居住环境等角度来了解昆虫，帮助学生去欣赏昆虫的魅力。在这个过程中，教师还采取了对比分析的方法，让学生将不同的昆虫进行对比，思考不同昆虫习性的差异，以及为了更好地和这些昆虫和谐相处可以针对昆虫的生活习性来做出哪些措施，进而使学生在学以致用中对昆虫的秘密有更好的了解。在学生了解了昆虫的一些习性、特征之后，为了增强学生对昆虫的喜爱，教师还向学生展示了一些纪录片当中的片段，让学生从拟人化的角度来感受昆虫的魅力，产生对昆虫的喜爱之情，消除一些学生对昆虫的恐惧心理，让学生可以以平和的态度去对待昆虫，愿意去了解它们、研究它们。

三、活动三：讨论归纳，了解昆虫

经过教师的充分引导，学生对昆虫有了更加深刻的了解。在此基础上，教师再次引导学生展开交流讨论，鼓励学生对昆虫的特征、习性等进行归纳总结，对昆虫建立完整的认识。在这个过程中，教师将学生分成了几个小组，让学生选择一种或者多种昆虫来进行研究，尝试为这一种昆虫制作一张思维导图，建议在绘制思维导图的时候，以图文并茂的形式绘制相应的小人书。以蚂蚁为例，学生可以以"蚂蚁"作为中心词，借助"外形""生活习性"等关键词来对蚂蚁这种生物进行完整的介绍。学有余力的学生小组还可以以"昆虫"作为中心词来制作小人书，对昆虫进行更深层次的探索。在学生完成了思维导图和小人书的制作之后，教师再引导学生去展示自己的成果，让学生在公开交流讨论中对昆虫形成更加深刻的认识。

四、活动四：多元表现，加深体验

直观感知的方式能够带给学生更加深刻的印象，让学生真正喜欢上昆虫，从而对大自然展开更加深入的探索。因此在这次的活动中，教师组织学生展开了表现活动，让学生借助绘画、操作等方式，展示对昆虫这种生物的理解，加深对昆虫的印象。

1. 手绘"我眼中的昆虫"主题小人书

绘画是学生十分喜欢的一种情感、认知表达方式，在这次的活动中，教师将学生分成几个小组，让学生合作来制作"我眼中的昆虫"主题小人书，用来向更多的人介绍昆虫，帮助他人了解昆虫这种生物的特点。学生需要对活动过程中产生的认识进行归纳总结，每个小组至少选择五种昆虫进行绘制，并且需要使用环境绘制、文字描述等方式，对昆虫进行更多的介绍。比如有的学生通过视频，知道了蚊子喜欢在黄昏出没，于是绘制出了黄昏时蚊子快速飞舞的场景，提醒人们在这个时间段注意蚊子……有个一年级的小女生特别喜欢西瓜虫，在对西瓜虫进行深入研究之后，发现西瓜虫不属于昆虫，于是把自己的研究过程绘制成绘本《西瓜虫大揭秘》（见附录四）。在经过充分的研究且各个小组完成了绘制之后，教师再引导学生展开成果展示活动，全面展示昆虫的魅力。在学生自主展示的同时，教师使用信息技术将学生们的作品整合在了一起，搭配适合的音乐和特效，制作出"昆虫相册"，让学生可以更好地领会昆虫的魅力以及自然的魅力。教师还将这一"昆虫相册"上传到了班级群内，让家长也可以欣赏到学生的作品，增加学生的成就感。

2. 制作"百变毛毛虫"

在这次活动中，教师为学生提供了扭扭棒这一工具，让学生可以在扭扭棒的帮助下更好地了解昆虫。教师鼓励学生自主选择一种昆虫来展开制作，让学生自主展示自己的创意成果。接下来，教师再次引导学生开展成果展示活动，让学生可以从活动中收获更大的成就感。有的学生操作能力很强，用扭扭棒制作出了美丽的蝴蝶，有的学生制作出了简单的毛毛虫，有的学生尝试制作竹节虫……教师针对学生的作品展开激励性评价，鼓励学生在课后使用更多有趣的工具来制作昆虫的模型，促使学生在生活中进一步探索昆虫的秘密。其间，我校的特色小人书也加入进来，学生用步骤图加文字解说制作了"百变毛毛虫"制作教程小人书，让制作经验在书中留存，在校内传递，深受欢迎。

五、活动五：延伸经验，享受生活

为了让学生可以将自己从活动中获得的经验迁移到生活中去，教师在活动的最后对学生进行了引导，鼓励学生回家之后对生活中常见的昆虫进行观察，包括蚂蚁、蚊子、螳螂等，看看自己是否可以发现更多的昆虫秘密。感兴趣的学生可以将自己的观察所得进行总结，还可以用手机等工具将自己的发现录制下来，在家长的帮助下上传到班级群中，让更多的学生和教师欣赏到昆虫的魅力。

同时，教师还会在今后的教育中对学生进行引导，帮助学生从更多的角度去观察和了解昆虫。

【收获与思考】

通过五项活动的开展，教师依托"昆虫"小人书引导学生走近昆虫，培养了学生探究自然的兴趣；让学生在积极的互动探索中，感受昆虫的魅力，了解昆虫在自然界中的重要性，认识到了保护昆虫、探索昆虫的意义。同时，本次活动也延伸至学生的现实生活，教师引导学生借助自己掌握到的昆虫知识去解释生活中的现象，进而使学生可以发现生活中的更多美好的瞬间，有助于学生综合素质的提升。这次活动获得了以下的收获与思考。

1. 依托小人书实现劳动教育与生活的链接

学习不仅要学习学书本知识，更要与现实生活紧密相连。学生对昆虫感兴趣，教师可以引导他们走出教室，去观察、研究昆虫，依托"昆虫"小人书了解它们在自然界中的作用和地位。这样，学生不仅可以学到科学知识，还可以培养观察力、实践能力和对自然的敬畏之心。

2. 借助小人书全面发展核心素养

本次活动没有将学生的学习局限在对基本知识的掌握上，而是关注学生的自主探究，让学生通过观察、对比、讨论、绘画、操作等多种方式来感受昆虫的魅力。在这个过程中，学生的观察能力、讨论能力、分析能力等获得了充分的锻炼，促进了学生的全面发展。

（1）引"昆虫"小人书，创小小故事会。小人书以生动的图画和简洁的文字，将昆虫的形态、生活习性等特点呈现得栩栩如生。学生通过阅读小人书，可以直观地了解昆虫的世界，从而加深对昆虫的认识和理解。

（2）探秘小小昆虫，感受神奇魅力。我们仔细观察昆虫，会发现它们的生活习性和生存技能并非一样。它们有的能飞翔于天际，有的能潜藏于地下，有的能攀爬于高山，有的能游泳于水中。每一种昆虫都有着自己独特的生存方式和技能，展现了大自然的神奇与多样性。

（3）绘昆虫小人书，深化多元体验。学生借助小人书来表现昆虫的世界，这些故事不仅仅是文字的叙述，更是生动的图画与想象的结合。他们以细腻的笔触描绘出昆虫的独特形态和习性，让人仿佛置身于一个充满奇幻与惊喜的昆虫王国。绘制"昆虫"小人书的故事还可以激发孩子们的想象力和创造力。

（4）分享小人书故事，延展中丰富生活。学生通过小人书中的精彩故事，深入了解各种昆虫的习性、特点和生存智慧。在分享这些故事的过程中，学生不仅可以学到知识，还能体验到分享的快乐和成就感。

在以上实践活动中，教师以小人书为载体，引导学生通过阅读与表达、动手实践与创作体验，获得结构化的昆虫知识，还在多元的互动体验中培育了劳动习惯、劳动品质以及合作的态度，这些都体现了融合育人的新时代劳动教育观念。

第二节 "小人书"价值浸润课的设计与实施

爱绘图、爱读图，是小学生的年龄特点。生动形象的小人书不仅可以让学生有直观的理解，还可以激发学生的兴趣，丰富学生的想象力，促进学生的观察、分析、推断等思维能力的发展，拓宽学生的视野。教师利用小人书资源，让其服务于教学，让学生入情入境，产生共鸣，从而提高课堂效率，提升教学质量。

在实践中，教师们将小人书融入语文、道德与法治、劳动、音乐等国家课程中，充分考虑学生的认知能力和生活经验，引导学生结合本年级所学的学科知识和生活经历，发挥自己的想象力来创作小人书。这一过程可以调动学生的知识储备，促进学生知识学习从"输入"到"输出"转化。小人书融入学科的方式多样，有的以小人书的创作为线索，贯穿整节课的教学；有的将小人书的创作作为教学的部分环节，如课前预学、课中共学、课后延学等。学生在设计、创作、分享小人书的过程中展现了想象力和创造力，让思维可视化。学科知识创剧本，图文结合绘画卷。除了传统的绘画形式，学生还通过连环画展演活动，以手脑并用、动静结合的方式促进核心素养的发展。

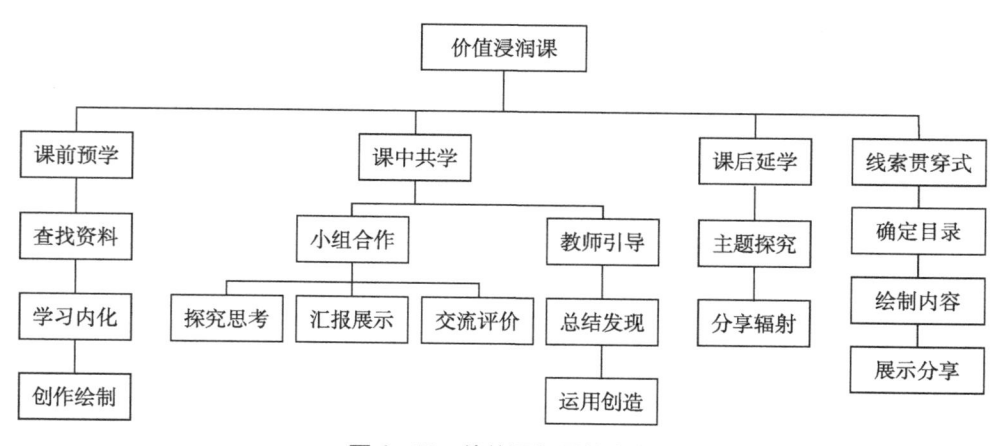

图 6-15 价值浸润课的内容

课程案例一　儿童叙事：打开"小人书"润德之门

【案例内容】

统编版《道德与法治》五年级下册第三单元"不甘屈辱　奋勇抗争"第 3 课时

【教学目标】

（1）了解甲午中日战争的发生时间、原因。

（2）认识了解《马关条约》签订的历史背景、内容、影响。

（3）明白落后就要挨打，自强不息才能立于不败之地的道理，增强学生的爱国主义情怀。

【教学过程】

一、课前准备

师：通过"虎门销烟""圆明园的述说"这两个板块的学习，我们知道到了近代，我们国家逐渐衰落，面对外国列强的侵略，英勇的中华儿女不甘屈辱、奋勇抗争，谱写了一曲曲可歌可泣的英雄壮歌。1894 年，日本发动了对中国的侵略战争，这一年正是农历甲午年，所以这场战争被称为"甲午中日战争"。对于这场战争，你有什么疑问？

生：日本为什么侵略中国？

生：中日两国交战过程是怎样的？

生：中国打败日本了吗？

…………

师：同学们，对于甲午中日战争，你们心中有很多疑惑，老师给大家推荐一个博物馆——中国甲午战争博物馆，大家小组合作，聚焦战争起因、著名战役、英雄人物等，进行"云研学"，围绕其中的一个方面，将自己了解的内容绘制成小人书，在课堂上向大家讲述甲午中日战争的故事。

学生上网查找视频、图片、文字资料，绘制了《甲午战争起因》《丰岛之战》《平壤之战》《黄海海战》《辽东陆战》《威海卫之战》《邓世昌》等一系列小人书，既讲述战争过程，又凸显邓世昌、左宝贵等英雄人物的英勇抗争精神。

二、课堂呈现

1. 任务一：甲午故事我来讲

师：课前，大家通过"云研学"，"走进"中国甲午战争博物馆，了解甲午中日战争并绘制了小人书，你能讲一讲战争的起因、著名战役、英雄人物等内容吗？（图6-16）

图6-16 《甲午战争起因》小人书

生：我用小人书向大家介绍甲午中日战争的起因。（翻到第一页）日本发动对中国的侵略战争，蓄谋已久。1868年，日本通过明治维新，开始走上资本主义道路，国力越来越强盛，但日本作为一个岛国，国内资源匮乏、市场狭小，所以实行对外扩张的基本国策，并积极备战，进行军事训练，到中国和朝鲜搜集军事情报，绘制详细的军用地图。（翻到第二页）1894年春，朝鲜爆发"东学党农民起义"，当时朝鲜是清朝的附属国，清政府应朝鲜要求，出兵镇压起义。没想到，日本也趁机出兵朝鲜。农民起义被镇压后，日本继续增兵朝鲜，蓄意挑起中日战争。（翻到第三页）1894年7月

25日，日本不宣而战，突然袭击在牙山附近丰岛海面的清军运兵船和驻守牙山的清军，悍然挑起侵华战争。这就是甲午中日战争的起因。

师：感谢这位同学，野心勃勃的日本，借朝鲜"东学党农民起义"发兵朝鲜，丰岛之战拉开了甲午战争的序幕。（板贴：丰岛海战）还有谁来介绍？（图6-17）

图6-17 《平壤之战》小人书

生：我用小人书向大家介绍甲午中日战争中的平壤之战。（翻到第一页）1894年9月15日，日军进攻平壤，中国守军奋起抵抗。（翻到第二页）清军将领左宝贵带病登城指挥，当部将劝他脱掉黄马褂，以免引起敌人注意时，他却坚定地说："我之所以穿上朝服，就是想让我的士卒们知道我还在。这样，他们就能同敌人血战到底。"左宝贵在中弹后依然坚守阵地，最终被炮弹击穿，壮烈殉国。（翻到第三页）而清军统帅却弃城逃跑，平壤陷落了。

师：谢谢你！平壤之战中左宝贵奋勇抗敌、誓死卫国的英雄气概让人敬佩。（板贴：平壤之战、英雄魂、奋勇抗敌、誓死卫国）还有谁来介绍？（图6-18）

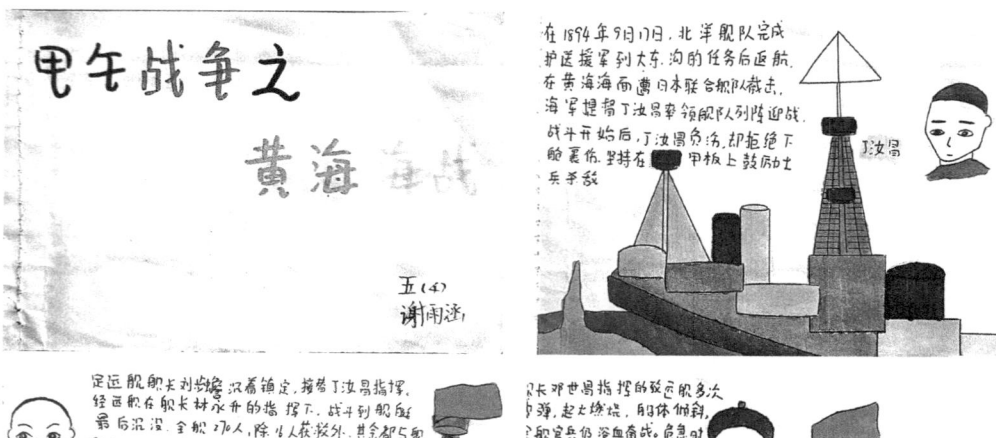

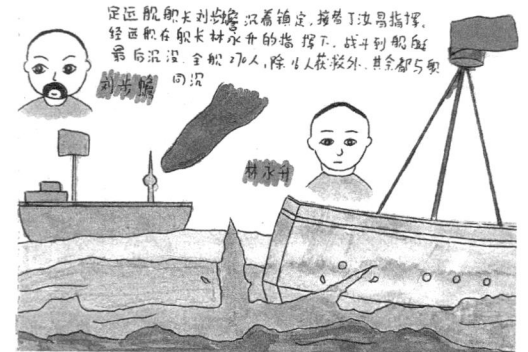

创享"小人书":多学科融合的沉浸式育人实践

图6-18 《甲午战争之黄海海战》小人书

生:我用小人书向大家介绍甲午中日战争中的黄海海战。(翻到第一页)在1894年9月17日,北洋舰队完成护送援军到大东沟的任务后返航,在黄海海面遭日本联合舰队截击。海军提督丁汝昌率领舰队列阵迎战,战斗开始后,丁汝昌负伤,却拒绝进舱裹伤,坚持在甲板上鼓励士兵杀敌。(翻到第二页)定远舰舰长刘步蟾沉着镇定,接替丁汝昌指挥。经远舰在舰长林永升指挥下,战斗到舰艇最后沉没,全舰270人,除16人获救外,其余都与舰同沉。(翻到第三页)舰长邓世昌指挥的致远舰多次中弹,起火燃烧,船体倾斜,全舰官兵仍浴血奋战。危急时刻,邓世昌毅然驾舰全速撞向日本主力舰吉野号,准备与敌舰同归于尽,不幸被敌人炮弹击中,全舰官兵200余人壮烈牺牲。

师:感谢你带我们重温了那一场荡气回肠的悲壮海战。(板贴:黄海海战。出示图片、文字)邓世昌曾说过:"人谁不死,但愿死得其所耳!"危急时刻,他鼓励全舰官兵:"吾辈从军卫国,早置生死于度外,今日之事,有死而已!"坠落海中,他决心与战舰同存亡,说:"我立志杀敌报国,今死于海,义也,何求生为!"邓世昌视死如归、为国捐躯的事迹传到京城后,光绪皇帝非常感动,亲自为他题写了挽联:"此日漫挥天下泪，有公足壮海军威。"

生：邓世昌反抗外国侵略者的故事让我非常感动，这样的爱国英雄还有左宝贵、丁汝昌、刘步蟾、林永升以及许许多多没有留下姓名的北洋水师官兵，他们英勇抗争的精神至今仍然激励着我们。

师：是的。黄海海战失利，中日双方还进行了辽东陆战，日本在旅顺大肆屠杀，最后威海卫之战中，北洋水师全军覆没。（板贴：辽东陆战、威海卫之战。形成历史年代尺）我们来重温这段历史。（播放"甲午中日战争"视频）

师：被动挨打、全军覆没，1895年，清政府被迫在马关与日本签订丧权辱国的不平等条约——《马关条约》。

2. 任务二：失败原因我探究

师：泱泱大国，拥有4亿人口，95万大军，却败给了来侵略的小小的日本国，上演了"虫子吃大象"，让人耻辱的一幕。甲午中日战争，中国为什么会失败？（出示探究要求）四人小组合作探究：①借助资料包、小人书、教材等，探究原因。②分工合作，向全班汇报。③时间5分钟。

3. 任务三：警钟长鸣我深思

师：甲午战争后，帝国主义国家掀起了瓜分中国的狂潮。1900年，八国联军入侵中国，中国又签订了丧权辱国的不平等条约——《辛丑条约》。从《南京条约》到《马关条约》，再到《辛丑条约》，这是中国屈辱的历史，也是中华儿女奋勇抗争的历史，这段历史留给我们怎样的思考呢？

生：落后就会挨打，自强不息才能立于不败之地。

师：梁启超先生说，"唤起吾国四千年之大梦，实自甲午一役始也"。甲午战争，唤醒了中国人，无数仁人志士为国家图存、民族复兴开启了不懈的探索之路。先烈们没有实现的强国梦，在今天的中国梦里，得以延续。

让我们共同接过民族复兴的接力棒，一起宣誓"强国有我，请党放心"！（图6-19）

图6-19 "不甘屈辱 奋勇抗争"板书

三、课后拓展

（1）全班策划布置"甲午风云"学校小人书"典藏馆"展区，向全校展示。

（2）登录"中国甲午战争博物馆"网站，继续了解甲午战争，借助小人书向身边的亲人、朋友等分享英雄故事。

【收获与思考】

甲午中日战争的历史以小人书为载体，通过故事讲述得以激活重现，并在叙事中不断丰富，最终指向道德与法治学科核心素养——"政治认同""责任意识"。

1. 借小人书联结经验，从儿童出发的叙事起点

虽然甲午中日战争离学生的生活遥远，但总会在生活中以各种方式留下它的独特印记，我们需找寻这些印记——历史事件、人物的相关生活素材，并以此为儿童搭建由生活通往历史的桥梁。在"甲午风云"板块教学前，先进行导学设计：出示"中国甲午战争博物馆"图片，根据主题内容创设"云研学"情境，带领学生通过图文、视频等"走进"中国甲午战争博物馆，引导学生主动探究历史，从而拉近历史与学生生活的距离。小组合作，从战争起因、著名战役、英雄人物等不同角度，将预学所得绘制成小人书，建立儿童生活叙事与历史宏大叙事的联结，让儿童以他们熟悉的方式亲近历史、走进历史。

2. 借小人书双线并进，让儿童沉浸的叙事内容

本单元采用"史实明线"与"精神暗线"双线交织并进的叙事方式。因此，在教学中要思考如何把握明线、凸显暗线，使故事在叙事呈现上更加清晰，更具张力。首先，把握明线，构建甲午中日战争历史图景。教学中，教师跟随着学生讲述的故事，相机厘清历史叙事的发展脉络，通过年代尺依次呈现甲午中日战争著名的五大战役——丰岛海战、平壤之战、黄海海战、辽东陆战、威海卫之战，学生对甲午战争的历史能够有更加清晰的认识。其次，紧扣暗线，彰显以史育人的价值内涵。学生借助小人书讲述平壤之战、黄海海战时，重点突出了左宝贵、邓世昌等爱国英雄奋勇抗敌、誓死卫国的精神，教师对于邓世昌话语的出示与引读亦是聚焦"精神暗线"，引导学生感悟这位民族英雄为了保卫祖国、抗击日本侵略者而将生死置之度外的大无畏的斗争精神，对以其为代表的民族英雄产生敬佩之情。

3. 借小人书探究深思，为儿童赋能的叙事方式

讲好中国故事，要让儿童以学习者身份进入历史，以问题为径，活化历史知识，

激活儿童身心，让儿童在对历史的分析、想象、反思中探究史实真相、对话历史人物、感悟历史价值、培育历史思维。课堂中，学生借助资料、小人书、教材等，小组合作，共同探究甲午中日战争中国失败的原因。找到战败原因后，教师进一步引导：历史留给我们怎样的思考呢？现在中国变得强大了，你有什么感受呢？教师引导学生层层深入，帮助学生理解"落后就会挨打，自强不息才能立于不败之地"的道理，萌发出"强国有我，请党放心"的责任感。儿童在历史的对比与反思中，更好地认识并理解自我与生活、民族与国家。

课程案例二　"导览"小人书：让学生在真实情境任务中学习语文

【案例内容】

统编版《语文》三年级下册第七单元"海底世界"第 1 课时

【教学目标】

（1）正确、流利地朗读课文，能根据课文内容，借助小人书目录，厘清课文是从哪几个方面介绍海底世界的。

（2）能初步整合事物，学习围绕一个意思把一段话说清楚。

（3）通过"导览"小人书，感受海底的奇妙，提高学生探索自然和发现自然的兴趣。

【教学过程】

一、任务一：小人书目录我制作

1. 课前谈话

地球是我们的共同家园，地球上有陆地和海洋，而海洋就占了约 70%，海洋有着无穷的魅力，让我们来欣赏一下海洋的美丽景色吧！谁来说说自己的感受？

2. 进入海底世界

（1）创设情境：海洋有着无穷的奥秘，这节课就让我们一起走进海底世界。

（2）通过预习，你觉得大海深处是个怎样的世界呢？

（3）出示：海底真是个景色奇异、物产丰富的世界。

159

你找到了第七自然段,也就是全文的中心句。课文开头问,结尾答,有问有答,这样的表达才完整。这就是首尾呼应。

3. 制作小人书导览图

(1)常州就有一家海昌海洋探索馆,正在发布征集令,征集最美海底世界导览手册,你们想参加这个活动吗?这节课就让我们来制作"海底世界"小人书导览手册。首先,我们要给导览手册制作一个目录,请同学来读一读任务要求。

(2)出示学习任务一:小人书目录我制作。

自读要求:自由朗读课文,读准字音,读通句子,难读的地方多读几遍。想一想:课文是从哪几个方面来介绍海底世界的?请完善小人书的目录。

(3)学生交流目录。

教师小结:课文先向我们提出问题,再回答问题,一问一答,这样的句式就是设问。那么,目录怎么提取出来呢?对,直接抓住文中的关键句就可以制作目录。所以我们抓住了前三句关键语句进行整合、改编来制作目录。有时候关键语句能帮助我们概括一段话的意思。我们直接找出概括大意的句子就可以,但有些句子需要我们进行改编。接下来我们用这样的方法继续交流。

表 6-1　"导览"小人书目录

海底很宁静。
海底有声音,动物常常窃窃私语。
海底的动物,各有各的活动方法。
海底的植物差异很大。
海底蕴藏着丰富的能源。

(4)目录有了,如果给目录配上一段语音讲解就更好了!大家先自己试一试吧!出示:你可知道,大海深处是怎样的吗?……海底真是个景色奇异、物产丰富的世界。

(5)语音介绍有了,如何上传到小人书手册上呢,只需要一个二维码就行。如何将语音导入这个二维码,这就要请信息老师到信息课上为你们来答疑解惑了。

二、任务二:海底动物我绘制

有了文字目录和语音讲解还不够吸引人,我们"导览"小人书手册上还可以增加哪些内容呢?海洋动物是海底世界的一大特色,海里的动物各有各的活动方法,我们一起去海底动物世界逛逛，看哪个动物你最感兴趣，想画到小人书手册上。

出示任务二：小组合作。

读一读：朗读课文第 4 自然段。

说一说：你对哪种动物最感兴趣？说明理由。

绘一绘：绘制你感兴趣的动物。

刚才同学们讨论得非常认真，哪一组带上自己的"导览"小人书手册和大家交流？

（1）出示：海参靠身体伸缩爬行，每小时只能前进四米。

海参是怎么活动的呢？学生交流：没有脚，靠肌肉伸缩爬行。

活动有什么特点？课文怎样体现它的慢呢？是啊，一小时才前进了四米，确实很慢了，用上数字就能把海参的活动说清楚，这样的说明方法叫列数字。

谁继续来交流你感兴趣的动物呢？说明理由。

（2）出示：有一种鱼身体像梭子，每小时能游几十千米，攻击其他动物的时候，比普通的火车还快。

如果让你画梭鱼，你会怎么画呢？学生交流：梭鱼身体像梭子。将梭鱼身体比作梭子，用打比方的说明方法来体现梭鱼身体很长的特点。

瞧，这里还有一段关于梭鱼的介绍，比一比，你更喜欢哪一个呢？

出示句子一：有一种鱼身体像梭子，每小时能游几十千米，攻击其他动物的时候，比普通的火车还快。

出示句子二：梭鱼有长长的身体，在水中能迅速游动。它游得非常快，能快速向前冲。

学生交流：句子一更好，它强调了"几十千米"和"比普通的火车还快"，将梭鱼与火车进行比较，突出了梭鱼的快，确实比较生动。

教师：老师这里还有一组数据，让我们来看一看，如果不用火车，而用其他交通工具来和梭鱼进行比较，又该怎么说呢？

表 6-2　各交通工具与梭鱼的速度比较

事物	火车（慢）	火车（快）	地铁（慢）	地铁（快）	汽车(城市行驶)
速度	每小时 80 千米	每小时 160 千米	每小时 50 千米	每小时 80 千米	每小时 50 千米

出示：有一种鱼身体像梭子，每小时能游几十千米，攻击其他动物的时候，_____。

学生进行句子练说。

（3）出示：乌贼和章鱼能突然向前方喷水，利用水的反推力迅速后退。"退"是本课的生字，请你跟我写一写。横画均匀，长捺变点，走之在左，点折对正。学生练习书写。

（4）出示：还有些贝类自己不动，却能扒住轮船底进行免费的长途旅行。

把海底动物当作人来写，更加生动形象地写出了贝类的活动方法，非常有趣，我们在写作中也可以用上这样的方法。

海底的动物多得数也数不清，我们选择五种动物让游客了解海底动物的活动方式，这就叫举例子。可海底动物据统计有二十万种，为什么选这五种动物呢？我们选取的是有不同特点、典型的海底动物。

对比发现：它们有什么典型特点呢？让我们一起来读一读。我读第一句。第一组读海参的部分，第二组读梭鱼的部分，第三组读乌贼和章鱼的部分，第四组读贝类的句子。

你有什么发现？同桌之间可以讨论一下。

教师小结：刚才我们一起认识了几种典型的海洋动物，具体写了海参、梭鱼、乌贼和章鱼、贝类等不同的活动特点。这五种动物，活动时有快有慢，有前进有后退，有的动有的不动，几乎把所有动物的活动方法都概括在里面了。海底的动物，各有各的活动方法。像这样围绕一句话把海底动物的活动方式写清楚了，就叫紧扣中心。作者还用上列数字、做比较、打比方、拟人这样的方法，把它们的特点写得更清楚、生动。

瞧，如果将这五种海洋动物绘制到一起，"导览"小人书手册的海洋动物馆部分就初步完成了。再加上语音讲解就更好了，谁来给海洋动物馆配上语音讲解呢？同桌两人练一练。

其实海里还有一种很有意思、很有特点的鱼呢——发光的深水鱼。它们为什么会发光呢？我们又该怎么绘制呢？就请美术老师到美术课上为大家讲解吧！

三、任务三：小人书手册云展示

马上"六一"儿童节就要到了，我们班将进行"海底世界"导览图云上展示活动。瞧，这是一些同学已经制作的《海底世界》小人书，有的是平展的，有的是成册的。我们今天课上也完成了小人书的一部分，课后请同学们继续以小组为单位，完善讲解导览图。

海底世界隐藏着无穷无尽的奥秘，若你感兴趣的话，可以主动了解。

布置作业：

（1）自主阅读：阅读《海底两万里》。

（2）自我练习：查阅资料，完成导览手册。

板书：

海底世界

景色奇异　　　物产丰富

选取典型　列数字　做比较　举例子　打比方　语言生动　紧扣中心

【收获与思考】

在课堂教学中，教师要努力构建语文学习任务群，发挥语文课程的育人功能。科普说明文的教学应基于文体特点，通过精准的核心问题引领，简化学习活动流程，注重学生思维能力的层次性与多维性，从而提升教学的趣味性。

1. 小人书目录——紧扣语文要素

本单元的语文要素是"了解课文是从哪几个方面把事物写清楚的"。为了落实这一语文要素，在帮助学生梳理课文内容时，运用任务情境，以"你可知道，海底世界是什么样的吗？"这个问题激发学生的学习兴趣，调动学生学习的积极性，紧接着引导学生找出本文中心句"海底真是个景色奇异、物产丰富的世界"。接下来，让学生想一想：课文是从哪几个方面来介绍海底世界的？让学生自主完善"导览"小人书上的目录表，梳理出小人书手册的目录，包含了"宁静、声音、动物、植物、矿藏"五个方面的内容。这样的教学设计遵循整体性教学原则，无论是全文的教材处理，还是一个自然段阅读的训练，都采取了"整体—部分—整体"的教学方法。同时，教师借助小人书这一形式遵循了实践性与主体性的教学原则，让学生在和谐情境中去理解与体会，从而获取知识，形成能力。

2. 小人书内容——发展语言能力

在新课标理念的引领下，教师关注学生的发展，充分给学生与文本对话的机会、自读自悟的机会、小组共学研学的机会，真正把课堂还给学生。"海洋动物是海底世界的一大特色，海里的动物各有各的活动方法，我们一起去海底动物世界逛逛，看哪个动物你最感兴趣，想画到小人书手册上"，教师引导学生说一说对哪种动物最感兴趣并说明理由。在个人自学、小组共学的基础上，学生进行小组汇报，在介绍中既了解了海底各种动物的特点，还知道了列数字、打比方、举例子等说明方法的运用。教授科普说明文旨在帮助学生了解事物和知晓事理,并帮助学生学习说明的方法,促进学生说明文阅读技能的提升,进而将学生热爱科学之情和探索科学奥秘的兴趣激发出来。最后,教师引导学生进行语言的运用:"瞧,如果将这五种海洋动物绘制到一起,'导览'小人书手册的海洋动物馆部分就初步完成了。再加上语音讲解就更好了,谁来给海洋动物馆配上语音讲解呢?同桌两人练一练。"由此,借助有效、丰富、充分的语言实践以及多元的互动方式,引导学生向语言深处漫溯,发展学生的语言运用能力与思维能力。

3. 小人书展示——拓展学习外延

在课堂教学结束时,教师告诉学生:"马上'六一'儿童节就要到了,我们班将进行'海底世界'导览图云上展示活动。"导览展示的任务,让学生借助小人书,把在课堂上学到的介绍给更多的伙伴、家长。课后,教师还布置了自主阅读《海底两万里》和继续查阅资料,完成导览手册的作业,这样的作业设计,拓展了学生的学习空间,既达到巩固基础知识的目的,又延伸发展了学生的语文能力。

课程案例三 小人书:让历史题材教学深入童心

【案例内容】

统编版《道德与法治》五年级上册第四单元"古代科技 耀我中华"第2课时

【教学目标】

(1)了解我国中医药学的基本内容,了解我国古代在农学、天文学、算学等方面的成就,初步认知我国的理论科学体系。

(2)知道我国古今著名医药学家的巨大贡献,体会我国劳动人民依靠聪明才智获得了领先世界的科学成就,感悟其对中国乃至世界的深远影响。

(3)感受中国古代科技的灿烂辉煌,树立强烈的民族自豪感。

【教学过程】

一、课前准备

小组合作:你们四人小组选择研究哪一门古代科学的成就呢?商量一下,选择一

项打钩。（① 中医药学　② 农学　③ 算学　④ 天文学）

思考：这一门古代科学取得了哪些成就？四人小组收集这方面的文字资料、图片、实物等，将你们觉得最有特色的部分绘制成小人书，准备做小讲解员，汇报展示。

二、课堂呈现

1. 任务一：我是小研学员

上节课，我们了解了灿若繁星的古代科技巨人，今天我们要走进第9课第2个板块，那就是独具特色的古代科学。老师想带着大家去"古代科技博物馆"，走进它，了解它。

（1）走进"名医堂"。学习内容：① 华佗：关于"麻沸散"的故事。② 扁鹊：望闻问切四诊法。③ 孙思邈：《千金要方》。

当然，中国历史上这样的医药学家还有很多。新冠疫情期间，白衣战士们以他们为榜样，挺身而出，战斗在第一线。其中有一位突出的中医张伯礼，被授予"人民英雄"的称号，让我们把掌声送给他。这些古代名医的医术和医德流传至今，发扬光大。那中医们是怎么治病的呢？

（2）走进"中草药馆"。你或家人用中草药治过病吗？具体说一说。拿出小药箱，摸摸药材，猜猜药名和功效。教师相机补充青蒿，引出青蒿素。

（3）走进"诊疗馆"。学生借助小人书介绍针灸、拔火罐、刮痧等。

一根根银针、一个个火罐，往往就能解除病痛，中医可真神奇呀！连国外都兴起了"中医热"，看来，中医有着深远的影响。它独特的医学理论，丰富的药材，神奇的诊疗方法，在世界上独树一帜，所以我们说——古代科技，耀我中华。

2. 任务二：我是小宣讲员

（1）小组合作。同学们，独具特色的古代科学，除了中医药学，还有农学、天文学、算学等，它们取得了哪些成就呢？接下去，大家根据自己的兴趣，分小组进入不同的展馆。我们来看小组学习要求：① 借助教材和"资源包"进行学习，讨论：最让你自豪的是什么？② 组长分工，完善课前绘制的小人书。③ 借助小人书，选择"农学馆""算学馆""天文学馆"中的一个场馆进行讲解。

（2）讲解展示。

① 农学研究组。首先，学生借助小人书介绍耕地工具曲辕犁：它是唐代人民发明的，它可以调头和转弯，灵活又省力，它的犁铲还能向上或向下，是一种能调节深

165

浅的万能犁。接着，学生借助小人书介绍播种工具耧车：牛在前面拉，后面有人扶着，一边开沟一边播种，省时省力，能够达到"日种一顷"的效率，它是现代播种机的前身。然后，学生借助小人书介绍浇水灌溉的工具：翻车可以用脚踏等方式把水输送到田里；筒车更厉害了，它是世界上第一个以水为动力的灌溉工具，水从底下流过，水轮转动起来，水筒自动提水灌到田里。最后，学生借助小人书介绍舂米的工具水碓：它也是用水流作动力的，流水冲击水轮使它转动，从而带动碓头一起一落地进行舂米，自动地日夜加工粮食。

教师小结：他们组展示了一部分农具，这可是古代的高科技，让我们为古人的智慧点赞！

② 算学研究组。学生借助小人书介绍算盘：大家好，我们组研究的是算学，最让我们自豪的是古代的计算工具——算盘。那时候做生意、造房子、计算家庭开支等，都是用算盘，人们的生活离不开算盘。大家看，这是改良版算盘，更小巧、方便。它上面的一颗珠子代表 5，下面的一颗珠子代表 1，能进行加减乘除，计算速度很快。我给大家出道题。你们可以笔算或者心算，我用算盘跟你们比一下，看谁又快又准。

我们祖先发明的算盘厉害不厉害？算盘发明后传到朝鲜、日本以及世界其他地区，被称为"世界上最古老的计算机"。

教师小结：这组同学展示了算盘，我们感受到了"世界上最古老的计算机"的先进，我们的祖先真是太牛了！

③ 天文学研究组。首先，学生借助小人书并绘制表格，讲解对比木卫三在中国和国外的发现。

表 6-3　比较木卫三在中国和国外的发现

	中国	国外
天文学家		
发现时间		
观测工具		
我们的感受：		

大家好，我们组研究的是天文学，最让我们自豪的是木卫三的发现。大家看，中国科学家甘德在战国时期仅用肉眼就观测到了木星最大的卫星——木卫三。国外的科学家伽利略在 17 世纪初才用望远镜发现了它，比中国晚了大约 2 000 年。中国古代的天文学很发达，很先进，发展很早，科学家甘德细心观察、坚持不懈的精神也让我非

常佩服。

教师小结：这一组同学用了对比加感受的形式来汇报。的确，由于农业生产和制定历法的需要，我们的祖先很早就开始观测天象。说到历法，相信大家都知道"二十四节气"，它就是古代历法的独特创造。

其次，介绍"二十四节气"。出示《二十四节气歌》："春雨惊春清谷天，夏满芒夏暑相连。秋处露秋寒霜降，冬雪雪冬小大寒。""二十四节气"是我国古代历法的独特创造。它把一周年分成24等份，每一等份为一个"节气"，表示季节的更替和气候的变化，并用以指导农业活动。千百年来，"二十四节气"一直被中国人民沿用，至今仍在人们的生产和生活中发挥作用。2016年，"二十四节气"被正式列入联合国教科文组织人类非物质文化遗产代表作名录。

教师小结：美国著名学者罗伯特·坦普尔在《中国：发明与发现的国度》中说："如果诺贝尔奖在中国的古代已经设立，各项奖金的得主，就会毫无争议地全属于中国人。"厉害了，我的国！让我们一起骄傲地说："古代科技，耀我中华！"

3. 任务三：我是小探索家

同学们，这节课的知识还仅涉及我国古代科学的一小部分。2016年，中国科学院发布了中国古代重要科技发明创造88项，你对哪一项有兴趣？

布置作业：选择你最有兴趣的一项古代科技发明，查阅、体验、调查、对比，不断传承、探索、创新，相信最伟大的科技成就还在明天！

板书：

古代科技　　耀我中华
　　　　　　　　　　　　独具特色的古代科学
　　　　　德术并彰
中医药学　　药材丰富　　　独树一帜
　　　　　方法神奇
　　　　　影响深远
农学　　天文学　　算学　　独特魅力

【收获与思考】

对于历史题材的内容，教师借助小人书调动学生的积极性，让儿童自主查阅资料，做小研学员、小宣讲员，主动探究、感受、体验、思辨，完善自身的经验结构，培育核心素养。

1. 用小人书在时事中链接历史

时事热点，是儿童关注社会、拓宽视野的窗口，是活的、与时俱进的德育资源，教师要及时更新、充实课程内容，拓展教学时空。例如，教授"名医德术并彰"这一环节时，在学生了解了医术高超的华佗、医德高尚的孙思邈等古代名医之后，教师可以借助小人书链接"人民英雄"张伯礼用中医药综合治疗、抗击新冠的事迹，让学生为祖国的中医药感到自豪。用小人书引入时事热点，使遥远的历史与最新的现实生活产生了联系，使学生获得真切的、深入的情感体验，拉近了与历史的距离。

2. 用小人书在问题中探究历史

教学中，引导儿童发现问题、探究问题、解决问题，转变儿童的学习方式，让儿童在自主学习历史中，提升自身的道德水平。在教学"独具特色的古代科学"这一板块前，让学生进行预学思考：古代科学取得了哪些成就？四人小组收集其中一门古代科学的文字资料、图片、实物等，将他们觉得最有特色的部分绘制成小人书，准备做小宣讲员，汇报展示。学生利网络、图书馆、博物馆等资源，探究、搜集、整理古人科学的一项项成就。例如，有的小组研究了农学，认为农具非常特殊，将耕地工具曲辕犁、播种工具耧车、浇水灌溉工具、舂米工具水碓等绘制成图文并茂的小人书，并向全班宣讲、介绍，从中感受古代劳动人民的智慧，充满自豪感。

3. 用小人书在体验中参与历史

教学时，根据儿童的认知特点和身心发展规律，借助多种教学手段，开展有效的体验活动，树立正确的价值观。在教学"算学"这一板块时，怎样让学生感受到古代的计算工具——算盘凝聚着中国古代劳动人民的智慧呢？教师先让学生查找资料，了解算盘的产生背景、计算原理，并绘制"算盘"小人书，向全班介绍："那时候做生意、造房子、计算家庭开支等，都是用算盘，人们的生活离不开算盘。大家看，这是改良版算盘，更小巧、方便。它上面的一颗珠子代表5，下面的一颗珠子代表1，能进行加减乘除，计算速度很快。"接着，学生在黑板上列出一道数学计算题，让一位算盘高手和一位手拿电子计算器的学生共同计算，比一比计算速度。在比赛中，学生真实感受到算盘的计算速度之快。体验，让学生穿越时空，成为历史的参与者，真正感受到中国人民智慧的结晶。

借助小人书，儿童主动地探究历史、体验历史、理解历史、思辨历史，在从历史到生活的回归中，学会生活、学会做人，为成为全面发展的社会主义建设者和接班人奠定基础。

课程案例四　立体书：在劳动中感悟结构的美

【案例内容】

《劳动与技术》三年级下册第3课"立体书"

【教学目标】

（1）了解V形结构，从平面思维过渡到立体思维，培养空间想象力。
（2）掌握折、剪、贴、画、插、转、翻等多种制作方法，设计出有特色的立体书。
（3）动手操作，互学互评，培养创新意识和热爱艺术的情感。

【教学过程】

一、任务一：立体小人书故事激趣

师：一个星期六的下午，几个小伙伴在废旧仓库里玩，玩着玩着，忽然发现了一本书，名叫《百变魔法书》（PPT展示），小伙伴们都很好奇，这本书会有什么魔法呢？

学生猜想。

师：我把这本魔法书也带到了课堂，想不想打开看看？让我们睁大眼睛，一起来倒数3，2，1。（打开）

图6-20　立体书示例1

师：神奇在哪里？
生：书里面人和草的图案都站立起来了。
师：我觉得这还不是最神奇的。你看合上时，里面的图片又安静地躲回书本里

了。（展示动图）像这样神奇的书，我们称为立体书。（贴板书）

教师揭题"立体书"，明确本课学习内容。

二、任务二：观察立体小人书结构

1. 小组观察立体书站立的原理

师：关于这个立体书，你有什么疑问吗？

生：为什么可以站立起来？怎么能够让图片站立起来？（小组观察交流）

师：老师给每组准备了一个最简单的能够站立的结构，请同学们仔细观察，你们一定能发现其中的奥秘。

生：用了折、剪和贴的方法。（师板书）

师：哪些地方折了？怎么折的？

学生回答，结合动图展示折：折的边两层一起折叠，手指用力压，让折痕清晰。（师板书：清晰）

折完后该做什么呢？剪又要注意什么？教师出示剪的动图，提示注意安全，废纸放进工具盘。

师：粘贴可是关键哦！你发现了哪些注意点？是随便贴的吗？

生：折线对齐，粘贴牢固。

教师板演贴的过程。

师：你们真的都是善于发现的孩子，根据你们的发现来做一做，看看能不能让它成功站立起来。

（1）摆一摆　（2）先粘一条边，两条折线对齐　（3）另一条边放平涂胶　（4）底纸按压，粘贴牢固

图 6-21　制作 V 形结构

师：它的形状像字母 V，所以我们把这个可以自由活动的结构称为 V 形结构（贴

板书），它可是制作立体书的关键，做好了它，你的立体书就不成问题了。

2. 两两合作，尝试制作 V 形结构

师：你们是不是很想来试一试？听清要求，同桌两人合作完成一个 V 形结构的制作，想想如何分工，可以看黑板上的流程图，同一组的同学有问题也可以互助，组长拿出材料，开始！

3. 展评

师：说停就停，完成的小组请举手。很好，都完成了。敢接受检验吗？请所有的小组打开你们的 V 形结构，都站起来了。大家都合上，能合起来吗？学习就是不断发现问题然后解决问题的过程。

三、任务三：学习立体小人书制作技法

师：刚才我们做了最简单的立体书的 V 形结构，但是在真正的立体书里，很多 V 形结构的形式会发生变化，甚至会隐藏起来，如此你还能不能发现它的 V 形结构？敢来挑战一下吗？请看任务要求，请一个同学来读一读。

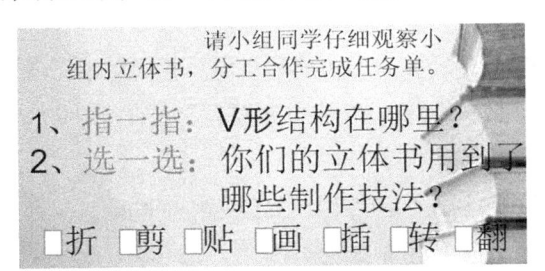

图 6-22　任务单

图 6-23　立体书示例 2

出示立体书（图 6-23）：指一指 V 形结构在哪里，找到 V 形结构了吗？

师：V 形结构已经不再是我们前面做的简单的方形了，变成了动物、城市、山川等各种图案，又是怎么变化的呢？

教师展示图 6-23 中的图 1 和图 4 两只兔子（图 6-24），问：两名同学用了两种不同的制作方法，你看出来了吗？

图 6-24 《兔子》立体书

生 1：他们都用到了剪的方法。

师：（出示剪好的兔子）这里的剪就不像前面那么简单了，对于复杂的结构，我们要沿着线剪，剪刀要不断转方向，边缘要平滑。我们做手工就要讲究精美。

生 2：第一只兔子是先做好 V 形结构再剪下图案直接粘贴上去的，所以兔子就跟着 V 形结构活动了。

师小结：这属于"靠别人"的那种。你说得特别准确。

生 3：第二只兔子自己变成了 V 形结构。

师：这属于完全"靠自己"，是"自力更生"型。那么问题来了，它是怎么变成 V 形结构的？

生 4：其实就是制作 V 形结构的方法——折、剪、贴。

师：没法对折，需找个合适的位置折，还需要对折边，所以剪的时候要留心，不要把下面剪掉。剪边，才能够粘贴。

师小结：对同一个主题我们采用不同的方法，会产生不同的效果。

师：除了制作 V 形结构已经用到的折、剪、贴这些制作技法，你还发现了哪些制作的技法？（板书制作技法，学生边说边贴板书）

出示立体书（图 6-25、图 6-26）：折、剪、贴每个作品都有，就不用说了，就说新的方法。

图 6-25 《风车》立体书　　图 6-26 《蛋糕》立体书

生 5：画、插、转、翻。

师：插、转都要打孔，如何打孔？

学生上台演示利用铅笔和橡皮打孔。

四、任务四：合作创造立体小人书

师：看了这么多，想不想自己来试一试？请看要求。用 10 分钟时间制作，前面制作的 V 形结构别浪费。

作业要求：小组合作，动手动脑，说一说你们想制作什么内容的立体书，选择哪些制作技法更适合、更巧妙，合理分工，注意安全，制作精美。（先看材料盘里有没有适合的材料）

五、任务五：秀出立体小人书成果

1. **展示**

师：翻合一下，证明你们的 V 形结构完美无缺。说一说你们的作品亮点在哪里，你能提出好的修改建议吗？

2. **拓展**

（1）视频欣赏：V 形结构"七十二变"。

师：这个 V 形结构还能"七十二变"，想要来看看它是怎么"七十二变"的吗？

① 方向变化。

图 6-27　方向变化

② 角度变化。

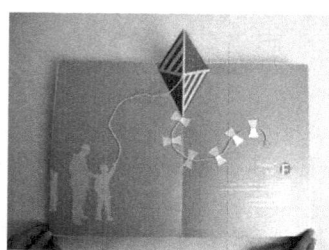

图 6-28　角度变化

③ 大小变化。

图 6-29　大小变化

④ 数量变化。

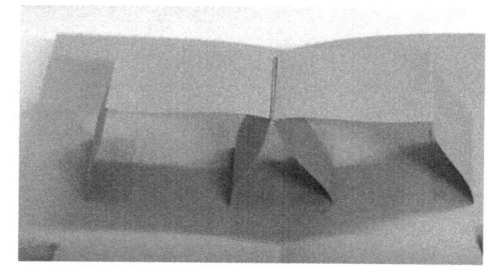

图 6-30　数量变化

（2）生活中的 V 形结构。V 形结构这一技术并不单单停留在立体书中，在我们生活中也是随处可见：各种立体贺卡美不胜收；刻纸艺术和 V 形结构的结合，让纸雕作品活起来了；还有各种创意请柬，美丽的图案一打开便跃然纸上，让人过目难忘。你也可以试着把今天学到的立体书制作技术运用到生活中，让生活更美好。

立体贺卡　　　　　纸雕　　　　　　　请柬

图 6-31　生活中的 V 形结构

板书：

　　V 形结构：折
　　　　　　　剪
　　　　　　　贴
　　制作技法：画　插　转　翻

立体书　V 形结构

【收获与思考】

学校结合新时代育人要求，创新德育载体，以社会主义核心价值观为目标，引导学生阅读和创编小人书，学生由被动接受到主动表达展示，真正做到了知行合一。那么怎样制作一本小人书呢？我们循序渐进，从单页到四宫格，从平面到立体，不断地从技能上辅助学生表达。

1. 小人书——劳动核心素养的落地

劳动教育是实现五育并举、五育融合的重要途径，教师自制立体书，亲自演示制作步骤，这种直观的教学方式大大降低了学生的动手难度，使他们能够更好地理解和掌握纸艺技法。此外，本节课还采用了小组合作的形式，让学生在团队合作中完成立体书的制作。这样种形式不仅能够培养学生的团队协作能力，还能弥补个别学生在技能上的不足，提高整个制作过程的可操作性。

这种劳动教育形式真正使学科核心素养落地，使学生在劳动中体验到成功的喜悦，培养了他们的自信心和责任感。

2. 小人书——劳动技能培育的载体

通过观察成品立体书，学生还能够发现各种技法的合理运用，如光影效果、色彩搭配、画面构图等。这些技法的运用让立体书不仅丰富生动，更兼具故事性与画面感。因此，在制作过程中，学生不仅要注重技术的掌握，更要注重创意的发挥与表现。

通过不断地实践与尝试，学生逐渐掌握立体小人书的制作技巧，并让其成为劳动技能培育的载体。在这个过程中，学生不仅能够提高自己的动手能力与创造力，还能够培养耐心、细心与团队合作精神。

3. 小人书——劳动思维价值的外显

习近平总书记说过，"只有创新才能自强，才能争先"，而要创新就必须会想象。在立体小人书的制作过程中，我们充分利用学生已有的生活经验和劳动课程中动手操作的兴趣，来调动他们思考问题的积极性，拓宽他们的思路，让他们展开丰富的想象。我们在教学中设计开放性的问题，引导学生打破原有的思维定式，通过尝试和探索，对原有的制作方法进行改革和创新。例如，我们可以引导学生思考：除了传统的立体结构，还有没有其他的方式可以实现同样的效果？通过实践操作，学生可以亲身感受到立体小人书制作的乐趣和挑战，不断提高创新意识。

因此，后续我们会结合其他学科，再拓展其他故事的立体书创作。

> 学会了立体书的制作之后，我对这种崭新的小人书呈现方式产生了浓厚的兴趣。正好读到了《草船借箭》的故事，于是我跃跃欲试，自己做了立体的故事书。看，那天的江面上大雾弥漫，因此我找了几张柔软的餐巾纸随意粘贴到江面，让吴军的船只在水面上若隐若现。诸葛亮和鲁肃这边的船有大有小，我折了大大小小若干只纸船。它们随着江水在微微晃动，空气中仿佛有了将士们的呐喊声。船舷两边画满的稻草人，随时等待曹操主动"送箭"。怎么样，是不是很精彩？
>
> ——学生

图 6-32 《草船借箭》立体书

课程案例五　创编我们喜爱的小诗集

【案例内容】

《语文》四年级下册第三单元综合性学习"轻叩诗歌的大门"

【教学目标】

（1）能多渠道收集喜欢的诗歌并摘抄，通过交流，进一步丰富现代诗收集的渠道和类型，加深对诗歌的感受和体验。

（2）通过学习，对搜集到的诗歌按一定的标准进行分类，了解诗歌的丰富性。

（3）能对自己收集的诗歌进行整理，初步学习整理资料的方法。

（4）与同学分享自己收集或创作的小诗，合作编小诗集。

（5）通过搜集整理和合编小诗集，增强对诗歌的兴趣，提高欣赏诗歌的能力。

【教学过程】

一、任务一：回顾承接，现代小诗文交流会

我们的生活中，处处有诗歌：天真的儿歌、朴素的民歌……在前期的学习活动中，我们学了现代诗，摘抄了很多诗歌，进行了交流活动，还尝试了自己写诗歌。你一定想更多地了解诗歌，但个人的力量是有限的，搜集的资料也会有限。今天，就让我们一起合作，轻叩诗歌的大门，继续遨游诗歌王国。

揭题，板书"合作编小诗集"。

二、任务二：交流分享，尝试梳理"诗集"小人书

（1）出示小组合作学习要求，布置任务：拿出自己收集或创作的诗歌，在小组内读给同学听。

第一次小组合作要求：①有感情地读。朗读自己收集或创作的诗歌，与同伴们分享。②能认真地听。在同伴朗读展示时认真倾听，感受诗歌的魅力。

（2）全班交流。教师相机引导学生点评，表扬资料收集角度、类型丰富的学生；鼓励坚持原创、富有童心的学生；欣赏投入感情、美美朗诵的同学。

（3）分类是整理资料的前提，师生交流归纳分类的方法。

预设：可以按作者来分，把同一作者的作品放在一起；还可以按内容来分，把同一主题的诗歌放在一起，比如"母爱""大自然""童话""景物"等。结合PPT展示其他分类：① 按时间分，有近代诗、现代诗、当代诗……② 按形式分，有格律诗、自由诗……③ 按体裁分，有童话诗、寓言诗、散文诗……④ 按创作方法分，有诗歌、民歌或童谣……⑤ 按读后感受分，有读了觉得开心的、读了觉得悲伤的、读了获得启发的……

小结：同样的诗歌，可以从不同角度进行分类。

（4）布置任务：想一想，如果要合作编一本小诗集，如何给自己收集的诗歌分类？

第二次小组合作要求：① 确定分类：小组讨论并确定诗歌的分类。② 整理选录：根据分类整理小组内所有的诗歌，选出要收录进诗集的。

（5）学生在组内将自己搜集的诗歌进行分类整理，并交流自己分类整理好的诗歌，教师相机点拨。

三、任务三：讨论分工，合作创编"诗集"小人书

1. 借助提示，进一步讨论如何完善诗集

（1）提问：小诗集的内容除了我们前期摘抄的诗歌和自己写的诗，还可以有什么？教师相机完成板书。

生：所摘抄诗歌的作者简介、诗人创作这首诗的背景、自己写的诗背后的故事、现代诗歌的小知识……

在学生交流的基础上，教师提示：以上内容不是每首诗歌都要有，可以有选择地补充。

（2）提问：有了这些内容，我们编一本小诗集还需要考虑些什么？

生1：诗集的名字。

教师可以随机组织学生交流已知的诗集名字，然后小组内商量合作编写的诗集的名字，如果一时无法商定，可以课后接着讨论。

生2：封面设计。

教师点拨：封面的画面和用色等要与诗集的名字相匹配。

生3：要有目录。有些内容旁边可以配上插图。

（3）提问：我们知道了可以编什么内容，知道了如何设计版式，关于合作编小诗集，同学们还有什么问题或者建议吗？

生1：是否可以用电脑制作？

教师点拨：可以制作成电子版本。

生2：最后如何装订？

组织学生自己讨论：可以用订书机装订，可以用线装，还可以用夹子固定，等等。

2. **制订活动计划**

在进行综合性学习之前，要做好一项十分重要的工作，那就是制订活动计划。有了好的活动计划，就为活动的成功奠定了基础。

第三次小组合作要求：① 确定计划：小组讨论并完成合作编小诗集的计划表。② 合理分工：根据个人的特点进行合理分工，明确各自的职责。

提示：专人记录讨论结果，负责整理讨论意见，并形成完整的计划。

学生分组讨论活动计划。各小组讨论填写，师生共同评议。教师相机引导，提示注意计划的完整、合理、科学以及活动形式尽量不重复。小组根据评议，修改完善活动计划。

表6-4　小组诗集编写计划表

序号	承担任务	负责人	完成时间
1	材料准备（　　　　　）		
2	素材整理		
3	诗集内容录入（摘抄的诗、诗人的生平、同学创作的诗、与诗有关的故事和资料等）		
4	诗集封面、目录、插图绘制		
5	其他		

四、任务四：班级漂流，"诗集"小人书成果汇报

各小组按计划表，有序完成合作编小诗集的任务。

小诗集班级漂流，进行单项和全方位的评价。

板书设计：

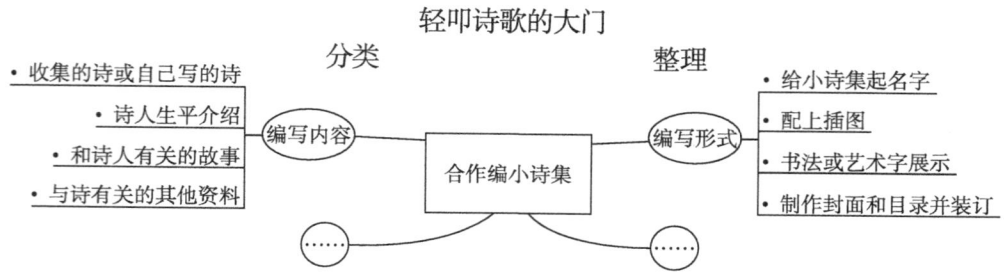

轻叩诗歌的大门

```
                    分类              整理
· 收集的诗或自己写的诗                           · 给小诗集起名字
    · 诗人生平介绍    编写内容   编写形式   · 配上插图
    · 和诗人有关的故事                       · 书法或艺术字展示
  · 与诗有关的其他资料    合作编小诗集      · 制作封面和目录并装订
                      ……        ……
```

【收获与思考】

本册教材安排了一次综合性学习活动——"轻叩诗歌的大门"，这次综合性学习的成果展示有两种方式：第一种是书面形式，展示方式是"合作编小诗集"；第二种是口头形式，展示方式是"举办诗歌朗诵会"。反思这次活动，有以下几点较成功。

1. "诗集"小人书按主题整体规划

在进入本单元教学之前，教师便对这次活动的开展进行了整体规划，明确每一环节的内容，设计每一课的相关活动。这次活动贯穿整个单元教学，活动分为三个阶段：搜集整理、尝试创作、成果展示。

2. "诗集"小人书的活动形式多样

这次综合性学习"轻叩诗歌的大门"是一次富有创意和启发性的教学活动。它的核心目标在于引导学生接触诗歌、了解诗歌，进而引领他们走进诗歌的广阔天地，感受诗歌的魅力和深度。为了达成这一目标，教师精心策划了一系列形式多样、内容丰富的活动，旨在充分调动学生参与的积极性，让他们在实践中学习、在体验中感悟。

通过这次活动，学生们不仅深入了解了诗歌的魅力，还培养了阅读兴趣、创作能力和团队合作精神。他们在实践中学习，在体验中感悟，真正走进了诗歌的广阔天地。每个学生都能参与进来，或多或少地参与了多项活动，都有自己的收获。总体而言，教师尊重学生意愿，拓展了活动形式，丰富了活动内容，加强了学生对现代诗的了解与喜爱，同时也培养了学生合作学习的意识，锻炼了学生组织开展活动的能力。

3. "诗集"小人书成果的创意表达

在教育的广阔天地中，诗歌以其独特的魅力，成为连接学生心灵与创意表达的桥梁。通过组织学生交流诗歌，将他们的作品分类整理成一本精美的诗集——小人书，为学生提供了一个展现创意与进行合作的平台。这一过程不仅促进了学生之间资料的相互补充，更深化了他们对诗歌艺术的理解和感悟。

每个孩子的视角都是独一无二的，他们通过诗歌来表达对世界的理解和感悟。我们鼓励学生们发挥自己的创造力，用独特的视角去审视每一首诗歌，将它们归到最合适的类别中。这样，不仅使"诗集"小人书更加美观和易读，而且让学生对诗歌的理解更加深刻和全面。在这个过程中，学生的感受更加丰富和深刻，他们不仅体会到了创作的乐趣，也感受到了团队合作的力量。

通过交流诗歌并整理成"诗集"小人书，学生不仅能够展示自己的才华和创造力，还能够通过交流和合作来丰富自己的知识和情感体验。通过诗歌这扇门，孩子们会来到一个美丽的诗的世界。综合性学习活动虽然结束了，但孩子们漫游诗歌天地的脚步不应停下，他们将继续与诗歌相伴，领略诗歌的独特魅力。

课程案例六：我是民间故事传承人

【案例内容】

统编版《语文》五年级上册第三单元故事《牛郎织女》

【教学目标】

（1）掌握本课生字新词，在音、形、义上能准确辨析。

（2）能用较快的速度默读课文，借助小标题把握故事主要内容。

（3）展开想象，能把课文中写得简略的地方讲具体，并演一演。

（4）根据《牛郎织女》故事的主要情节创作图文并茂的小人书，并在班级进行分享传阅。

（5）对比阅读中国四大民间故事，发现中国民间故事的创编特点，感受民间故事的永恒魅力。

【教学过程】

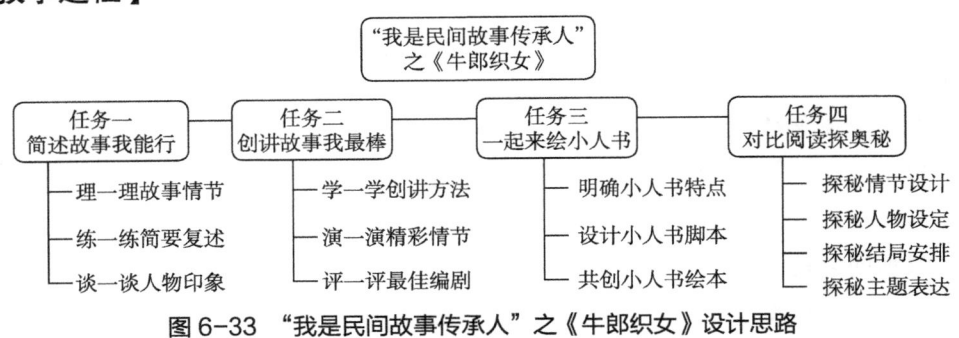

```
                "我是民间故事传承人"
                    之《牛郎织女》

   ┌──────────┬──────────┬──────────┬──────────┐
   任务一      任务二      任务三      任务四
   简述故事我能行  创讲故事我最棒  一起来绘小人书  对比阅读探奥秘

   — 理一理故事情节  — 学一学创讲方法  — 明确小人书特点  — 探秘情节设计
   — 练一练简要复述  — 演一演精彩情节  — 设计小人书脚本  — 探秘人物设定
   — 谈一谈人物印象  — 评一评最佳编剧  — 共创小人书绘本  — 探秘结局安排
                                              — 探秘主题表达
```

图6-33 "我是民间故事传承人"之《牛郎织女》设计思路

一、任务一：理小人书情节，简述故事我能行

1. 理一理故事情节

默读课文，圈画故事中出现的主要人物，并根据主要人物之间发生的事件绘制故事情节思维图。（事件可以用简洁的几个字的标题来归纳）

小结：抓住故事中的主要人物和主要事件，提炼成标题，绘制情节思维图，我们就能将长故事读成短故事，这是当好民间故事传承人的基本能力。

2. 练一练简要复述

回顾四年级历史故事单元学到的简述方法：抓住主要讲详细，省略次要长变短，直接引用改转述，按照顺序不遗漏。

同桌练习，指名交流，互动点评。

表 6-5　简要复述故事评价表

抓住主要讲详细	☆☆☆☆☆
省略次要长变短	☆☆☆☆☆
直接引用改转述	☆☆☆☆☆
按照顺序不遗漏	☆☆☆☆☆

3. 谈一谈人物印象

在大家共同的讲述中，我们将这个故事进行了简要的复述。对于故事中的人物形象也有了一定认识。请结合故事内容，谈一谈故事中的人物给你留下的印象。

二、任务二：思小人书精彩，创讲故事我最棒

1. 学一学创讲方法

民间故事是老百姓智慧的结晶，口耳相传，在传承的过程中，为了让故事更有新鲜感，需要我们发挥想象，来点儿小创作，只有这样，才能把精彩的故事讲生动。

2. 演一演精彩情节

以小组为单位，将创编的故事情节演一演。

3. 评一评最佳编剧

其他同学做评委，说说创编的故事好在哪里，还有哪些地方可以进行合理想象，使故事情节更生动。评选出"最佳编剧组""最佳表演组"。

三、任务三：构小人书框架，一起来绘小人书

1. 明确小人书特点

小人书是一种古老的中国传统艺术，由一幅幅配有文字的图画连贯组成，一幅画就是一个故事情节。图文并茂是小人书的一大特点。学校的小人书深受同学们的喜爱。作为民间故事的传承人，我们也可以用这种独特而又古老的方式来传承民间故事。

2. 设计小人书脚本

（1）欣赏插图。

① 一幅画就是一个故事情节，打开书，看看本课的插图画的是什么故事情节，有些什么人。

预设：牛郎和织女鹊桥相会，图上有牛郎、织女、两个孩子、鹊桥。

② 这幅图上哪个细节最打动你？

预设：织女的手势，可以看出她内心对相会的欢喜。

③ 如果给这幅图配上简要的文字，你会怎么写？

预设：牛郎和织女两人的坚持，感动了王母娘娘，她同意他们每年会面一次，于是每年的七月初七，成群的喜鹊在天河上为牛郎织女搭起一座鹊桥，让他们一家四口能够相会。

小结：小人书每一页的创作，都要先考虑画什么情节，再考虑画些什么人物、景物，还要加入一些细节表现，如人物的表情、动作等，最后配上简要的文字，将画面未能表达的内容补充进去。

（2）设计脚本。如果想将《牛郎织女》这篇民间故事绘制成小人书，同学们需要梳理、确定故事的主要情节，注意哪些情节不能忽略，哪些可以忽略。同学们在绘制小人书的时候，需要注意两点：一是列出每幅画面的场景、人物、事件；二是为画面配文，语言简洁概括，精彩内容可稍详。

（3）交流思路。

故事起因：牛郎凄苦的身世。

画面构思：四面透风的牛棚，身穿破衣的牛郎蜷着身子在干草上已经睡着了，老牛静静地站在他身边，温和地看着他。

图片配文：古时候，有个可怜的孩子，爹妈都死了，哥哥嫂子对他不好。他白天放牛，晚上就和牛睡在一起，那头牛跟他形影不离，人们管他叫牛郎。

情节发展：

① 牛郎用心照看老牛。

画面构思：在一棵茂盛的大树下，牛郎正细心地给老牛刷身子，老牛眯着眼睛很享受的样子。四周是草坡，绿草茵茵。

图片配文：牛郎照看那头牛挺周到。他总是给牛吃嫩草，喝干净的水，把它刷得干干净净的。他还把自己的心里话都告诉老牛，老牛呢，仿佛都能听懂他的话。

② 牛郎得老牛相助。

画面构思：在简陋的茅草屋里，一边是桌凳、草铺，一边是老牛，老牛嘴巴张开，对面的牛郎高兴地听着。

图片配文：有一天，老牛真会说话了！老牛告诉牛郎，明天会有仙女在湖里玩耍。只要拿走那件粉红色的纱衣，纱衣的失主就会成为牛郎的妻子。

③ 与织女喜结良缘。

画面构思：远处的湖面波纹荡漾，在湖边草地上，织女羞涩地侧脸站着，牛郎站在她的身边说话。

图片配文：牛郎按照老牛的话来到湖边，找到了那件粉红色的纱衣，与姑娘相识了。牛郎把自己的情形告诉了姑娘，又从姑娘那里知道她是天上的织女，渴望自由而来到人间。他们决定生活在一起。

④ 男耕女织，幸福生活。

画面构思：夜晚，明月朗照，两个孩子依偎在织女怀里，听她讲天上的故事，牛郎在不远处，细心地给老牛刷洗身子。

图片配文：从此牛郎在地里耕种，织女在家里纺织。晚上得空，织女就指着星星，给孩子们讲些天上的故事。一家人幸福地生活在一起。

⑤ 织女被抓，天河两隔。

画面构思：一道天河将画面隔为两部分，右上是王母、织女和两个侍卫，一侍卫手拿兵器威武站立，另一侍卫怒目押着织女，织女侧身望向远处的牛郎和一对儿女；左下是身披牛皮的牛郎，肩挑一对儿女，被大河拦住。

图片配文：织女被王母发现，被强行带回天上，牛郎披着牛皮，挑着一对儿女去追，谁料王母拔下玉簪划出一条天河，将牛郎隔在天河的另一边。

故事结局：初心不改，七夕相会。

画面构思：一条天河，波涛汹涌。天河上边，成群的喜鹊搭起一座拱桥，牛郎、织女在桥上会面。

图片配文：织女虽受到惩罚，可是她初心不改。王母只好答应，每年农历七月初七准许她和牛郎会面。每年的这一天，成群的喜鹊在天河上方为牛郎、织女搭起一座鹊桥，让他们夫妻相会。

3. 共创小人书绘本

（1）绘制：组内根据个人兴趣特长，分工安排情节梳理人、脚本设计人、插图绘画人、文字誊抄人，按课上设计的《牛郎织女》脚本进行小人书的创作。

（2）阅读：课后阅读更多中外民间故事，选择你们组最受启发的一篇，分工合作，共同绘制一本真正属于你们组的民间故事小人书。

（3）展评：评选出班级优秀小人书。

表 6-6　优秀小人书评价表

图文并茂	☆☆☆☆☆
故事内容完整	☆☆☆☆☆
能突出精彩情节	☆☆☆☆☆
细节有创新设计	☆☆☆☆☆

四、任务四：品小人书故事，对比阅读探奥秘

1. 探秘情节设计

学生在课外阅读《白蛇传》《孟姜女》《梁山伯与祝英台》三大民间故事的小人书，将主要内容梳理成思维导图。随后，进行四大民间故事的情节比较，发现故事情节设计的奥秘。通过交流，师生共同提炼出情节设计的固定模式，即两人相遇—情投意合—情感受阻—进行反抗—结局失败。教师引导学生认识到只要按照这样的情节发展模式，换一下主人公、阻碍人物的要素，自己也能创编民间故事。

2. 探秘人物设定

完成人物分析表，引导学生发现男女主人公有以下共同之处：①女主人公都美丽善良，勇敢而富有智慧，男主人公均表现出忠厚、老实、善良的特征。②女主人公家境优越、身份高贵，能力也强；男主人公家境相对一般甚至贫寒。③当感情受到阻挠时，女主人公反抗得更加强烈。

3. 探秘结局安排

学生通过以上交流，明显感受到这四个故事中男女主人公都是"女强男弱"，而

当时封建社会是"男尊女卑",这就产生了矛盾冲突。教师进一步追问:"如果说《牛郎织女》反映的是仙与人的矛盾,那么其他故事反映的是什么矛盾?"通过总结和分析,学生明白了这些故事都是在反映当时社会的阶级矛盾。正因为故事中男女主人公颠倒的社会地位,才注定了故事的悲剧结局。让学生感佩的是,虽然故事的结局注定是悲剧,但男女主人公却勇于反抗,尤其是女主人公们所表现出的勇敢坚韧的形象牢牢印刻在了学生心中。

4. 探秘主题表达

四个故事,男女主人公都没有反抗成功,都是以悲剧结尾。为什么这四个民间故事还会流传至今呢?学生再次进行思维的碰撞,从中领悟到四大民间故事更多地反映了当时百姓真实的生活,同时也表达了对统治者的不满和追求幸福生活、渴望婚姻自由的美好愿望,实质上也反映了当时人们对幸福自由生活的向往,现实不得志,就更需要在故事里、想象中得到慰藉了。

【收获与思考】

1. 情节概括,让故事在导图上发生

简要复述,是阅读故事类文本的关键能力,且不同于主要内容的概括。课堂上,首先抓住故事的起因、经过、结果三个部分,用几句话概括出故事的主要内容。再进一步创设拍电视连续剧的情境,让学生思考每个部分可以拍哪几集,为剧集取名,以此引导学生将关键情节提炼成小标题,绘制情节思维图。这样其实已经为后续设计小人书的脚本目录做了铺垫。同时,依托这张情节图,教给学生摘录、删减、概括、改写的缩段方法。掌握长话短说的技巧,学生便能轻松将故事内容进行简要复述,故事的重要情节也能复述明确,单元习作"缩写故事"的任务也就水到渠成了。

2. 生动讲演,让故事在口耳中相传

本单元口语交际任务为"讲民间故事",要想把故事情节讲得生动、有吸引力,需要掌握一定的讲故事技巧。在前一课《猎人海力布》的学习中,同学们已经尝试把自己设想成故事中的人物来讲述故事,体验到了别样讲述的乐趣。本课的创讲活动,重在引导学生抓住故事中简略的情节,发挥想象,说得更具体,还可以加上动作、邀上小伙伴演一演。这一任务完成的难点在于想象既要大胆也要合理,为小人书绘制插图打下基础。通过小组的合作讨论、即兴排演,学生生动再现了牛郎与老牛亲密无间的对话场景、仙女们七嘴八舌商量下凡的情景、牛郎与织女初见时相谈甚欢和相隔时互相守望的情景……民间故事的美好种子在学生的心中生根、发芽!

3. 绘小人书，让故事在笔尖流淌

图文并茂、故事性强、易于阅读，是小人书的特点。有了前期的故事缩写和创意讲演活动，学生在小人书脚本设计的过程中饶有兴趣，画面构思合理，图片配文精练。依托美术课，一花一草，一笔一画，学生认真地勾勒，精心地描绘，一本本精美的小人书展现在眼前，一位位优秀的"民间故事传承人"也应运而生了！

4. 类文阅读，让思维在对比中深刻

有了对《牛郎织女》的阅读与学习经历，学生对民间故事产生了浓厚的阅读兴趣，也掌握了"画思维图梳理情节""绘小人书讲演故事"等阅读策略，由此开启了《白蛇传》《孟姜女》《梁山伯与祝英台》三大中国民间故事的阅读之旅。此时，教师引导学生将四大民间故事进行比较阅读，从情节设计、人物设定、结局安排、主题表达四个方面发现其相同与不同之处，将学生思维从浅层引向了深层，让学生品味到中国民间故事的真正魅力。

第三节 "小人书"励志寻访课的设计与实施

在过去，小人书是孩子们接触外部世界、享受阅读乐趣的主要方式。现在，科技的快速发展，特别是互联网和电子设备的普及，为孩子们提供了更加广阔的信息来源和多样的娱乐方式，让孩子们能够更直观地了解世界，更便捷地获取知识，可以说现在的世界就像一本巨大的小人书，为孩子们提供了无尽的探索空间和乐趣。我们以"学校＋基地"的形式开发和设计多样态的励志寻访实践课程，把课堂延伸到校外，积极打造"行走的小人书"沉浸式育人模式。

常州古称延陵，是吴文化的重要发源地。纵观历史，古代常州文人士子辈出，有名望的文学名流灿若繁星，数学家华罗庚、实业家刘国钧、书画家刘海粟等就生活在这里。常州市是中国近代工业的发祥地之一，还是革命的红色摇篮，诞生了瞿秋白、张太雷、恽代英以及"爱国七君子"中的李公朴、史良等先贤。常州既注重挖掘保护历史文化，又重视科技发展，正吸引着越来越多的人来定居。常州的名士已然成为学生的精神灯塔，因其理想信念、家国情怀、创新精神，正成为学校育人资源的重要补充，更为新时期校家社一体的育人新格局开辟了新路径。

习近平总书记在二十大报告中提出，推进文化自信自强，铸就社会主义文化新辉煌。文化自信的涵育需要学校将中华优秀传统文化、革命文化、社会主义先进文化纳入课程建构体系，充分发挥地方资源与国家课程的协同育人功能。为使学生们了解家乡文化，学习家乡历史，培养家乡情怀，弘扬文化自信，我们以"我是家乡代言人"为主题，号召所有少先队员用脚步丈量这座美丽的城市，用心灵去感受它的文化。

学校充分依托周边丰富的教育资源，研发了"4+N"寻访课程系列：一巷——青果巷，两园——中华孝道园、烈士陵园，三院——敬老院、儿童福利院、法院或检察院，四先锋——大国工匠邓建军、劳动模范朱新财、抗战老兵周长根、常州好人王德林等先锋人物。

```
                    敬老院
         一巷    三院   儿童福利院
青果巷                  法院或检察院

              寻访课程内容    大国工匠邓建军
中华孝道园                   劳动模范朱新财
烈士陵园  两园        四先锋  抗战老兵周长根
                            常州好人王德林
                            等先锋人物
              N自主开发
```

图 6-34　寻访课程内容

学校建构了"上网学习—班级交流—制定方案—实地寻访—创编小人书—践行活动"的寻访课六步模式。上网学习主要培育学生的问题意识以及搜集信息、筛选信息、重组信息等能力；实地寻访是校外寻访重要一环，既培养了学生的实证思维、实事求是的品质，又增强了学生社会情感能力的传递与人际交往能力，为学生未来的生活打下坚实的基础，让学生在寻访、体验、实践中锤炼品格。学校采用"请进来"和"走出去"的方式与寻访对象相连接，成果表现形式有方法指导课、现场采访参观体验、成果汇报、小人书发布等。

学生通过寻访家乡，感受家乡的特色文化、生态环境和革命精神，为自己是常州人而感到骄傲和自豪，进而确立用实际行动助力家乡发展，争做新时代好少年的远大志向。

实践活动一　小人书：撬动"课堂革命"新样态

【活动主题】

寻访大国工匠　汲取成长力量

【设计理念】

为贯彻落实习近平总书记"记住要求、心有榜样、从小做起、接受帮助"的讲话精神，响应团市委"你好，新时代"红领巾寻访活动的号召，引导少先队员们树立远大的志向，努力成长为担当民族复兴大任的时代新人，我们组织小升初学生开展"寻访大国工匠，感受时代脉搏"系列寻访活动，让学生通过主动、深入的价值体认，涵养专注负责、精益求精、勇于创新的时代精神。

工匠们身上有许多先进事迹，队员们挖掘人物动人的故事并将其绘制成小人书，利用小人书进行事迹宣讲，一方面感悟人物精神，一方面为家乡社会主义先进文化代言。

【活动目标】

（1）通过上网查找资料、现场采访、参观工作车间等活动，学生初步感受到大国工匠邓建军的工作内容、工作环境以及所取得的成绩等。

（2）各小队借用小人书汇报寻访成果，在故事讲述、诗歌朗诵、情景表演等活动中体悟大国工匠邓建军专注负责、精益求精、勇于创新等品质。

（3）在日常学习生活中，以工匠精神为感召，接受精神熏陶、价值引领，汲取成长的力量。

【活动架构】

队员们积极响应习近平总书记的号召，借助小人书这一载体，通过访前的了解、现场的采访以及访后交流，主动学习、践行大国工匠精神。

访前方案准备：队员们自主上网学习先锋人物的事迹，领略"匠"之风采，并绘制"先锋人物"小人书，利用班队课进行先锋人物事迹大宣讲，从而确定班级寻访对象。有了寻访对象后，教师指导制定寻访方案，撰写采访稿。

现场参观体验：寻访中，队员们带着自己的思考与困惑，与大国工匠进行积极主动的交流，并深入车间参观体验工匠们的工作，不断深化对大国工匠精神的认识，感受"匠"之精髓，工匠们的形象在他们的脑海中变得更加立体。

访后心得交流：寻访后，队员们自主整理寻访成果，从不同角度挖掘大国工匠精神内涵，在主题队会上充分借用小人书汇报寻访所得，共享"匠"之魅力，并积极践行工匠精神。

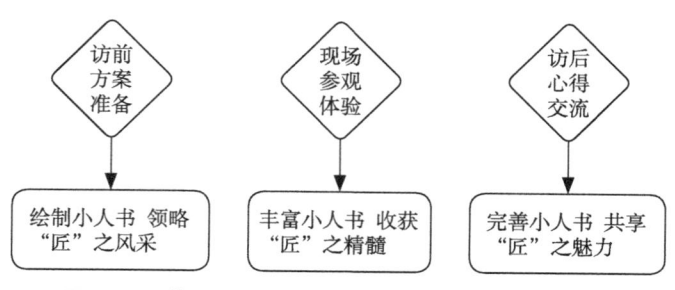

图 6-35 "寻访大国工匠 汲取成长力量"活动架构

【活动过程】

邓建军，时代的楷模，常州的骄傲。他30年紧盯生产一线，参与技术改造项目500多个，攻克技术难题30多个。他曾作为江苏省唯一代表出席全国总工会召开的第八届全国职工职业道德建设"双十佳"表彰大会，荣获全国五一劳动奖章，并被授予全国劳动模范称号，先后多次受到国家领导人的亲切接见。他被称为"民族工业的脊梁"，他的创新之举被外国专家叹服为"中国功夫"。

正值暑假，学校的红领巾假日小队在三井少工委的牵头下，有幸和邓伯伯有了一次面对面交流的机会。

一、第一阶段：绘制小人书，领略"匠"之风采

活动前，队员们通过网络阅读了邓建军伯伯的事迹，敬佩于他是企业科技创新的领跑者，攻克了30多个重大技术难题，是全国劳动模范，是十九大代表；感动于他对待难题的执着，与团队同甘共苦的精神，为了纺织印染行业的发展耗费了心血。队员们将自己了解到的内容以小队合作形式绘制成小人书。（图6-36）

图6-36 《寻访大国工匠，感受时代脉搏》小人书

（1）活动一：找一找。以小队为单位收集整理邓伯伯先进事迹，并按图文对照的要求整理好文字稿。

（2）活动二：画一画。小队内分工合作，按照绘画、文字、涂色等环节落实相关人员。

总结：队员们，邓伯伯是我们的时代楷模，采访前，我们充分借助了网络资源了解了邓伯伯的先进事迹，并分工合作完成了小人书的制作。接下来就让我们带着小人书走

进黑牡丹（集团）股份有限公司（简称"黑牡丹集团"）与邓伯伯面对面交流。

二、第二阶段：丰富小人书，收获"匠"之精髓

1. 活动一：采访人物成就，丰富小人书素材

随着前期深入的了解，队员们心中也产生了一些疑惑：邓伯伯是如何面对工作上的压力的？为什么要不断提高预缩率精准度，不断改造进口设备？取得了那么多的成就，为什么不停下来歇一歇，仍然要坚守在生产一线？新时代的我们应该怎么做，才能为将来的发展奠定良好的基础呢？

这一个又一个的问题如同连珠炮一般在与邓伯伯面对面的交流中喷吐而出。邓伯伯亲切地给队员们一一解答。在回答中，邓伯伯一直强调自己是一个技术工人，他要对产品负责、对客户负责。这神圣的使命感使得他在提高产品质量的过程中不断地创新，他希望新时代的小学生要学会学习，学习先进的经验，不断地在实践中改进，要知其然还要知其所以然。邓伯伯的形象在队员们的心中变得更加立体，他的话语犹如夏日的一股清泉滋润着队员们的心田，让队员们的内心充满了正能量。（图6-37）

图 6-37 采访邓建军

2. 活动二：参观工作车间，拓展小人书素材

黑牡丹（集团）股份有限公司，被公认为"中国牛仔布第一品牌""色织行业一枝奇葩"。队员们在工厂工人组成的讲解团的带领下走进了纺织车间。"未见其人，先闻其声"，贴心的工作人员早已为同学们准备好了耳塞、口罩。全部武装好后，进入车间，放眼望去，呈现在眼前的都是庞然大物般的机器，它们有条不紊地运行着。队员们观察着、倾听着、触摸着，见证了从一朵棉花到纱线，从一根纱线到坯布，从一块

坯布到有色的布，最后编织成一件件精巧衣服的过程。他们深深地被这其中的复杂工序震撼了，纷纷地跑到工作人员那里问这问那。新时代工厂的智能化、对技术的精益求精，深深地在他们心里烙下了印。（图6-38）

图6-38 参观车间

寻访完，队员们心潮澎湃，话匣子接二连三地打开了，有的感叹家乡常州改革开放的快速发展，有的表达了对纺织的兴趣，有的赞美了邓伯伯高尚的人格。滔滔不绝的话语折射出他们此行满满的收获，他们的精神受到了洗礼，纷纷表示要把今天的寻访参观所得画进小人书中，并向他人宣讲。

总结：队员们走进黑牡丹集团先是与大国工匠邓伯伯面对面深入地进行了交流，然后又参观了工作车间，大家都被邓伯伯身上精益求精、勇于创新的精神折服。这次寻访丰富了小人书制作的素材，大家把这次的寻访过程画进了小人书中。

三、第三阶段：完善小人书 共享"匠"之魅力

1. 活动一：领悟精神，引领成长

（1）借助小人书回顾寻访活动，走近大国工匠。

主持人：习爷爷教导我们要做到"记住要求、心有榜样、从小做起、接受帮助"。邓伯伯是我们心中的榜样，5月12日，我们在老师的带领下走进黑牡丹集团进行了寻访活动。活动当天，我们通过网络了解了邓伯伯，并为邓伯伯制作了一本本小人书（现场展示）；寻访当天，我们与邓伯伯面对面进行了深入的交流，还跟着邓伯伯参观了生产车间（视频播放）。今天我们在这里举办寻访成果的发布会，队员们，赶紧来汇报吧！

（2）借助小人书汇报成果，提炼工匠精神。

① 第一小队：专注负责。

小队长：我们是工匠小队！今天我们小队给大家讲一讲邓伯伯与一根电话线的故事。（播放电子小人书）一根电话线诠释了邓伯伯踏实肯干、专注负责的态度，感动之余我们还谱写了一首赞歌，请听我们小队带来的诗朗诵《有这样一种人》。（配乐诗朗诵）

第一小队总结提炼工匠精神：专注负责是成功的基石。

② 第二小队：精益求精。

故事情境再现妈妈的烦恼：最近新买了一件羊毛衫，没想到洗了几次，竟然缩水了，再也穿不上了，这可是我花了一千多元钱买的，我要去找卖羊毛衫的店家理论理论。

小队长：你身边发生过类似的遭遇吗？是呀，缩水问题是服装产品投诉的"重灾区"，为此我们小队就服装的缩水问题请教了邓伯伯。（播放现场采访录像）邓伯伯真了不起，攻克了这一世界性难题！队员们，你们有什么想说的吗？

第二小队总结提炼工匠精神：精益求精是成功的关键。

③ 第三小队：勇于创新。

小队长：邓伯伯一直行走在改革创新的路上，他为什么能创新呢？相信大家能从接下来的视频中找到一些关键词。（播放视频）

全体队员依次交流自己总结的关键词：不断学习、永不放弃、大胆尝试、精益求精……

第三小队总结提炼工匠精神：勇于创新是成功的法宝。

④ 第四小队：时代先锋。

小队长：邓伯伯靠专注负责的态度、精益求精的品质、勇于创新的执着，成为时代的楷模。我们也积极发扬邓伯伯的工匠精神。今年暑假，两名队员参加了环球自然日比赛，获得了表演组一等奖，让我们赶紧来欣赏一下他们的精彩表演——《疯狂抗生素》吧！

小队长：原来我们身上也有和邓伯伯一样的工匠精神——专注负责的态度、精益求精的品质、勇于创新的执着。邓伯伯的专注负责、精益求精成就了他的创新；而我们先有创意的点子，再通过专注负责、精益求精演绎出来。

小队长：其他队员们在日常的学习生活中，也牢记习爷爷的话，从小学习做人，从小学习立志，从小学习创造。（学生生活活动视频集锦）

总结：工匠精神为我们的成长指明了方向，看来成功需要专注负责的态度、精益求精的品质、勇于创新的执着。

2. 活动二：播种梦想，寄语未来

（1）借助小人书诉新梦想。

主持人：队员们，通过今天的活动，你对邓伯伯又有哪些新的认识呢？在今后的学习生活中你又会怎么做呢？请在我们之前绘制的小人书上写下你的关键词。（学生写，播放配乐）

（2）完善小人书展新行动。

主持人：大胆地展示自我也是一种成长。谁来说一说你的新认识和新做法？

主持人：邓伯伯的精神指引我们成长，下面请四人一个小组合作完善小人书。

主持人：队员们，时代呼唤工匠精神，智能化的社会更需要我们学好文化知识，用科技引领时代发展，实现伟大的中国梦。少年强则国强，我们是国家的栋梁，国家的繁荣昌盛离不开我们每个人的努力，只要我们奋发努力去实现自己的理想，去努力成为担当民族复兴大任的时代新人，我们的祖国就一定能够实现伟大复兴梦。有信心吗？让我们伟大的祖国来见证我们的成长。

队员们挥舞红旗齐唱《歌唱祖国》。

总结：队员们，主题队课为我们少先队员提供了成长的平台。在这次的主题队课中，队员们都能积极参与其中，各小队团结一心、集思广益、精益求精、勇于创新，出色地完成了各项任务，在这过程中，你们已无声地将习得的工匠精神落实到了你们的行动中。

【收获与思考】

少先队活动课应成为学生自主参与、自我成长的舞台。在活动中，教师充分借助小人书进行了"课堂革命"，突出学生的主体地位，关注学生的兴趣和能力，在绘制、完善小人书的过程中，培养了他们的沟通、协作、创新解决问题的能力，小人书的纽带、桥梁作用得到了淋漓尽致的展示。

1. 善用小人书，有效促进个体发展与团队合作

学生的核心素养是学生在学习和成长过程中逐渐形成的必备品格和关键能力，这些能力不仅仅是个体努力的结果，更多的是在与团队的紧密合作中得以发展和提升的。在此次活动中，教师借助小人书这一富有创意和趣味性的教育载体，有效处理个体发展与团队合作的关系。无论是在绘制小人书还是在完善、展演小人书的过程中，

每个人都可以根据自己的兴趣和特长,发挥创意和想象力,扮演好自己的角色,增强自信心和成就感。面对不同的观点时,他们朝着团队的目标,心往一处想,劲往一处使,让不同的观点和思路在碰撞中融合或和谐共生,这不但提升了他们的倾听沟通能力,还发展了他们创新解决问题的能力。

2. 巧用小人书,有效平衡学生主体与教师主导

苏霍姆林斯基说:"只有能够激发学生去进行自我教育的教育,才是真正的教育。"在寻访前,队员们自发地在网上收集关于大国工匠邓建军事迹的资料,并精心绘制成小人书;在寻访时,队员们带着自己的思考与疑惑,与大国工匠面对面地深入交流,并现场参观工作车间,加深对大国工匠的认识;寻访后,队员们深受工匠精神鼓舞,以小队的形式从不同的角度挖掘工匠精神,这就给他们后面完善小人书提供了丰富的素材。在整个过程中,学生都处在活动的正中央,有着丰富的情感体验,是活动的主体,而教师只需要为他们提供活动时空,在小人书的语言样式、表达形式、呈现方式等方面给予较为规范的指导,实现了学生主体与教师主导的有机统一。

3. 活用小人书,有效整合情感体验与价值引领的关系

体验是学生道德生成的基础,通过道德体验,学生能够形成道德认知、激发道德情感、培养道德意志,从而形成正确的道德价值观,为未来的道德生活奠定坚实的基础。在寻访前,学生绘制了小人书,初步领略到"匠"之风采,被工匠们的精神以及所取得的成就深深地吸引。带着这样的情感、道德认知,他们走进了黑牡丹集团,在与大国工匠面对面地深入交流以及参观工作车间的过程中,他们了解到工匠的艰辛,这触动了他们的内心,激发了他们的道德情感,并使之将情感蕴藏于小人书中,完善了小人书。

为了让队员们的情感认知、道德认知往深处发展,逐步深化为道德意志、价值信念,发展成价值行为,在实地寻访之后,教师又活用小人书,让学生进行了寻访成果汇报,为情感体验外显提供了平台。情感体验外显的过程伴随着人生态度、价值观的自我矫正过程,在队课汇报中,队员们一方面积极分享着他们的小人书,一方面在表演过程中自觉进行自我价值矫正,教师在此过程中进行适时的价值引领,使之形成正确的价值观、人生观。

实践活动二　小人书：共情革命岁月新载体

【活动主题】

寻访抗战老兵　传承红色基因

【设计理念】

2020年7月23日，习近平总书记致信祝贺中国少年先锋队第八次全国代表大会成功召开。他在贺信中强调，新时代，少先队要高举队旗跟党走，传承红色基因，培育时代新人，团结、教育、引领广大少先队员做共产主义事业接班人。

作为新时代的少先队员，我们要积极传承红色基因，赓续红色血脉；我们高举旗帜跟党走，积极寻访身边的老兵，在寻访中充分运用小人书这一育人载体，走进那段烽火岁月，表达对革命先烈的崇敬之情。

【活动目标】

（1）通过寻访老兵，了解战争历史，传承红色基因，弘扬革命传统和红色文化。

（2）借用图文并茂的小人书讲述革命老兵的英雄事迹，向更多的人传达革命老兵的伟大贡献和奉献精神。

（3）以爱国精神为感召，接受情感熏陶、价值引领，汲取成长的力量。

【活动架构】

小人书是育人的新载体，在寻访抗战老兵周长根的过程中，队员们上网查找资料了解周爷爷的感人事迹，并绘制成了小人书。在现场与周爷爷互动以及观看了周爷爷所获得的勋章后，队员们对周爷爷的敬佩之情油然而生，周爷爷英勇无畏、无私奉献的高大形象已深深地刻在他们的脑海中。

忆峥嵘岁月，绘制小人书。带着对周爷爷的崇敬之情，在活动现场，队员们聆听周爷爷讲抗战故事，洒下了动情的泪水；在与周爷爷深入交流中，队员们发现是坚定的理想信念支撑着周爷爷的英勇无畏；周爷爷又向队员们展示了他的军功章，希望队员们牢记历史，为祖国的美好未来贡献一份力量。在对周爷爷深入了解后，队员们以小队为单位，为周爷爷等抗日英雄绘制了小人书。

颂革命英雄，展演小人书。小人书绘制好后，队员们利用班队课进行了展演，主人公有把敌人带进八路军埋伏圈的王二小，有为了帮助部队扫除最后障碍而舍身炸碉堡的董存瑞，等等。在绘制和展演小人书的过程中，队员们不断地从革命英雄们身上汲取力量，团结一心，众志成城，克服一个又一个困难。

话抗日战争，发布小人书。走近抗日战争是我校党史教育画"百年红船"中的一个活动。队员们先跟着各年级绘制的小人书，走进党的百年光辉历史，然后聚焦抗日战争中的重大战役，利用小人书向大家宣讲，深刻了解了这部中华儿女不畏强暴、团结一心、不屈不挠的抗战史。最后在周爷爷的见证下，队员们对小人书进行了发布，之后他们带着小人书，走进社区进行宣讲，呼吁人们牢记历史，珍惜当今幸福生活，成为担当民族复兴的时代新人。

```
寻访抗战老兵  传承红色基因
├── 忆峥嵘岁月，绘制小人书
│   ├── 听老兵故事，洒下动情泪水
│   ├── 谈理想信念，传承不朽精神
│   ├── 展耀眼军功章，寄语小康社会
│   └── 传红色基因，绘制小人书
├── 颂革命英雄，展演小人书
│   ├── 小人书颂革命英雄
│   └── 小人书显革命力量
└── 话抗日战争，发布小人书
    ├── 借助小人书，回顾"百年红船"
    ├── 借助小人书，走进重大战役
    └── 发布小人书，传承红色基因
```

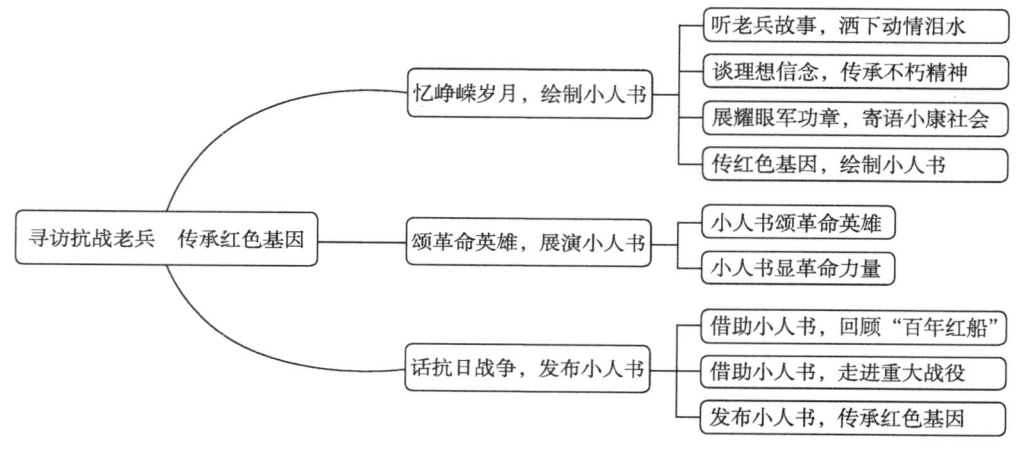

图 6-39 "寻访抗战老兵 传承红色基因"活动架构

【活动过程】

一、第一阶段：忆峥嵘岁月，绘制小人书

1. 活动一：听老兵故事，洒下动情泪水

假期里，在"八一"建军节来临之际，学校五年级的队员们走进武进鼎武中西医结合医院，寻访了一位 94 岁高龄的老兵。老兵名叫周长根，先后参加过抗日战争、解放战争和抗美援朝战争，是一位为新中国成立和社会主义建设浴血奋战的功臣。

采访前，队员们上网了解抗日战争历史；现场采访时，队员们情不自禁地与周爷爷进行了深入的交流，了解到周爷爷在战斗中多次受伤，也曾多次和死神擦肩而过。

看着这样一位老人，队员们不禁动容，他们深刻体会到是无数像周爷爷这样不怕

牺牲，在战场上浴血战斗的英雄的宝贵生命换来了我们如今的幸福生活。

2. 活动二：谈理想信念，传承不朽精神

听了周爷爷的讲述，队员们纷纷提出了自己的困惑："是怎样的决心和信念让您去参军的？"周爷爷说道："起初，参军是为了吃饱肚子。但是经过党的教育，我们知道我们所做的一切都是为了人民翻身解放，为了祖国解放。靠着这样的信念，我们下定决心斗争到底，我们不怕死，时刻准备牺牲。"队员们拿起小人书，写下了周爷爷掷地有声的话语。

周爷爷还勉励队员们："我们离共产主义还有很长一段路要走，你们是共产主义的接班人，不能辜负前人的希望，要在这条路上继续坚定地往前走。"

3. 活动三：展耀眼功勋，寄语小康社会

最后，周爷爷还展示了获得的军功章，军功章似乎在无声地向他们诉说着那战火纷飞的岁月。同学们看着众多闪闪发光的徽章，不禁赞叹。

周爷爷将如今他在养老院的幸福生活和他参加革命时的艰苦生活进行了比较，告诉队员们，如今这样良好的生活条件，归功于一代代人通过不断的摸索走出来的小康之路，希望同学们好好学习科学知识，将这条小康之路继续走下去。

图 6-40　寻访抗战老兵

4. 活动四：传红色基因，绘制小人书

（1）说一说：听了周爷爷的故事，你们有什么想说的吗？像周爷爷这样的抗日英雄你还知道哪些呢？

总结：我们今天的幸福生活，是众多革命先烈抛头颅、洒热血，用生命换来的，我们要牢记历史，传承红色基因。

（2）想一想：我们可以给周爷爷画一本小人书，让越来越多的人知道周爷爷的事迹。那么画小人书时，我们应该从几个方面来画呢？

总结：在画小人书时，我们可以先总体介绍一下他取得的成就，然后再挑几个典型的事例来凸显人物的品质，但是几个事例之间要有详有略，这样才能重点突出，给人留下深刻的印象。

（3）画一画：以小组为单位，选择抗日战争中的一个或几个革命英雄，开始我们的小人书创作之旅吧！（见附录五）

二、第二阶段：颂革命英雄，展演小人书

1. 活动一：小人书颂革命英雄

在抗日战争时期，涌现出了许多革命先烈：八路军连长曾贤生，一手紧握刺刀，一手捂着小腹，虽已气绝身亡，却仍屹立不倒；董存瑞，为了扫除部队前进的最后障碍，舍身炸碉堡；元帅聂荣臻，在硝烟中救出日本孤儿抚养；小小年纪的王二小，沉着冷静地把敌人带进八路军的埋伏圈……他们不仅大智大勇，而且大仁大义！我们选择了几个英雄人物制作成了小人书，如《王二小》《董存瑞舍身炸碉堡》等。

2. 活动二：小人书显革命力量

在绘制、展演小人书的过程中，发生了一些感人的故事：资料收集不全时，大家就利用课余时间钻进图书馆，翻阅整理资料；所绘的人物形象不够凸显时，大家就一次次地请教美术老师……困难面前，大家集思广益，齐心协力，革命先烈无私奉献的精神更是激励队员们去解决一个又一个问题。

总结：大家都用自己的行动传承着红色基因。艰苦卓绝的抗战，唤醒了人民、教育了人民、锻炼了人民，伟大的中国人民成就了一个伟大的民族，一个伟大的民族，必然会孕育出一种伟大的民族精神，那就是不屈不挠。

三、第三阶段：话抗日战争，发布小人书

1. 活动一：借助小人书，回顾"百年红船"

中国共产党已有百年历史，百年历史长卷，历史的光芒始终跟随着嘉兴南湖上的一艘小船，这艘船劈波斩浪，带领党和人民从胜利走向胜利，我们学校开展了《百年红船记忆》小人书相关活动。

2. 活动二：借助小人书，走进重大战役

（1）小人书展重大战役。我们先给大家介绍一下抗日战争。在 14 年抗战中，上千万中国士兵前仆后继，用血肉之躯筑起长城抵挡日本侵略者，有约 400 万的伤亡。但这只占了抗战时期中国人伤亡的一成，中国百姓承受了巨大的伤害。他们或是死于日军的奸杀掳掠，或是倒在了艰险的逃难途中。抗日战争从 1931 年"九一八事变"开始，至 1945 年 8 月 15 日日本宣布投降结束，中国军队展开了 22 次大型会战、1 000 多次重要战役和 13 000 多次中小战斗。抗日战争是一段悲壮的历史，我们关注了战争中的一些重大战役，为了深入了解这些战役，我们分工绘制了小人书，请大家跟随小人书，一起走进重大战役，走进那段烽火岁月。

（2）小人书诉革命精神。我们通过对十大战役的深入了解，还绘制了一张伤亡统计图，看着这些数据介绍，大家有什么想说的吗？

总结：战争是残酷的，战斗是惨烈的。虽然敌强我弱，但我们没有放弃，团结一心，机智应对，不畏强暴，敢于拼搏。

3. 活动三：发布小人书，传承红色基因

（1）红色故事宣讲。抗日战争时期的斗争精神，我们要传承下去。前段时间，我们寻访了抗战老兵周长根爷爷，并绘制了一本关于周长根爷爷的小人书，宣讲周爷爷的事迹。

（2）小人书发布。我们请周爷爷来到了我们教室，为我们的小人书发布致辞。

总结：周爷爷的事迹、话语启示我们要铭记历史、缅怀先烈、珍爱和平、开创未来，这是历史赋予我们的责任，也是新时代的我们肩负的使命。

【收获与思考】

教育的根本任务是立德树人，要弘扬社会主义先进文化、革命文化、中华优秀传统文化，建立文化自信。现在的学生生活在和平年代，生活条件较为优越，对于中国百年革命征程知晓不多，对于革命先烈为何要牺牲自我来成就伟业难以理解，因此需

要教师引导他们去查找相关资料，了解当时真实的社会环境和历史背景，拉近学生与文本的距离。

小人书以其图文并茂的形式深受学生的喜欢，学生在阅读资料的过程中可以借助小人书这一育人载体，与人物共情，与历史共情。小人书在此活动中的运用及效果如下。

1. 绘制小人书，搭建革命岁月与精神世界的联结点

革命战争、革命英雄等在培养学生继承革命传统、传承革命精神、形成爱国主义情怀方面具有重要的意义。历史是一段尘封多年的记忆，距离当代的学生十分遥远，如何让历史在学生的脑海中"活"起来？在学生阅读、收集、整理资料的基础上，教师引导他们借用小人书以图文并茂的形式将故事、历史直观地呈现出来。学生绘制小人书的过程，就是联结这段历史时空的过程，这拉近了他们与历史的距离，历史在他们的脑海中"活"了起来。在绘制的过程中，他们沉浸到英雄们的革命现场，感知他们的革命精神。

2. 展演小人书，创设情感体验与精神生长的创生点

哲学家怀特海曾说："填鸭式灌输的知识、呆滞的思想不仅没有意义，往往极其有害——最大的悲哀莫过于最美好的东西遭到了腐蚀。不能让知识僵化，而要让它活动起来——这是所有教育的核心问题。"在活动中，展演小人书就是为了实现学生的情感体验与精神生长相融合。将绘制的小人书故事通过表演的形式展示出来，对人物形象的精确把握是必不可少的，这就需要他们细心揣摩人物的语言、动作、神态、心理、环境等，与人物共情，尽可能还原革命历史人物和革命历史现场。在一次次的表演、一次次的揣摩、一次次的自我修正中，孩子们逐渐走进了人物的内心世界，情感体验得到进一步升华，精神得到进一步滋养。

3. 发布小人书，找准红色基因与精神传承的融合点

发布小人书是一种富有创意和教育意义的方式，能够深入浅出地传递红色基因和实现精神传承。发布的过程就是学生的学习成果实践转化、精神世界丰盈成长的过程。抗日战争那一段历史对学生来说比较遥远，但是在此次发布小人书的过程中，学生能聚焦抗日战争的不同方面，找准了红色基因与精神传承的融合点。

在讲述重大战役的小人书过程中，他们感受到中国人民的团结与智慧以及在强敌面前毫不畏惧的英雄气概；在红色故事宣讲中，他们更是被眼前这位94岁高龄、昔日奋勇杀敌的周长根爷爷折服……孩子们借助表演、动画视频、现场互动等方式让历史不再只存在于书本上，而是镌刻在了他们的心中，传承红色基因、赓续红色血脉的坚定决心在他们的脑海中生根发芽。

实践活动三　小人书：为家乡生态发展发力

【活动主题】

长江大保护　有我一份

【设计理念】

党的二十大报告指出，中国式现代化是人与自然和谐共生的现代化，我们要像保护眼睛一样保护自然和生态环境。作为新时代主人的少先队员，我们要了解长江、爱护长江，并积极争当爱护长江的形象大使。队员们积极开展寻访活动，前往长江现场参观以及采访守江老人、宣讲守江老人优秀事迹，呼吁人们一起加入守护长江的活动中来，为家乡代言，为长江代言。

小人书是育人的新载体，小人书以其新颖的形式、有趣的内容受到队员们的喜爱，在活动中，队员们为守江老人绘制小人书，并利用小人书进行事迹宣讲。在实践体验中，队员们增强环保理念，厚植家国情怀，潜移默化中进行自我成长、自我发展。

【活动目标】

（1）通过观看视频、班级讨论等了解寻访人物的基本流程、方法和技巧，掌握访谈的基本知识和技能。

（2）通过实地参观、参加道德讲堂等活动了解长江的自然景观和生态环境变化，增强环保意识，为家乡生态发展骄傲。

（3）通过采访守江老人，绘制、发布小人书，培养沟通能力、团队协作能力，学习其身上的精神，增强社会责任感和使命感。

【活动架构】

"绿水青山就是金山银山"，为了让队员们感受长江的生态环境变化，为家乡的发展感到自豪，活动中，队员们制订寻访计划，参观长江博物馆，采访守江老人，并借用小人书的方式宣讲老人优秀事迹，呼吁人们加入环保行列，为家乡生态发展助力。具体流程如下：

访前准备，方案引航。寻访活动是队员们喜爱的校外实践活动，但是如何寻访，如何制定详细的寻访方案，他们还需要系统指导。于是在老师的指导下，他们通过上网学习、观看视频、班级交流等方式确定寻访对象、寻访内容、寻访方式，从而制定寻访方案。

现场参观聆听，增强环保意识。队员们现场参观了浩瀚的长江，感受到它的壮观，并走进长江大保护展示馆，了解长江大保护工作，了解长江生态文明变化；参加道德讲堂活动，采访守江老人，在与守江老人的对话交流中，感受守江老人的无私奉献的精神。

借助道德小人书，助力家乡生态建设。寻访后，队员们被守江老人的精神感动，继续收集老人的事迹、图片，绘制小人书，并借助小人书在校园、社区、网络等平台宣传老人事迹，增强人们的环保理念，呼吁人们共同关注家乡的生态建设。

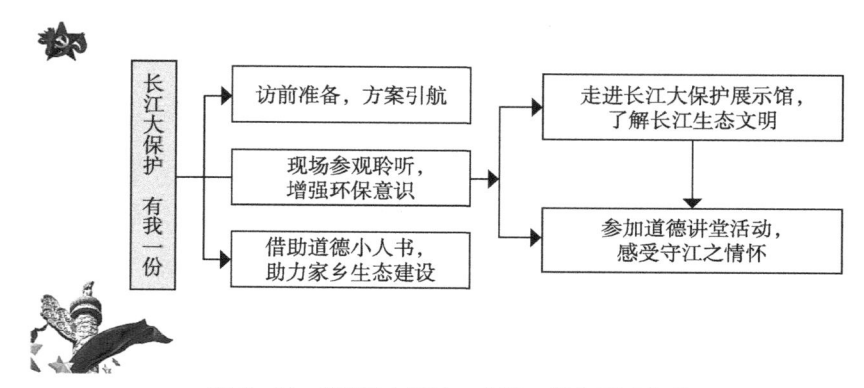

图 6-41 "长江大保护　有我一份"活动架构

【活动过程】

一、第一阶段：访前准备，方案引航

1. 活动一：确定寻访对象

（1）讲述普通劳动者故事。学生讲述日常生活中看到的各行各业的劳动者工作的场景。正是由于他们的无私付出，我们的生活才会如此美好。他们是我们这个城市的创造者和守护者。他们有一个共同的名字——"普通劳动者"。

（2）响应倡议，开展寻访活动。习近平总书记号召大力弘扬劳模精神、劳动精神、工匠精神，致敬普通劳动者。为了响应习近平总书记的号召，学校发出"寻访普通劳动者，争做小小追梦人"的倡议，号召学生通过小人书记录下这些劳动者的故事，用实际行动向劳动者致敬。

2. 活动二：设计寻访活动单

（1）汇报交流，明确寻访内容。寻访前，首先要明确寻访的对象、寻访的内容。学生从工作时间、工作环境、工作内容等方面讲述了解到的爸爸妈妈以及其他人的工作情况。

（2）观看视频，找寻寻访方式。确定了寻访对象，明确了寻访内容，采用哪些寻访方式去了解他们的职业呢？观看一个寻访视频，从视频中去寻找答案。在视频中，学生用了参观、体验、采访等方式了解邮递员的工作情况。教师引导学生发现这些方法的好处。

3. 活动三：填写寻访活动单

（1）小组讨论，完成活动单。寻访对象、寻访内容、寻访方式是寻访活动最重要的三个方面，课前老师给每组发了一张寻访活动单，请小组合作完成。小组合作要求：① 组长迅速组织组员讨论填写，不得大声喧哗。② 填写过程中如有疑问，可以举手寻求老师的帮助。③ 填写完成后，确定一名汇报员。④ 时间设置为 8 分钟。时间一到立即坐端正。（小提醒：采访的问题设计 2~3 个，问题要具体。）

表 6-7　寻访普通劳动者活动单

寻访对象		寻访时间		寻访地点	
寻访工具	手机，记录本，录音笔，照相机，其他				
小组分工	提问者		记录者		整理者	
	拍摄者		其他			
寻访内容			寻访方式		
寻访过程					
寻访注意事项					

（2）交流评议，提醒寻访细节。寻访人物时我们要尊重寻访对象的意愿和隐私，避免过度干扰其正常生活和工作；保持客观公正的态度，避免主观臆断和偏见影响寻访结果；注重团队协作和沟通，确保寻访活动的顺利进行。

总结：大家在寻访人物时，要深入了解寻访对象的生活、经历和思想，挖掘他们的故事和精神价值。

二、第二阶段：现场参观聆听，增强环保意识

少先队员们在教师的带领下，走近长江，走进长江大保护展示馆，了解长江生态

和长江大保护的故事。（图 6-42）

图 6-42 走进长江大保护展示馆

1. **活动一：走进长江大保护展示馆，了解长江生态文明**

长江大保护展示馆坐落在常州段沿岸。走进展示馆，映入眼帘的是代表生机和活力的绿色底板，讲解人员为队员们挨个介绍了每一块展板的含义和长江流域翻天覆地的变化。

队员们听得津津有味，内心充满了无比的自豪感。春江潮水连海平，无边江景一时新。沿岸的工厂码头正化身为柳堤苇岸，日渐清澈的江水里江豚活动明显增多。常州，共护一江清水向东流，谱写新时代的"长江之歌"。

2. **活动二：参加道德讲堂活动，感受守江之情怀**

在道德讲堂中，队员们认识了守江老人石厚林，并与他面对面做了深入的交流。石厚林老人一生致力于长江环境的改造，在 62 岁时他还带领乡亲们扎根江心洲，植树 8 年，将荒岛变成"绿树银行"。

队员们被老人无私奉献的精神深深感动，作为新时代的他们也感到了肩上的责任与使命，他们纷纷写下感言，自愿加入志愿者的行列。

三、第三阶段：借助道德小人书，助力家乡生态建设

寻访活动后，队员们被守江老人的精神深深打动，为家乡的生态环保建设感到自豪，他们纷纷拿起画笔，绘制"守江老人"小人书，呼吁人们"守江亦为守家"，为家乡的环保建设尽一份力量。

1. **活动一：绘制小人书，提炼其精神内涵**

创作设计：根据守江老人的故事和形象，设计小人书的画面和情节，确保内容生动、有趣且富有教育意义。

准备材料：准备绘制小人书所需的画笔、纸张、颜料等工具和材料。

绘制草图：根据设计稿，绘制"守江老人"小人书草图，包括画面布局、人物形象、背景等。

上色填色：在草图的基础上，使用颜料为小人书上色，注意色彩的搭配和运用，使画面更加生动逼真。

文字编写：编写守江老人的故事和环保理念，将其融入小人书的画面中，使小人书既有画面又有文字，更具教育意义。（见附录六）

2. **活动二：发布小人书，助力家乡生态建设**

校内展示：在学校内部举办小人书展示活动，邀请师生共同学习守江老人的故事和精神。

社区宣传：将绘制好的小人书带到社区，向居民宣传环保理念，呼吁大家共同关注家乡生态建设。

网络传播：通过学校网站、社交媒体等渠道，将小人书的内容传播到更广泛的人群中，引发更多人的关注和参与。

总结：我们借助道德小人书助力家乡生态建设，成功地将守江老人的故事和精神传递给了更多的人，激发了大家的环保意识和行动。同时，我们也认识到小人书作为一种富有创意和教育意义的形式，在生态环保宣传中具有重要的作用。未来，我们将继续开展类似的活动，关注更多的环保人物和事迹，为家乡生态建设贡献更多的力量。

【收获与思考】

习近平总书记强调厚植家乡情怀，注重生态发展，这是他在领导中国进行现代化建设过程中的重要理念。新时代的青少年应当积极承担助力家乡发展的使命与担当，

通过自身的努力和行动，为家乡的经济发展、文化传承和社会进步贡献自己的力量。

1. 小人书形式新颖，传播家乡生态发展新成就

图文并茂的小人书让阅读变得快捷、轻松、有趣，能够激发人们的阅读兴趣，从而让人们更好地理解和接受德育内容。

寻访结束后，学生纷纷想到用小人书的方式传播家乡生态发展新成就。他们小组合作，找来石厚林老人的事迹材料以及相关照片，设计小人书的画面和情节，并将一些环保理念以及家乡在生态发展方面所取得的成绩蕴含其中。小人书虽然小，但非常精致，在事迹宣讲时，大家纷纷被小人书新颖别致的外形、惟妙惟肖的图画、自然和谐的色彩搭配、短小而感人的故事吸引。

2. 小人书内容有趣，助力家乡生态发展谱新篇

小人书将德育内容以故事化的形式展现，使得抽象的概念具体化，便于人们理解和记忆。通过小人书中的故事情节和人物形象，人们可以更加直观地感受到德育的内涵和价值，进而在日常生活中加以实践。

小人书记录了一个守江老人石厚林的故事。录安洲，就是江心洲，是长江主航道偏南侧的一个小岛，面积为3.45平方千米。守江老人石厚林出生于此。儿时，他同小伙伴们一起在长江边上游泳、嬉水、摸鱼、捉虾。26岁退伍回乡后，他成了村里的"水利工程兵"；后来，他又在地方政府的支持下，在小岛上添绿，种下"金山银山"，成了"拓荒者"；现在，在他的带领下，小岛上大力发展苗木、花卉产业，将长江生态保护与集体经济发展有机结合，使得"录安洲花木"走向全国，他又成为"致富人"。老人辛苦而又传奇的一生深深吸引了孩子们，老人"水利工程兵""拓荒者""致富人"的故事都被他们用生动形象有趣的语言记录在了小人书中，他们想让更多的人知晓老人的故事，一起助力家乡生态发展谱新篇。

3. 小人书情感丰富，厚植家乡生态发展新情怀

小人书是育人新载体。传统的德育方式往往注重说教和灌输，而小人书活动则更加注重学生的参与和体验，让学生在亲身实践中感受德育的力量。

寻访结束后，学生的内心久久不能平静，他们深感身上的责任与担当。他们继续上网查找老人的事迹材料，进行深入的学习。他们以小队为单位，为老人绘制小人书，其中，老人形象的塑造以及文稿的撰写显得尤为重要。他们多次进行"头脑风暴"式的交流，在你一言我一语中，老人的形象慢慢变得立体起来。

如何让老人的形象为家乡人们所熟知，让更多的人加入家乡生态建设中来？他们在学校、社区、网络等平台开展了小人书发布活动，为家乡生态发展发力：在学校，他们举办小人书展示活动，宣讲老人的事迹；在社区，他们借用绘制好的小人书，呼吁大家共同关注家乡生态建设；在网络，他们将绘制好的小人书变成图片、视频等，引发更广泛的人关注家乡的生态建设。

实践活动四　小人书：激发非遗文化新活力

【活动主题】

传承非遗文化　寻访常州梳篦

【设计理念】

习近平总书记曾深刻指出，要加强非物质文化遗产保护和传承，积极培养传承人，让非物质文化遗产绽放出更加迷人的光彩。这为我们揭示了非遗文化的重要性和保护传承的紧迫性。常州，这座历史悠久、人文荟萃的城市，自古以来便崇文重教、名人辈出，同时也孕育了众多非遗文化。这些丰富多彩的非遗文化，既是中华文化的璀璨瑰宝，又是中华文明绵延传承的生动见证。

小人书，作为一种深受孩子们喜爱的传统阅读方式，图文结合，简单易懂，如果与非遗文化相结合，不仅能够激发孩子们对传统文化的兴趣，还能让他们在轻松愉快的阅读中，深入了解非遗文化的历史渊源和独特魅力。为了深入探寻和传承这些宝贵的非遗文化，我校精心策划了"寻访常州梳篦　争当非遗小传人"的寻访活动，绘制寻访小人书。

活动中，少先队员们通过亲手制作小人书，将常州梳篦的历史、制作工艺和文化内涵展现出来。他们精心绘制插图，用生动的文字讲述常州梳篦的故事，让读者在欣赏精美插图的同时，也能深入了解非遗文化的丰富内涵。

通过小人书这一独特的传承方式，非遗文化得以在孩子们的心中生根发芽。孩子们在阅读小人书的过程中，不仅能够感受传统文化的独特魅力，还能培养起对家乡文化的热爱和自豪之情。这不仅有助于保护和传承非物质文化遗产，还能让中华文化的璀璨瑰宝在新的时代绽放出更加迷人的光彩。

此外，小人书作为一种传统的阅读方式，也具有独特的教育价值。通过制作小人书，孩子们不仅能够锻炼自己的动手能力和创造力，还能培养对传统文化的敬畏之心，让非遗文化得以在新的时代焕发出新的活力，让更多的人了解和热爱传统文化，共同为保护和传承非物质文化遗产贡献自己的力量。

【活动目标】

（1）阅读小人书，寻访非遗传承人，了解常州非遗，感受非遗的魅力。

（2）制作小人书，了解家乡非遗传承的历史，深化对家乡的热爱之情，增强对中华传统文化的认同感、自豪感。

（3）借助小人书开展宣讲活动，牢记习爷爷的嘱托，传承好非遗文化，做小小"非遗文化传承者"。

【活动架构】

在学校活动中，广大学生热情参与，自发成立实践团队，深入开展常州非遗文化的探寻之旅。在教师的精心指导下，学生通过精心策划、实地调研和深度交流，不仅充分展现了积极主动的学习精神，而且将所学知识与实践相结合，深刻感受到常州非遗文化的独特魅力。他们决心成为传承常州非遗文化的使者，为家乡的文化传承贡献自己的力量。

阅读小人书，认识非遗。通过前期自主查阅资料，阅读非遗小人书以及实地寻访常州梳篦博物馆，制作寻访小人书，学生对非遗文化有了更深入的了解。他们不仅了解了常州梳篦的历史渊源和制作工艺，还感受到非遗文化的独特魅力。这些小人书用生动的插图和简洁的文字，将非遗文化的丰富内涵展现得淋漓尽致，让学生在阅读中感受到传统文化的博大精深。

绘制小人书，探秘非遗。为切实了解非遗传承遇到的瓶颈，学生在老师的带领下，查找资料，寻找原因，绘制非遗现状调查小人书。这不仅锻炼了学生的动手能力和创造力，更提升了学生的思维能力，让学生真正走近非遗，当好非遗传承人。

利用小人书，宣传非遗。针对常州梳篦的传承与发展，学生积极建言献策，以独到的创意与想象力为常州梳篦的传承贡献了自己的力量。此外，学生从梳篦传人的身上学习工匠精神，始终铭记并将其内化于心，作为自己成长的动力。他们立志成为有理想、敢于担当、勇于奋斗、不断创新的新时代优秀少年，为传承非遗贡献力量。

```
                                    ┌─ 阅读小人书知非遗
                  ┌─ 阅读小人书，认识非遗 ─┤
                  │                  └─ 实地寻访走近非遗
                  │
                  │                  ┌─ 成果展示，研究现状
传承非遗文化 寻访常州梳篦 ─┼─ 绘制小人书，探秘非遗 ─┤
                  │                  └─ 情境体验，探寻原因
                  │
                  │                  ┌─ 小人书策划，献计非遗
                  └─ 利用小人书，宣传非遗 ─┤
                                    └─ 小人书宣讲，传承非遗
```

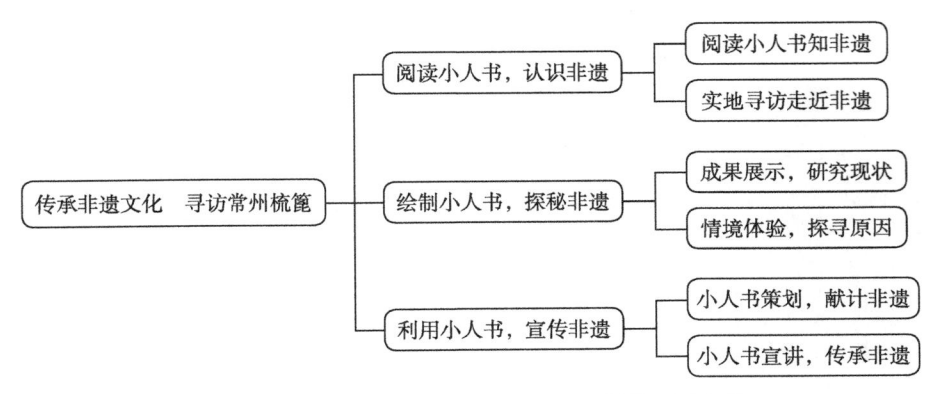

图 6-43 "传承非遗文化 寻访常州梳篦"活动架构

【活动过程】

一、前期寻访：走进梳篦博物馆

为迎接中国共产党第二十次全国代表大会的胜利召开，深入学习贯彻习近平总书记给淮安市新安小学少先队员重要回信精神，少先队员们在老师的带领下来到了常州梳篦博物馆，开展以"争当非遗小传人，喜迎二十大"为主题的寻访活动，一起了解常州梳篦的发展历史，感受常州非遗文化的魅力。

古谚有云："扬州胭脂苏州花，常州梳篦第一家。"常州梳篦迄今已有 1 600 余年，是历史悠久的传统手工艺品，素有"宫廷名篦"之称，2008 年被列入国家级非物质文化遗产名录。

在讲解员的带领下，小队员们有序进入博物馆。从梳篦的起源、发展历史、原材料、制作工艺到梳篦的传承与发展，讲解员的讲解让小队员们大开眼界。看似简单的梳篦，从开料到成品，居然要经历 73 道工序，每一道工序都不能马虎，只有这样，才能制作出一把精美的梳篦。小队员们一边聆听，一边感受这些历史见证者的文化底蕴。

当小队员们来到成品展区时，各种造型逼真、制作精美的梳篦令他们赞叹不已，一把把精美的梳子组成了一幅幅精美的画面，十二金钗、京剧国粹、海的世界……对队员们来说简直是一场视觉盛宴。小队员们无不叹服工匠师傅们的高超技艺，纷纷表示要将其绘制到自己的小人书上进行宣讲。

小小的梳篦是文化的传承，凝聚着老一辈工匠们精益求精、开拓创新的精神。新时代少年要在党的领导下刻苦学习，提高能力，争做非遗传承人，将匠人精神传承并

发扬光大。(图6-44)

图6-44 走进梳篦博物馆

二、小人书汇报

之前同学们为家乡代言，了解到常州物产丰富，大麻糕、留青竹刻、梳篦等非物质文化遗产令我们赞叹不已。假期里，有同学对常州梳篦进行了深入研究，并分享了自己的研究收获。

1. 活动一：阅读小人书，认识非遗

前期同学们不仅阅读了非遗文化的小人书，还去常州梳篦博物馆开展了寻访活动，以下是梳篦寻访小队的汇报。

（1）梳篦历史小队：小人书里的梳篦传奇。

翻开这部精致的小人书，我们仿佛穿越时空，回到梳篦的历史长河之中。梳篦，这一看似普通的日常用品，实则承载着中华民族深厚的文化底蕴。自远古时代起，梳篦便与人们的生活紧密相关。它不仅是梳理头发的实用工具，更是展现艺术魅力和精巧手工的载体。每一把梳篦，都蕴含着匠人的心血与智慧，是中华文化的瑰宝。

小人书以生动的画面和简洁的文字，展现了梳篦的历史演变和文化内涵。从最初的简单木梳，到后来的精美玉梳、金梳，梳篦的材质和工艺不断升级，其形态和图案也愈发丰富多彩。这些梳篦不仅是实用的工具，还是艺术品，体现了人们对美好生活的追求和向往。

通过小人书的生动展现，我们深刻感受到梳篦这一传统工艺品的独特魅力。它不仅是历史的见证，更是文化的传承。让我们一同走进小人书的世界，探寻梳篦的传奇故事，感受中华文化的博大精深。

（2）梳篦种类小队：小人书中的梳篦万花筒。

小人书中的梳篦万花筒，每一页都闪耀着常州梳篦的多样风采。常州梳篦种类繁多，独具匠心。小人书以生动的画面和细腻的笔触，将各种梳篦展现得淋漓尽致。实用梳系列简洁大方，满足日常梳理需求；工艺观赏梳系列精美绝伦，令人叹为观止；更有相拼梳系列将实用与观赏完美结合，展现了梳篦工艺的无穷魅力。

队员们结合实物展示和图片补充，详细介绍了每一种梳篦的独特之处和实用功能。那些精致的梳齿、华丽的装饰、独特的造型，无不彰显着常州梳篦的精湛工艺和丰富内涵。在小人书的引领下，我们仿佛穿越时光，亲身感受到常州梳篦的辉煌历史和文化底蕴。这些梳篦以独特的姿态，诉说着中华文化的博大精深。

让我们一同翻开这部小人书，探寻常州梳篦的多样风采，感受这一传统工艺品的独特魅力。

（3）梳篦工艺小队：小人书中的匠心传承之旅。

"工艺图谱"小人书带我们踏上了一段探寻梳篦制作工艺的旅程。制作一把精美的梳篦，需要历经73道工艺的精心打磨。每一道工序，都是对匠心精神的极致追求。非遗匠人们凭借多年的经验和精湛技艺，将普通的木材、兽骨、象牙等原材料，雕琢成一把把兼具实用与美观的梳篦。

这本小人书展示了梳篦制作的每一个步骤，从选材、开料到成型、打磨，再到装饰、包装。在小人书的引领下，我们仿佛置身于非遗匠人的工作坊中，亲身感受他们制作梳篦的全过程。我们深刻体会到，每一把梳篦的背后，都隐藏着匠人们无数次的尝试和磨砺，都承载着他们对传统工艺的热爱和执着。

让我们一同翻开这本小人书，踏上这场匠心传承之旅，感受非遗匠人们的精湛技艺和无私奉献，领略梳篦制作的独特魅力。

教师总结提出，此次前期成果展示中，小人书作为关键媒介，为我们生动展现了常州梳篦的瑰丽画卷。通过小人书，我们深入了解了梳篦的历史渊源、种类的多样性和制作工艺的精湛。它如同一把钥匙，打开了我们对常州梳篦认知的大门，让我们领略到这一传统工艺品的独特魅力。未来，我们期待小人书继续发挥重要作用，推动常州梳篦的传承与发展，让更多的人感受到这份匠心之美。（见附录七）

2. 活动二：绘制小人书，探秘非遗

（1）成果展示，研究现状。

在课堂的热烈氛围中，梳篦综合实践小队的成员们自信地展示了他们的调查成果，并制成小人书，为我们揭示了梳篦传承所面临的严峻问题。

首先，从统计图表中，我们不难看出梳篦的价格相对较高，使许多消费者望而却步。在追求性价比的现代社会中，人们更倾向于选择价格亲民、实用性强的梳子，而非传统的梳篦。

其次，梳篦的制作过程烦琐，需要经过多道工序和精细的打磨，这不仅增加了成本，还使得制作周期延长。这种复杂的制作工艺使得年轻人对这门技艺的兴趣逐渐减弱，传承面临困境。

最后，从消费者的购物心理出发，物美价廉的产品往往更受欢迎。在这个追求性价比的时代，梳篦要想重新获得市场的青睐，就必须在保持传统特色的基础上，降低成本，提高性价比。

（2）情境体验，探寻原因。

学生通过创设真实情境来探寻梳篦受冷落的原因。首先，播放梳篦的自述音频："同学们大家好，我是梳篦。曾经的我备受大家喜爱，老少皆宜，因此才能流传至今。然而最近，我发现人们对我的喜爱大不如前了，这是为什么呢？你们能否帮我找到答案？"

之后，小队成员们积极合作，查阅了相关资料，寻找原因，并罗列了梳篦所面临的困境。他们深入分析市场趋势和消费者需求，试图找到问题的根源。

经过讨论和汇报，学生总结出了几个主要原因：首先，外来文化的冲击和现代生活方式的改变让人们的审美观念和价值观发生转变。传统的梳篦在某种程度上已无法满足现代人的需求。其次，当前的宣传力度不足，导致很多人对梳篦的历史文化价值了解甚少。最后，梳篦的设计缺乏创新和个性，无法吸引年轻消费者的目光。

教师赞扬了小队成员借小人书展示非遗传承的现状。小人书中描绘了一幅幅生动的画面，让我们看到非遗传承人在现代社会中的坚守与努力，如走进学校、社区，通过讲座、工作坊等形式，向公众普及非遗知识，传授传统技艺。同时，政府和社会组织也给予了一定的支持，为非遗传承提供了必要的资金和资源保障。然而，我们也看到非遗传承所面临的困境，如传承人老龄化、技艺传承断层、市场需求不足等问题。

3. 活动三：利用小人书，宣传非遗

（1）小人书策划，献计非遗。

面对非遗传承的现状和困境，学生纷纷拿起手中的笔，在小人书上策划起了传承方案。他们结合自己的调查和思考，提出了多种切实可行的措施。首先，他们建议加大对非遗传承人的培养和扶持力度，鼓励年轻人学习和继承传统技艺。其次，他们提出通过创新设计和个性化定制等方式，提升非遗产品的市场竞争力，满足现代消费者的需求。此外，他们还建议加强非遗文化的宣传推广，提高公众对其的认知度和认同感。这些措施旨在为非遗传承注入新的活力，推动其与现代社会的融合发展。

学生集思广益，出谋划策：① 创新宣传，扩大影响：借助互联网的广阔平台，全方位宣传，加大推广力度；同时，引入新颖的盲盒销售模式。② 设计创新，古今融合：将梳篦文化与时代融合，实现传统与现代的交融；听取专业点评，从戏曲的脸谱、头饰等元素中发掘梳篦独特的美学价值，展现多元文化的魅力。

教师表示，通过此次活动，我们深刻认识了非遗传承的重要性和紧迫性。小人书作为一种生动形象的展示方式，为我们提供了观察非遗传承现状的新视角。同时，学生也充分发挥了自己的创意和智慧，为非遗传承策划出了切实可行的方案。让我们携手努力，共同推动非遗文化的传承与发展，让这份宝贵的文化遗产在未来的岁月里继续闪耀光芒。

（2）小人书宣讲，传承非遗。

回应情境，播放梳篦的自述音频：亲爱的同学们，你们的想象力如同璀璨的星空，让我对未来充满了无限的好奇与期待。借由你们的智慧，我渴望探索未知的旅途，追寻新的变化与可能。

教师表示，我国的非遗文化如同一座瑰丽的宝库，梳篦只是其中之一。除了梳篦，还有无数非遗文化如同沧海遗珠，等待我们去发现与守护。让我们携手并进，借小人书这一载体，为传承与弘扬这些独特的文化遗产，奉献我们的热情与力量。

【收获与思考】

学校结合新时代育人要求，创新德育载体，以社会主义核心价值观为目标，引导学生阅读和创编小人书，学生由被动接受到主动表达展示，真正做到了知行合一。那么怎样用好小人书呢？我们从前期的阅读、中期的制作，到后期的展示，形成了一系列的小人书活动。

1. 小人书弘扬非遗魅力

小人书作为一种备受欢迎的文化形式，为非遗文化的传承与发展注入了新的生命力。因此，课前阅读小人书，了解常州梳篦的历史沿革和演变过程，对于深入感受其文化内涵具有重要意义。此外，学生还可以通过小人书的形式，生动展示梳篦的制作流程及技艺特色，进一步凸显常州非遗技艺的独特魅力，为后续非遗文化的宣传与推广奠定坚实的基础。

2. 小人书创新文化内涵

在弘扬与传承传统文化时，我们必须深入挖掘并传承其丰富的文化内涵。从创新的角度审视，将小人书与非物质文化遗产传承相结合，能够进一步充实非遗文化的底蕴与拓展其外延。本次活动的核心议题聚焦"如何更好地传承非遗文化"。在前期的准备工作中，学生用心搜集资料，了解梳篦的起源和发展历程，并精心绘制了相关的小人书作品。随后，他们踏足常州梳篦博物馆，亲身感受梳篦工艺的精湛与独特。在课堂上，通过与梳篦传承人的深入交流，学生深刻领悟到匠人精神的真谛，并激发了争当非遗传承人的热情。此外，学生们还大胆发挥创意，设计了多款别致的梳篦样式，并从销售、表演、传播等多个角度为非遗传承贡献智慧，最终将这些创意绘制成小人书，成为常州梳篦文化的热心传播者。这一系列活动以小人书为载体，实现了从课堂到课外的自然延伸，让非遗文化的魅力更加深入人心。

3. 小人书提升学生品格

学生精心编制小人书，以常州非遗传承人的身份，全方位展示了常州非遗的深厚底蕴。书中重点介绍了常州梳篦的制作技艺，不仅引导学生形成了正确的价值观，还激发了他们的审美情趣和创造力，对于塑造学生健全的人格具有积极影响。通过自主阅读和创作小人书，学生在动手动脑的实践中对常州非遗有了更深刻的理解，培养了文化自信，明确了自己的责任与使命，展现了严谨、理性的学习态度。

实践活动五　小人书：推开文化自信的大门

【活动内容】

统编版《道德与法治》三年级下册第7课"请到我的家乡来"之"我为家乡代言"

【设计理念】

《请到我的家乡来》是一篇富有情感和启发性的课文，它引导学生们深入了解自己的家乡，从而激发他们对家乡的热爱之情。这一课共有四个板块："我的家乡在哪里""我是家乡小导游""家乡的特产真不少"和"我的家乡人"。每个板块都承载着不同的内容和意义，它们之间有着先地理后人文的逻辑顺序，使得学生能够全面而系统地了解家乡的自然环境、物产和人文特色。

为让学生深入了解自己的家乡，逐步从情感上认同自己的家乡，需要从学生日常生活中能感知到的自然环境、物产和人入手。于是，教师以教材为基础，结合学校特色小人书课程，以"我为家乡代言"为切入口，以"征集《最美常州》小人书"为大任务，引导学生通过选择小人书的内容来了解自己的家乡，从家乡的景、物、人三个方面来激发学生的家乡情。最后，借助小组合作的形式制成小人书，并让学生借助小人书成为最美常州的宣讲人来介绍常州，真正培养学生的精神品格，推开文化自信的大门。

【活动目标】

（1）制作单页小人书，感受家乡独特的自然风光、丰富的物产，并能做简单介绍。

（2）明白一方水土养一方人，培养对家乡的热爱之情，产生强烈的家乡自豪感，并能自觉传承家乡人的勤劳智慧。

（3）在小组交流、汇报、采访等活动中培养探究、合作、交流能力，并能制成一本小人书。

【活动架构】

在学校活动中，队员们热情高涨，深入开展"我为家乡代言"的探寻之旅。在教师的精心指导下，他们认真准备，通过事先的资料搜集、现场的实地寻访，用脚步去丈量常州，立志用实际行动增强对家乡文化的自信心和自豪感。

前期调查，阅读小人书：教师宣布活动要求后，队员们通过自主查找资料以及调查研究完成调查报告，以阅读手抄报或小人书的方式了解常州的各项文化。随后利用班队课介绍常州的景、物、人等内容，从而确定班级寻访对象。有了寻访对象后，教师制定寻访方案，引导学生撰写采访稿。

实地寻访，绘制小人书：队员们带着自己的思考和困惑来到常州青果巷，了解相关知识，感知"常州三杰"精神，并绘制寻访小人书。

班会展示，小人书汇报：寻访后，教师组织队员开展队课汇报，各小队从不同角度，采用小人书展示、小人书宣讲等方式汇报心得，并形成《最美常州》小人书，用积极的行动为家乡代言。

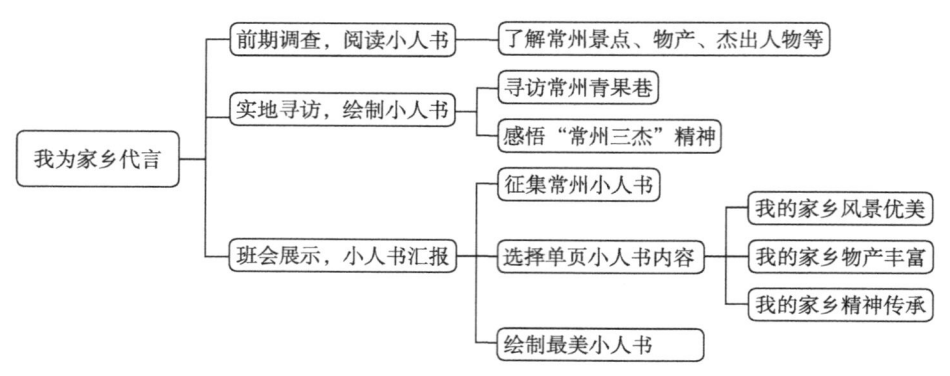

```
                    ┌─ 前期调查,阅读小人书 ── 了解常州景点、物产、杰出人物等
                    │
                    ├─ 实地寻访,绘制小人书 ┬─ 寻访常州青果巷
我为家乡代言 ───────┤                      └─ 感悟"常州三杰"精神
                    │
                    └─ 班会展示,小人书汇报 ┬─ 征集常州小人书
                                          │                      ┌─ 我的家乡风景优美
                                          ├─ 选择单页小人书内容 ┼─ 我的家乡物产丰富
                                          │                      └─ 我的家乡精神传承
                                          └─ 绘制最美小人书
```

图 6-45 "我为家乡代言"活动架构

【活动过程】

一、前期寻访：红娃访青果

2021 年 7 月 1 日是中国共产党建党 100 周年纪念日，在这个特殊的节日里，少先队员们在家长的组织带领下开展了参观实践活动：走入红色教育基地——青果巷历史文化街区。

队员们参观了青果巷街区，聆听了青果巷的历史，了解了青果巷名人的故事。唐荆川、周有光、刘国钧的感人事迹深深印刻在队员们心中。此外，青果巷还是一块孕育了红色基因，富有革命传统的热土。被誉为"常州三杰"的恽代英、瞿秋白、张太雷是常州英烈中的杰出代表，是中国共产党早期重要的领导人。他们无私奉献、勇往直前，用自己的热血和生命去探索和实践救国救民的道路。他们的崇高精神让队员们深受震撼。

此次青果巷寻访活动，队员们不仅走进了这条文脉悠远的江南古巷，领略了青果巷人文荟萃的韵味，还沿着红色足迹，绘制了小人书，传承了红色基因，让革命薪火代代相传。

二、小人书汇报

1. **活动一：征集最美小人书**

学生应依据地图标识，精准定位并圈选出江苏省内的常州市区域；通过观看介绍常州市的视频资料，全面深入了解常州市的地理、历史、文化、经济等各方面情况。

为提升学生的实践能力和创新思维，教师设定了一项情境任务：争做最美常州代言人。学生需以绘画形式创作《最美常州》小人书，通过小人书作品展示常州的美景、文化及特色，以此宣传和推广常州。

2. 活动二：选择单页小人书内容

学生交流关于绘制小人书的内容，涵盖了景点、美食、文化和特产等方面。

（1）单页小人书内容——我的家乡风景优美。

学生介绍青果巷、花开西庄、中华恐龙园、南山竹海等景点，展现家乡优美的景色。

教师对学生的推荐进行了总结，并称赞了这些景点，其中包括了历史悠久的人文古迹、富有童趣的主题乐园、风景秀丽的自然景观以及具有现代化气息的常州新地标——常州图书馆，展现了家乡景色的丰富。

（2）单页小人书内容——我的家乡物产丰富。

教师展示课前精心准备的调查问卷结果，让学生全方位了解常州丰富的物产资源，包括餐桌上、商场里、现代化工厂中的，如大麻糕、梳篦、新能源产业等。

举办"常州物产博览会"，通过图片展示，使大家更直观地了解常州物产。

分组讨论并挑选最具代表性的物产，创作"物产推荐"小人书（单页），并阐述推荐理由。

① 梳篦小组：在众多的传统手工艺中，我们小组特别钟情于梳篦，这种精致而别致的工艺品，不仅展现了匠人的精湛技艺，也是传统与现代完美结合的产物。为了更深入地了解梳篦的制作工艺和背后的文化故事，我们还亲自探访了常州梳篦博物馆。

学生播放小小宣讲员的讲解视频，倾听他们对常州梳篦的专业介绍，交流感受。

② 大麻糕小组：我们小组力荐大麻糕，据传周有光先生也对它赞不绝口。

学生品尝大麻糕，分享口感和体验。

学生观看常州非遗传承人制作大麻糕的视频，深入了解大麻糕的制作过程，并交流感受，共同感受常州物产的独特魅力。

（3）单页小人书内容——我的家乡精神传承。

教师讲述"常州三杰"的故事，讲述他们为了民族的独立和人民的幸福，英勇奋斗、无私奉献的英雄壮举，他们充分展现了常州人民坚韧不拔、敢于担当的精神风貌。

学生在倾听了"常州三杰"的故事后，深受感动。尽管这些英雄身处不同的历史时期，但他们身上都有着一种共同的精神追求——为了民族的独立和人民的幸福而英勇奋斗。这种精神，正是常州精神的生动体现。

教师总结并引导学生关注身边的普通人，肯定这些默默奉献的人们，作为常州精神的坚定传承者，他们用自己的汗水和智慧诠释着常州精神的深刻内涵。随后，教师展示了一系列关于志愿者的图片，让学生仔细观察，深入体会他们的奉献精神，并交流自己的感受。

3. 活动三：绘制最美小人书

（1）布置任务，合成小人书。教师布置任务——绘制一本小人书，让学生将之前绘制的单页小人书进行组合，用小人书来描绘常州独特而迷人的风貌。这不仅是一次艺术的挑战，更是一次深入了解常州文化精髓的旅程。这些色彩斑斓的画面将常州的美丽风景、悠久的历史和丰富的文化传递给更多的人。

（2）小组合作，绘制小人书。各小组围绕一个与常州息息相关的主题展开创作，如常州的历史建筑、壮丽的自然风光、独特的民俗文化等。教师鼓励学生尽情发挥自己的想象和创造力，以小人书的形式展现常州独特的魅力。在小组合作的过程中，学生的团队协作能力和沟通能力得到了提升。通过相互合作和交流，每个小组都能创作出一本充满创意和个性的常州小人书。

（3）展示成果，小人书宣讲。班级举办精彩的成果展示活动，邀请同学们上台分享他们所绘制的小人书。通过展示和介绍，同学们将更深入地了解常州的历史文化、风土人情和人文精神，从而更加热爱这座美丽的城市。（图6-46）

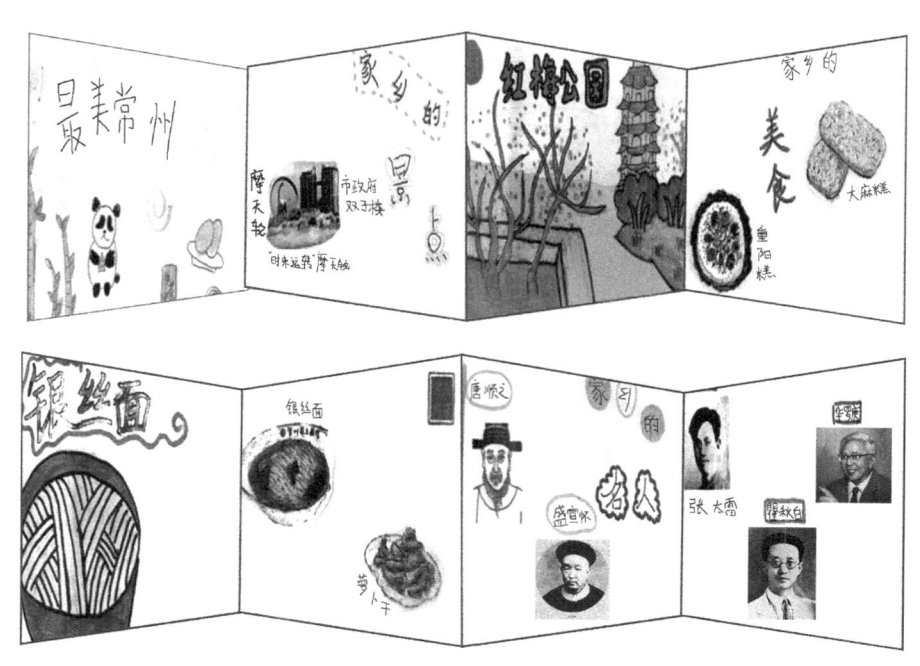

图6-46 《最美常州》小人书

教师强调小人书的魅力，通过制作小人书，学生能更加深入地感受常州的历史底蕴、自然风光和人文魅力。通过团队合作、创意表现和艺术创作的过程，学生一定能收获一段难忘的经历。课后，教师请学生继续去了解常州有关方面的知识，完善小人书，继续做家乡代言人，让更多人了解常州！

【收获与思考】

小人书，作为一种具有浓郁地方特色的民间艺术形式，既包含了丰富的历史文化内涵，又贴近学生的生活实际。引入"小人书"文化育人项目，可以让学生更加深入地了解自己的家乡文化，增强文化自信心。同时，小人书中的故事情节和人物形象也能引发学生的共鸣，激发他们的学习兴趣和积极性。

1. 小人书育人为本，联生活共绘蓝图

小人书，作为新时代儿童品格锤炼的载体，不仅是一种寓教于乐的学习资源，更是一种文化传承的媒介，能够帮助学生打开认识世界的窗户。当教师巧妙地将小人书融入课堂，课程内容便与生活实际紧密相连，为学生创造了一个充满趣味和创意的学习环境。在这样的学习环境中，学生通过亲手制作小人书，不仅锻炼了动手能力，还深入了解了家乡的文化底蕴。他们通过描绘家乡的风土人情、历史传统，更加热爱自己的家乡，对传承和发扬家乡文化充满自豪。这样的学习过程不仅培养了学生的文化认同感，还激发了他们对学习的热情，为他们的全面发展奠定了坚实的基础。

2. 小人书创新为魂，多学科携手共创

本次学习活动中，教师布置了绘制《最美常州》小人书的任务，旨在引导学生从常州的自然风光、物产特色以及城市精神等多个维度进行深入的思考与交流，使学生更加真切地了解和感受自己的家乡。在此过程中，教师与学生携手，共同发掘和整合各类学习资源。各小组以绘制小人书为契机，打破学科之间的界限，以富有创意的小人书形式，深入挖掘道德与法治学科的独特价值。此举不仅促进了国家课程与校本课程的有效融合，更为新课标理念的落实提供了生动的实践范例。在绘制《最美常州》小人书的过程中，学生不仅积极调动了自己的知识储备，还通过小组合作，学会了如何有效地沟通与协作。这种教学模式的应用和推广，对于培养学生的综合素质，促进他们的全面发展具有深远的意义。同时，这种教学方式也对教师提出了更高的要求。

3. 小人书成果为证，展风采共筑梦想

在数字化时代，小人书这一传统手工艺品似乎被遗忘。然而，在我们学校的小人书课程中，它焕发出新的生机。学生以灵巧的双手制作精美的小人书，展现他们的才

华与创意。制作小人书不易，需投入大量心血，但学生因此获得成就感与自豪感。完成作品时，他们激动地向彼此展示，分享喜悦。这一过程锤炼了学生手工技能，培养了他们的耐心与细心，使之将美好生活转化为画面。每本小人书都记录了他们的成长与心路历程，同时也是展示自我风采的舞台。小人书不仅是艺术品，更是学生心灵与才华的展现。我们需珍视传统手工艺传承，将小人书课程融入班级课程，让学生热爱这项技艺，提升综合素质，传承中华文化。让我们为这些才华横溢的学生喝彩！

实践活动六 小人书："旧"与"新"的碰撞

【活动主题】

遇见新能源

【设计理念】

五年级的队员们对于家乡的物产、自然环境和名人已经有了初步的认知，但对于家乡更深层次的文化形态仍觉得陌生。受限于生活经历和认知水平，他们对于家乡高新区的飞速发展以及新兴产业的理解尚显肤浅。

此次，我们结合"寻访高新成就，增强四个自信"的主题活动，以"打造高新名片，擦亮现代化常州幸福底色"为方向，选择了"遇见新能源"这一小切口，继续深化队员们对家乡的认知和热爱。通过实地参观新能源企业和研究机构，队员们目睹了新能源技术的创新和应用，感受到新能源产业发展为家乡发展带来的活力和希望。

通过"遇见新能源"这一活动，队员们亲身参与了互动环节，实际感受了新能源的优势。他们不仅领略了家乡在新兴产业方面的卓越成就，也深刻感受到家乡在科技创新和绿色发展道路上迈出的坚定步伐。这一活动不仅激发了队员们热爱家乡、建设家乡的热情，更有助于他们树立正确的价值观和人生观，引领他们走向更加美好的未来。

【活动目标】

（1）借助《最美常州》小人书，重温家乡人文景观，感受家乡高质量发展之势态，并能做简单介绍。

（2）通过实地寻访，制作寻访小人书，培养对家乡的热爱之情，产生强烈的家乡自豪感，并能自觉传承家乡人的勤劳智慧，培养文化自信。

（3）在小组交流、汇报、采访等活动中培养探究、合作、交流能力，同时提升综合素养。

【活动架构】

在学校活动中，队员们热情高涨，纷纷响应号召，深入开展"遇见新能源"的探寻之旅。在教师的精心指导下，他们认真准备，通过事先的资料搜集、现场的深入采访以及事后的深入交流，以积极主动的学习态度，投身于实践活动之中。他们立志成为家乡的骄傲与代言人，用实际行动增强对家乡文化的自信心和自豪感。

前期调查，阅读小人书：教师宣布活动要求后，队员们通过自主查找资料以及调查研究完成调查报告，以阅读手抄报或小人书的方式了解常州新能源。随后利用班队课介绍常州新能源的发展变化，从而确定班级寻访对象。有了寻访对象后，教师制定寻访方案，引导学生撰写采访稿。

实地寻访，绘制小人书：队员们带着自己的思考和困惑来到天合光能股份有限公司（简称"天合光能"），了解相关知识，并绘制寻访小人书。

班会展示，小人书汇报：寻访后，教师组织队员开展队课汇报，各小队从不同角度，采用小人书展示、知识竞答赛等方式汇报心得，并形成新的寻访小人书，用积极的行动为家乡代言。

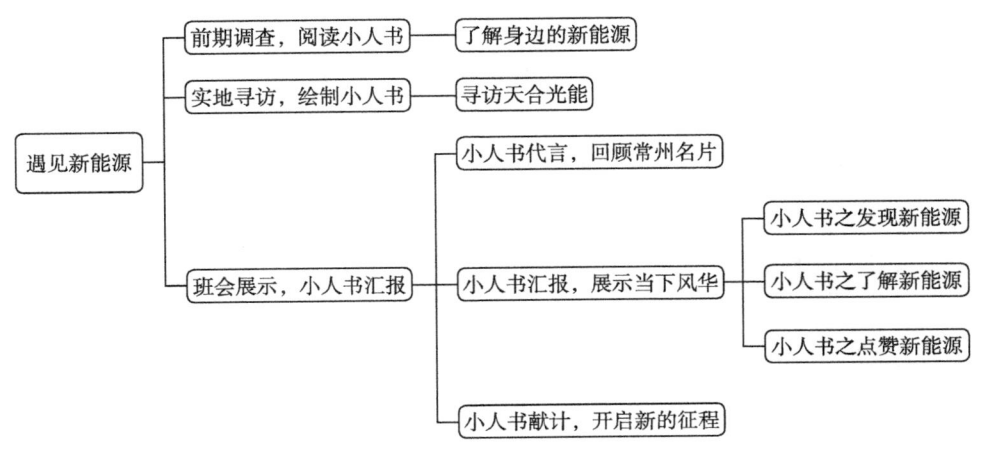

图 6-47 "遇见新能源"活动架构

【活动过程】

一、前期寻访：走进天合光能

　　天合光能是全球领先的光伏智慧能源整体解决方案提供商，1997年创立于江苏常州，经过20多年的发展，已经成为中国光伏行业的龙头企业，是常州人的骄傲。

　　为深入贯彻学习党的二十大精神，了解常州市"新能源之都"建设的发展历程以及"六张高新名片"的成果，感受祖国的强大，寻访小队来到天合光能股份有限公司，开展了"走进天合光能"的主题实践活动。

　　走进天合光能展示中心，队员们席地而坐，一起观看了天合光能企业宣传片。这里采用多屏幕组接的方式，达到裸眼3D的观赏效果，越往后越有情境感。在这里，大家开启了创新与梦想之旅。孩子们从分享自己熟知的后羿射日、夸父逐日的神话故事开始，开启了关于太阳能的学习。他们认识到，太阳能是一种安全、清洁的能源，将太阳光有效转化为电能，能够应用于生产生活。人与自然和谐共生的理念在孩子们心中萌芽。

　　学生继续参观，在模拟沙盘上见到不同场景下的光伏应用，触摸到光伏组件产品。原来工厂、商圈、医院、酒店的屋顶都可以有效地利用起来，进行光伏发电，降低企业的用能成本。

　　在展馆最后的会客厅，队员们通过未来科幻片看到一个全新的世界。在那里，天合光能将继续致力于创建美好零碳新世界，与各方携手保护生命共同体，持续用绿色科技助力全球低碳目标的实现，用太阳能造福全人类，呵护我们的绿色家园。队员们观看完后纷纷鼓掌喝彩，表示要将所见所得绘制成小人书。

二、小人书汇报

1. 活动一：小人书代言，回顾常州名片

（1）我为家乡发声，共话常州。同学们回顾常州的风景、文化和人物，结合他们前期精心制作的最美小人书，扮演家乡代言人的角色，深情讲述常州的独特魅力与深厚底蕴。随着一页页小人书的呈现，美丽独特的常州展现了迷人的魅力和深厚的文化底蕴。

（2）观现代化进程，洞察变化。播放专题视频《常州：新能源之都的崛起》，让同学们直观感受常州在现代化道路上迈出的坚定步伐和显著成就。围绕视频内容开展新能源知识抢答活动，通过互动问答的形式，加深同学们对新能源产业的理解和认识。

教师总结，赞扬常州产业生态完善，认为新能源产业正迎来蓬勃发展的黄金时期。从发电、储能、输送到应用，常州正全面推进新能源产业的发展，为打造新能源之都而不懈努力。

2. **活动二：小人书汇报，展示当下风华**

（1）小人书之发现新能源。

经过前期的深入调查与研究，队员们积极分享了关于新能源汽车比亚迪、光伏发电以及动力电池等领域的小人书资料。借助小人书，他们清晰看到这些领域的发展状况和趋势。

教师总结，强调了常州高新区在新能源产业、新材料、新能源汽车及汽车核心零部件、新医药及医疗器械、新一代信息技术产业以及高端智能装备制造等领域的发展特色和发展优势。

（2）小人书之了解新能源。

首先，聚焦比亚迪汽车产业，队员开展辩论赛（图6-48）。"燃油车小队"与"新能源汽车小队"进行了一场辩论，双方充分表达了各自的观点。在辩论结束后，教师进行了总结，指出新能源汽车相较于传统燃油车，已经在某些方面进行了显著的改进，如减少了燃油成本、减少了环境污染等。这些改进使得新能源汽车在市场上展现了独特的竞争优势。

图6-48 "燃油车与新能源车的比较"小人书示例

其次，聚焦天合光能产业，小队汇报展示了寻访成果（图6-49）。学生借助小人书介绍常州天合光能产业基地：天合光能产业基地是专注于光伏产业的综合性基地，位于常州市新北区，致力于光伏产品的研发、生产和销售等，在全国有着巨大的影响力。然后，他们介绍了太阳能资源的利用：光伏发电是太阳能利用的主要形式之一。利用光伏效应，能将太阳能转化成电能，更加节能、环保，有着更加广泛的前景和潜力。再次，他们介绍了光伏技术的广泛应用：无论是在人类的家居生活中，还是在农业生产、现代交通以及航空航天等各个领域，光伏技术都发挥着重要作用。他们指出，光伏发电的创新不仅有效缓解了世界能源短缺的问题，还减少了非清洁能源所带来的环境污染。最后，其介绍了天合光能未来发展前景：未来光伏产业将在全球能源体系中发挥越来越重要的作用，为人类的可持续发展做出贡献，如光伏发电赛车，充满了酷炫感和未来科技感，值得期待。

图6-49 "天合光能"小人书示例

(3)小人书之点赞新能源。

通过深入研究详尽的资料和观察直观的图片，学生致力于探寻常州新能源产业迅速崛起的深层次原因。在这一过程中，他们不仅积累了大量的知识，更培养了独立思考和分析问题的能力。

在观看了相关的视频资料后，学生深受触动。他们对那些投身于新能源汽车、天合光能及动力电池研发等领域的工程师们的敬业精神和创新能力表示由衷的敬佩。从最初的依赖外部技术，到后来的自主研发，研究人员克服了重重困难，实现了技术上的重大突破。他们的团结协作和锐意进取，为常州的高质量发展之路奠定了坚实的基础。

教师总结，引用了邓建军的话"核心技术无法通过购买或乞讨获得，唯有通过不断创新才能掌握未来的主导权"，来赞美常州人敢于领先、勇于突破的精神，由此，常州的新能源产业得以迅速崭露头角，成为行业的领军者。

3. 活动三：小人书献计，开启新的征程

小人书是孩子们最好的伙伴，更是他们智慧的源泉。教师开展"请党放心，强国有我"的头脑风暴活动。活动中，学生积极发言，在小人书上写下自己的理想和抱负。

小人书不仅仅承载着孩子们的梦想，也是他们思考、探索世界的工具。为了让学生更加积极地参与到建设美丽常州并推动新能源之都的发展中，教师发起了"小人书之我来献计"的活动。在这个活动中，学生通过小人书，用他们独特的视角和创意，为国家的未来发展献上自己的建议和想法。

他们用笔尖描绘出未来的蓝图，用文字书写出心中的理想。有的关注环保，提倡绿色生活；有的关注科技发展，建议加大对创新科技的投入。这些建议和想法，虽然出自孩子们之手，但充满了智慧和热情，展现了他们对国家未来的期待和责任感。

学生不仅树立了自己的志向，还为美丽常州的建设献上了自己的计策。教师激励学生扛起新能源之都的大旗，为实现"世界看中国，中国看常州"的梦想而努力奋斗。

【收获与思考】

这次活动中，学生结合自己绘制的寻访小人书，不仅了解了常州新能源产业的发展状况，还对新能源技术的优势和应用前景有了更深入的认识。

1. 小人书融汇理论与实践，启迪儿童智慧行动

在课程内容的设计方面，我们特别注重理论与实践的有机结合。通过精心策划的调查小人书，学生能够深入了解新能源的基本概念、分类及特性，从而为深入了解新能源领域打下扎实的基础。此外，结合常州地区的具体情况，我们引导学生探索常州新能源产业的发展脉络、当前状况及未来展望。这种紧密结合实际的教学不仅增强了学生对新能源领域的关注度和认同感，同时也有效激发了他们的学习兴趣，为他们在新能源领域的学习和研究提供了宝贵的启示。

2. 小人书关注情感价值，滋养儿童心灵成长

教学环节中的互动学习对新能源知识教学至关重要，有助于深化学生的理解和培养学生的实践能力与创新思维。为全面掌握新能源知识，我们不仅重视实践体验的作用，还关注对学生情感的培养，引导学生树立远大的志向并为之不懈努力。于是，教师首先组织学生参观常州新能源企业，实地感受技术魅力，为滋养学生的心灵打下坚实的基础。在实地的参观活动中，学生目睹了新能源技术的实际应用，与技术专家深入交流，对新能源产业发展前景有了更清晰的认识。他们见证了新能源技术在现实生活中的广泛应用，感受到它对国家经济发展的推动作用。活动加深了学生对新能源产业的认识，激发了学生兴趣，学生绘制了新能源小人书。许多学生坚定了投身新能源领域的决心，期望为新能源技术的发展和应用做出更大贡献。

3. 小人书厚植家国情怀，铸就未来使命担当

"遇见新能源"活动，让学生更加深入地了解了家乡，增强了对家乡的热爱和归属感。这次活动不仅提高了学生的实践能力，还培养了他们的团队协作精神。通过这次活动，学生更加明白了自己作为常州人的责任和使命，决心为家乡的高质量发展贡献自己的力量。同时，这次活动也让学生更加深入地了解了新能源产业的重要性和未来发展趋势，激发了他们对此领域的研究兴趣和热情。未来，学生将继续努力学习和实践，为实现中华民族伟大复兴的中国梦贡献自己的一份力量。

第四节 "小人书"志愿服务课的设计与实施

为更好地践行社会主义核心价值观，培育学生正确的价值观念，提高行动能力，我校以小人书为载体，开展了一系列"小人书"志愿服务课。新时代的学生，应积极投身社会，在志愿服务过程中形成发现问题、关注他人需要与服务他人的意识与能力，进一步发展筹划能力。在活动过程中，小人书发挥了指导、记录、创编、传阅等作用。

学校结合特定节日、周边可利用资源，立足社会现实问题，设立主题性的志愿服务项目：结合特定节日，如学雷锋日、敬老节、植树节等，开展"学雷锋精神　做时代新人"学雷锋活动、"种下一棵树　增添一片绿"植树活动、"老少同乐庆华诞"重阳敬老活动；结合学校周边资源，开展针对特定社会群体的志愿服务活动，如到天爱儿童康复中心开展"关爱星星的孩子"活动，到周边社区和文体活动中心进行主题宣讲。

表 6-8　"小人书"志愿服务课

序号	主题	内容	形式	可利用资源
1	关爱	关爱星星的孩子	志愿服务	天爱儿童康复中心
		"老少同乐庆华诞"重阳敬老活动	志愿服务	敬老院
2	护绿	"种下一棵树　增添一片绿"植树活动	志愿服务	生态林
3	奉献	"学雷锋精神　做时代新人"学雷锋活动	志愿服务	社区
4	展演	"百年映初心"社区共建活动	小人书展演、宣讲	社区
		一颗童心永向党　百本红书献给党		文体活动中心

学生在志愿服务过程中，通过志愿服务中的调查、准备、组织、实施、反思等环节，了解了服务对象的真实需要，并以此为基础来开展志愿服务，体会志愿服务的意义，增强服务意识，初步形成社会责任感。自"小人书"志愿服务系列活动开展以来，泰小学子积极投身各种志愿服务活动。丰富的活动让"奉献、友爱、互助、进步"的志愿服务精神在学生心中扎根。

实践活动一 一颗童心永向党 百本红书献给党

【活动主题】

一颗童心永向党 百本红书献给党

【设计理念】

《中小学德育工作指南》指出，鼓励学生走出校园开展有益于学生身心发展的实践活动，不断增强学生的社会责任感、创新精神和实践能力。泰山小学借助小人书这个学生喜闻乐见的载体，将爱国主义、理想信念、社会主义核心价值观、党史等教育融入其中，并组织学生走出学校，到校外去展览、宣讲、表演，将小人书故事里的精神进行传播，以此引导学生行为规范、引领学生道德判断、提升学生实践能力，使之形成正确的价值观、人生观、世界观。

【活动目标】

（1）通过党史学习，绘制党史小人书，更深入地了解中国共产党的历史，初步形成对党的正确认识，理解党的初心和使命，从而坚定对党的信仰和拥护。

（2）通过党史学习，激发爱国情感，认识到祖国的强大和繁荣离不开党的领导。同时，明白自己作为新时代的少年，有责任和义务为祖国的未来发展贡献自己的力量。

（3）通过小人书宣讲、展演等实践活动的亲身参与，提高实践能力和动手能力，培养团队合作精神和沟通能力。同时让学校、家庭、社区形成良好的合作关系，探索构建"三位一体"的家校社共育体系。

【活动架构】

社会实践活动是提升学生综合素养的有效途径之一。仅凭学校无法完成活动的策划与组织，必须依靠家庭、社会的力量。在社会实践活动体系中，家庭、学校、社会都有各自的职责与作用。学校发挥教育的主导作用，整合家庭、学校、社会三方的教育力量，将小人书活动融入社会实践活动中，培养学生社会责任感、创新精神和实践能力。

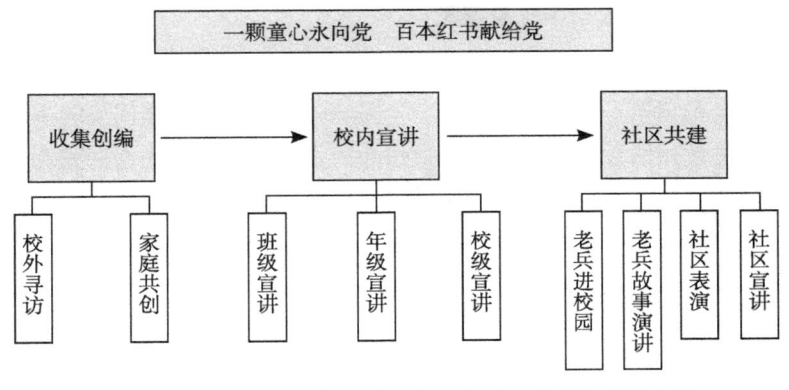

图 6-50 "一颗童心永向党　百本红书献给党"活动架构

【活动过程】

风声雨声读书声，声声入耳；家事国事天下事，事事关心。学生虽然身处"象牙塔"，但也需要感受时代脉搏、关心社会大事，与祖国同命运、共呼吸。我校借助小人书，引领学生走在新时代波澜壮阔的画卷中，坚定理想信念，争做有理想、有担当、有本领的时代新人，在新时代新征程上赢得新的胜利、新的荣光。

2021年是中国共产党成立100周年。为庆祝党的百年华诞，全国各地举行了一系列活动，用各种方式庆祝这一盛事。我校也策划了主题为"一颗童心永向党　百本红书献给党"的小人书收集、创编、传阅、展演等系列活动。学生还利用创编的《百年红船记忆》小人书、改编的红色课本剧参与了街道、社区的表演活动，让红船精神通过多种方式在人们心中生根，让大家一起重温党的百年峥嵘岁月，从而发挥小人书活动育人功能的最大价值。

一、第一阶段：学习党史绘红书

1. 活动一：在资料查阅中学习党史

党史对小学生来说比较遥远，要绘制"党史"小人书，队员们必须先学习党史。学校统筹安排，分年级、分时间段收集党史小故事：建党初期、大革命与土地革命时期、抗日战争时期、解放战争时期、新中国成立、抗美援朝时期、改革开放时期、社会主义发展时期……每个班级选择一个特定时期查找资料，通过手机软件、微信公众号了解党史，挖掘党史里感人的小故事，为绘制小人书做准备。

2. 活动二：在党史故事中传承基因

为了让党史鲜活起来，学校协同社区、家长的力量组织了多次实践活动，学生走进"常州三杰"纪念馆，了解"常州三杰"瞿秋白、张太雷、恽代英的事迹，汲取前进的力量；走进常州博物馆，了解家乡常州的历史，增强自己的责任感和使命感；组织"邮票上的党史"主题学习活动，在活动中探寻一枚枚红色邮票背后的故事；寻访多位退伍老兵，聆听他们讲述战斗的峥嵘岁月；还和社区联合举办了"讲好老兵故事 传承红色基因"的系列活动……

中越边界自卫还击战中的炊事员李自平、抗战老兵周长根等多位退役军人走进学校现场讲述他们的故事。学生认真聆听，书写了一篇篇发自肺腑的英雄颂歌，并参加了红领巾演讲比赛和小人书绘画大赛。红色基因是革命先辈留给子孙后代宝贵的精神财富和文化遗产，它们在这样的活动中默默传承着。

3. 活动三：在绘制红书中歌颂党恩

学生将聆听到的、收集到的党史小故事亲手绘制成《百年红船记忆》小人书，用小人书的形式讲述党的故事，庆祝中国共产党成立100周年。《长征》小人书展现了红军百折不挠、自强不息的民族精神；《闪闪的红星》中的潘冬子在闪闪的红星照耀下，积极参加战斗，在困难与挫折中逐渐成长，最后成为一名真正的红军战士；《新中国开国大典》带我们走进那激动人心的场面……一个个真实的故事再现，让学生知道了共产党百年以来的艰辛不易。学生用手中的小小画笔绘制党史小故事、歌颂党的恩情。（图6-51）

图6-51 绘制红书

二、第二阶段：小小红书润童心

学生在假期里自主学习党史，用小人书的形式讲述党的故事。开学后，我们在学校小人书"典藏馆"举办了一场以"小小红书润童心"为主题的"党史"小人书展览。

1. 活动一：布置展览

我们从参与活动的学生中收集他们亲手绘制的"党史"小人书作品，确保作品内容准确、画面清晰、积极向上，符合党史教育的主题。学校还专门购买了移动展架，将小人书作品整齐地展示出来，确保每个作品都能被清楚地看到，并根据时间分类设置了不同的展区，如"红军长征区""抗日战争区"等，使展览更具条理性和观赏性。在展览期间，我们选择播放一些与小人书内容相关的电影片段和一些具有时代感的背景音乐，如革命歌曲等，为参观的队员营造一个沉浸式的党史学习氛围。队员们亲手绘制的"党史"小人书展览将成为一个生动、有趣且富有教育意义的展示平台，让更多人了解党的光辉历程，激发人们的爱国热情和民族自豪感。

2. 活动二：党史宣讲

100年前，一艘红船穿云破雾，载着一个政党历经曲折和磨难，由小变大，从弱变强，并最终引领中华民族走向伟大复兴，学生手绘《百年红船记忆》小人书，把党的故事说给大家听；《长征》讲述着红军在长征途中对革命理想和事业的忠诚、坚定的信念以及不怕牺牲、亲密团结的高尚品德；《抗美援朝》描绘了"青山处处埋忠骨，何须马革裹尸还"的爱国主义、革命英雄主义和紧密团结共同御侮的精神……一本本小人书讲述着一个个真实的故事，让学生从故事中明白了中国共产党为什么"能"、马克思主义为什么"行"、中国特色社会主义为什么"好"等基本道理。

学生在小人书中穿越时空，回顾了党的百年峥嵘岁月。党永不懈怠的精神状态和一往无前的奋斗姿态感染了他们。他们表示，要从小立志，学习党的精神，长大也要为国家做出贡献。

学生不仅能够通过亲手绘制小人书的方式参与到党史学习中来，还能在宣讲活动中深入了解党史知识，增强对党的认同感和归属感。

3. 活动三：互动点评

展览现场，学生的"党史"小人书作品在展架上逐一展示给参与者观看，让每个人都能够欣赏到他们的创作成果。党史宣讲后，还会邀请一些作品的创作者上台，简要介绍自己的创作灵感、过程和心得，让听众更深入地了解作品的背景和意义。创作者介绍完作品后，会邀请其他同学、老师或家长上台进行点评。我们还在展览现场设置了一个留言区，邀请观众在参观完展览后写下自己的感想和体会，增强参观者的参与感。

另外，我们设计了一些与"党史"小人书相关的互动游戏，如"寻找历史人物""拼图比赛"等，让参与者在参与游戏的过程中进一步加深对党史知识的理解。

通过这样的活动，学生不仅能够得到他人的认可和鼓励，还能从他人的点评和建议中学习到更多的知识和技巧，进一步提升自己的创作能力和审美水平。同时，这样的活动也能增强学生对党史的兴趣和认识，培养他们的爱国情怀和历史责任感。

三、第三阶段：百本红书献给党

春光明媚，阳光正好。泰山小学《百年红船记忆》红色小人书进入社区进行展览，同时参与表演的还有舞蹈《红星闪闪》和故事讲演《为中华之崛起而读书》，部分学生参与了"爱国爱党"主题的百米长卷涂鸦活动。

1. 活动一：红星闪闪照万代

台前展览区摆放的《闪闪的红星》小人书，仿佛打开了一扇时光之门，让人们得以一窥那个充满战火与英雄的年代。潘冬子，这个在父亲影响下逐渐成长为红军战士的少年英雄，用他的故事向我们传递着坚定的信念和英勇无畏的精神。

台上的少年们，如同一个个鲜活的潘冬子，他们身着整齐的服装，在《红星闪闪》的旋律中，展现了铿锵有力的节奏和飒爽的姿态。他们的每一个动作，都仿佛在诉说着党的引领下，小少年们如何茁壮成长，如何在党的关爱下，将闪闪的红星传承下去。

这场展览和表演，不仅是对党的历史的回顾和传承，更是对新时代少年儿童的激励和教育。它让少年们明白，党的光辉历程是由无数英雄用鲜血和生命铸就的，而他们作为新时代的接班人，有责任也有义务将它传承下去。闪闪的红星，不仅是革命年代的象征，更是新时代少年儿童心中的信仰和追求。在党的引领下，他们将不断学习、不断进步，用自己的力量为祖国的繁荣和民族的复兴贡献出自己的力量。（图6-52）

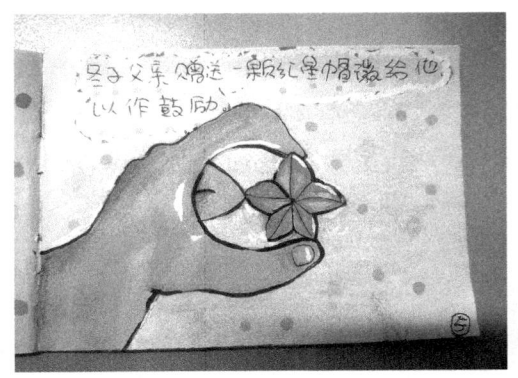

图 6-52 《闪闪的红星》小人书

2. 活动二：百年红船映初心

在中国共产党成立 100 周年之际，全校学生分年级、分时间段收集党史小故事，再将这些党史小故事亲手绘制成 100 本小人书，如《南昌起义》《长征》《开国大典》《香港回归》……把党的故事说给大家听。

"您好，这是我们亲手绘制的党史小人书，您可以跟随我们的小人书了解中国共产党的历史……"在繁华的万达广场，讲解员们正通过"党史"小人书在向路过的行人介绍着中国共产党的历史，吸引了众多路人驻足观看。牙牙学语的幼儿、似懂非懂的孩童、血气方刚的青年、白发苍苍的老人……他们都在小人书展区静静地浏览，在小人书中穿越时空，重温党的百年峥嵘岁月，感受共产党人的无悔初心。

一本本红色小人书讲述着一个个党史小故事，让大家认识了一位位先锋人物，更让少年儿童从故事中明白了红船精神：开天辟地、敢为人先的首创精神，坚定理想、百折不挠的奋斗精神，立党为公、忠诚为民的奉献精神。

3. 活动三：伟人读书明方向

红色故事《为中华之崛起而读书》所传递的精神，在学生创编的小人书和现场演绎中得到了生动的展现。少年周恩来那铿锵有力的话语、坚定而深邃的眼神，深深震撼了现场的观众，在每一位观众的心中都留下了难以磨灭的印记。

当小人书作为背景呈现在舞台上时，其细腻的绘画和生动的情节再现了周恩来少年时期的成长经历。观众们仿佛穿越时空，目睹了那位少年是如何在逆境中奋发图强，如何立志为中华之崛起而读书的。这种直观的视觉体验，使得伟人的事迹更加贴近现代少年儿童的生活，让他们能够更加真切地感受到为国家、为民族而读书的豪情壮志。

伟人的事迹为现代少年儿童指明了立志的方向。他们不再是为了个人的前途和利益而读书，而是为了国家的繁荣和民族的复兴而读书。这种精神的传承和发扬，是我们当今时代最宝贵的财富。我们应该珍惜这份财富，让更多的少年儿童了解并学习伟人的事迹，培养他们的爱国情感和奋斗精神，为祖国美好明天的建设贡献自己的力量。

4. 活动四：百米长卷颂党恩

舞台表演结束后，学生参加"爱国爱党"主题的百米长卷涂鸦活动，他们细心地描绘出国旗、党旗、天安门、鲜花等图案，表达对国家、对共产党的热爱与感激。

泰山小学的学生通过绘制"党史"小人书的方式，深入学习了党的历史，进一步了解了党史，增强了自信，并努力将所学付诸行动。他们以独特而富有创意的方式，传承红船精神，庆祝中国共产党成立100周年，展现了新时代少年儿童的良好风貌。

【收获与思考】

1. 小人书，承载大历史

"小人书"是我校的特色项目，我们以漫画、卡通画、连环画等生动有趣的形式，配以文字说明，自编自创了很多小人书，有"社会主义核心价值观""新时代先锋"等多个系列。

这些小人书中蕴含着很多有意思的故事，有的来源于学生身边真实的故事，如《温暖》《邻里一家亲》等；有的来源于学生收集的小故事，如"改革先锋"袁隆平、党史小故事等；有的来源于所学的课文，如《为中华之崛起而读书》《朱德的扁担》等。书中的感人故事、红色基因是先辈们留给子孙后代宝贵的精神财富和文化遗产，也是社会主义核心价值观的生动体现，它们在小人书多样的活动中传承着。

2. 小人书，搭建红色大舞台

学校以小人书为载体，从思想认知、情感认同、实践行动三个维度探究出一条独特的社会主义核心价值观的培育之路。学生主动参加校园的管理，做好升旗手、护旗手、小主持人，积极参与安全监督岗、文明礼仪岗、校外红领巾志愿服务，真正成为校园的小主人。他们在各级各类舞台上大显身手：《小人书：播撒核心价值观的种子》在江苏省红领巾"创未来"活动中获二等奖，研究性学习《传创经典，让小人书生命延续》获常州市特等奖，吉涵煜的《中国女排》获常州市绘本大赛特等奖，小人书宣讲团团长孔笑笑被评为常州市优秀少先队员，戚宇亮同学经过层层考核成为瞿秋白纪念馆的小小讲解员……学生在小人书的舞台上大放异彩。

3. 小人书，实现校内外大联动

"小人书"项目融合了美育、学科教育、劳动教育等多元教育内容，也是学生发现生活之美、锤炼良好品格，集创造、艺术、文学、劳动为一体的综合教育活动，所以更需要家庭、社会、社区的多方联动，打通校内、校外的教育壁垒。

学校和社区、街道密切合作，让学生的成长空间更加多维。学校和社区共同举办"讲好老兵故事 传承红色基因"系列活动，老兵走进学校讲红色故事，学生走出学校宣讲学习感悟，走进社区表演红色故事……丰富的活动让学生兴趣盎然。"新小人书"也借助社区扩大了影响力，学生制作的"党史"小人书多次来到万达广场、社区展览，吸引了大批的参观者。

丰富的小人书社会活动让学生的成长不局限在学校小小的天地中，而是融入广阔的社会，也让家庭、学校和社会三者之间形成了学生教育的一根链条，真正构建出"家校社三位一体"的共育体系。

实践活动二 关爱，让童心绽放光芒

【活动主题】

关爱星星的孩子

【设计理念】

引导学生关爱他人，能够促使学生形成共情意识，提高学生素养，为学生的终身发展奠定良好基础。基于此，泰山小学组织学生开展陪伴孤独症儿童的活动，促使学生在关爱他人的行动中有所感悟，让学生以适合的方式来为孤独症儿童提供帮助。

小人书是一种传统的儿童文学形式，是一种与儿童交流的独特载体，在活动过程中，我们要充分发挥小人书的交流、沟通、传递、分享等作用，让奉献、友爱、互助、进步的志愿服务精神在学生心中扎根。

【活动目标】

（1）通过志愿服务活动，促使学生形成关爱他人的意识，掌握更多的生活必备技能，了解如何更好地为他人服务。

（2）通过志愿服务活动，强化学生的合作意识，培养问题解决能力等，为学生未

来独立参与社会活动奠定基础，让学生学会利用自己掌握的知识与技能去解决遇到的基本问题。

（3）通过志愿服务活动，学生学会合理地使用小人书来表达所见所想，并以小人书展览、小人书故事会等形式来宣传，发挥更大的社会效应。

【活动架构】

学校结合一些节日和学校周边资源，组织学生到天爱儿童康复中心开展"关爱星星的孩子"志愿服务活动。在志愿服务活动中，家庭、学校、社会都有各自的职责与作用。学校发挥教育的主导作用，整合家庭、学校、社会三方的教育力量，将小人书活动融入其中。活动前期收集资料，做好充分的准备；活动中设计有趣的游戏，培养学生社会责任感、创新精神和实践能力；活动后期做好宣讲和展览，利用小人书故事会、小人书展览等形式，带动更多的人参与志愿服务，传递温暖。

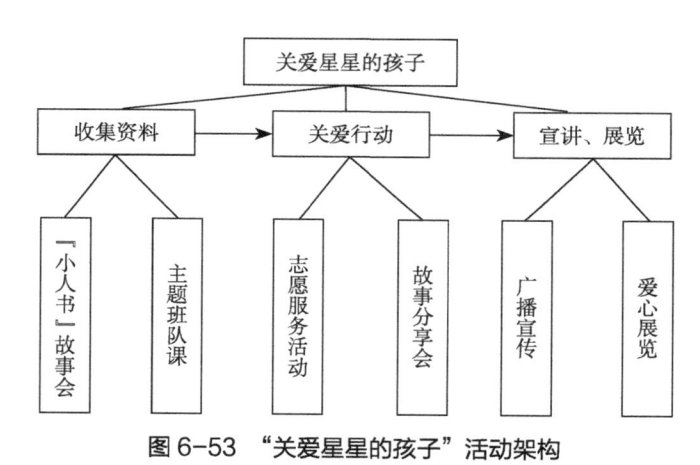

图6-53 "关爱星星的孩子"活动架构

【活动过程】

一、第一阶段：阅读小人书，走进孤独症

孤独症儿童往往存在性格自闭、缺乏沟通交流能力、对外界抗拒感较强等问题，如果直接让学生去接触孤独症儿童，容易给双方的心理带来伤害。因此，在让学生们和孤独症儿童接触之前，我们组织学生开展了班级讨论活动，使用视频、绘本故事、教师讲解等手段，帮助学生了解孤独症儿童，知道这些孩子的特别之处，为学生开展关爱活动做好铺垫。

1. **活动一：举办小人书故事会，说说孤独症**

教师引导学生分析"孤独症"这个概念，让学生想一想为什么有些孩子被称为"孤独症儿童"。从文字的表意出发，学生陆续提出了"这些孩子心里很孤独""这些孩子无法与外界沟通"等想法。教师通过让学生分析孤独症，激发学生的好奇心，这有助于加深学生对孤独症儿童特殊性的认识，有助于学生后续和孤独症儿童的接触。

借助绘本故事《不可思议的朋友》《我的孤独症朋友》等书籍，学生进一步了解孤独症儿童，认识到孤独症实际上是一种发育障碍，一般从幼儿期开始，表现为语言障碍、社会交往障碍、认知障碍等。书籍让学生了解到孤独症患儿经常会出现的一些刻板行为，它们用生动的画面和温馨的故事，展现了孤独症儿童独特的思考和感知方式，让人们更加理解和接纳他们。同时，阅读这些书籍也有助于学生培养同理心和包容心，为孤独症儿童创造一个更加友好的社会环境。在这个过程中，我们鼓励学生大胆提出自己的质疑，营造良好的探究氛围，促使学生在探索中对孤独症有正确的认识。

2. **活动二：开展主题班队课**

为了避免给学生以及孤独症儿童双方带来不好的影响，我们在班队课开展讨论活动，促使学生进一步学习孤独症相关科学知识，了解怎样和这些"折翼"的孩子接触。

教师引导学生对孤独症儿童和一般儿童之间的差异进行分析，让学生可以在对比中认识到和孤独症儿童相处是需要特殊方法的，为学生接下来学习如何和孤独症儿童接触奠定基础。（图6-54）

图6-54 开展主题班队课

二、第二阶段：志愿服务，关爱在行动

1. **活动一：了解每一个"星娃"**

在做好充足的准备之后，教师带领学生开展"关爱星星的孩子"主题志愿服务活动。学生带着美好的祝愿走进了儿童康复中心，在康复中心工作人员的帮助下，了解了康复中的孩子们的情况。在活动中，工作人员还借助角色模拟、场景分析等方式，帮助学生进一步了解各种做法的意义、注意事项，给学生留下了深刻的印象。在这个过程中，工作人员也采取了举例的方法，让学生了解一些不恰当的行为会给孤独症儿童带来怎样的不良影响，引起了学生的重视。为了避免给孤独症儿童带来不良影响，我们应该保持开放和接纳的态度，尊重他们的个性和需求。在与他们互动时，要耐心倾听、理解他们的行为，并尽量提供支持和帮助。同时，我们也可以通过学习相关知识来更好地了解孤独症，以便更好地与他们相处。（图6-55）

图6-55　走进儿童康复中心参加志愿服务活动

2. 活动二：结对活动故事多

活动正式开始，学生以两人或者三人为一组，陪伴一个"星娃"来制作纸杯蛋糕。有了之前的铺垫，学生对"星娃"的情况有了很深刻的认识，也知道了很多的接触注意事项，但是"意外"还是层出不穷。

小胡同学和她的结对伙伴小宇一起揉面的时候，不小心把盛着面粉的盆掉地上了，巨大的声响让小宇吓得大叫着躲到角落，并不停地抠手指。小胡同学为了让小宇不害怕，就趴到地上用脏面粉画画，试着拉起小宇的手一起写名字。玩了好久，小宇不再害怕了，他们又重新开始制作纸杯蛋糕。制作的蛋糕虽然不是很完美，却是最特别的。在和这些孩子接触的过程中，学生纷纷发挥自己的智慧，为这些"折翼的天使"提供帮助，一起克服困难，制作出了美味的纸杯蛋糕，让康复中心充满了暖意。

之后，学生共同为康复中心进行了一次清洁活动，将这里打扫得干干净净，让孤独症儿童有一个更好的成长环境。

3. 活动三：分享感悟，绘制小人书

实践体验活动就此结束，学生感悟良多。教师及时引导学生展开交流讨论，鼓励学生抒发自己的感悟。有的学生认识到孤独症儿童在智力发展上存在很多问题，但是他们每一个人都是独一无二的存在，都应当得到充足的重视。有的学生在和孤独症

儿童密切接触之后，进一步认识到科学研究的重要性，了解了为什么在接触之前，教师要引导学生去学习这么多的科学知识。只有带着科学的方法去接触这些孩子，才可以正确理解他们的行为，做出恰当的反馈。有的学生想要从更多的角度去了解这些"星星的孩子"，并且为他们的成长提供更多的帮助……小胡同学把这次"意外"画成了小人书故事《送你一颗小星星》，希望让更多的人来了解和关心孤独症孩子。（见附录八）

教师让学生将自己在活动中获得的感悟、对这些孩子的期盼等写下来，制作成祝福卡、小图片等，表达自己的心情。带着自己美好的期盼，学生使用彩纸、画笔等工具去写下自己对孤独症儿童的美好祝福，教师帮助学生将这些祝愿送至康复中心，让暖暖的心意可以更好地传递出去。（图6-56）

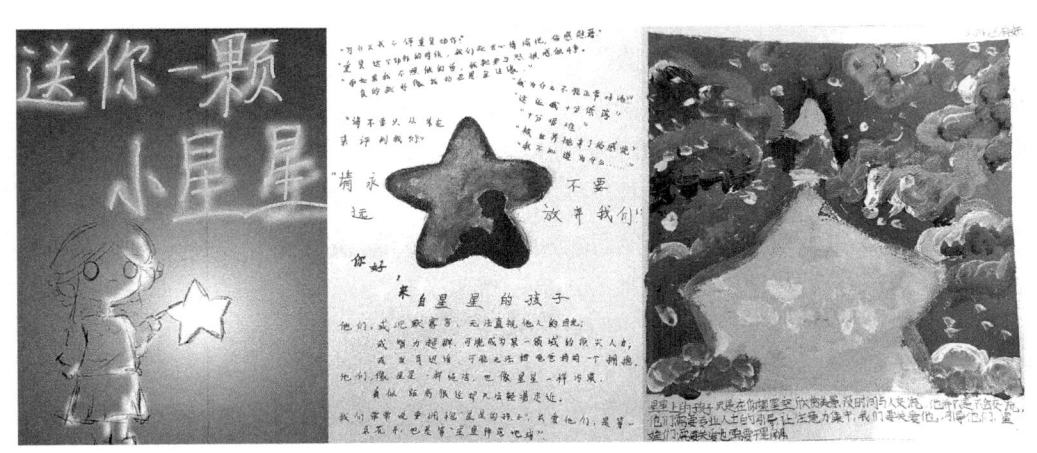

图6-56 祝福卡

三、第三阶段：校内宣讲，传递温暖

1. 活动一：广播宣传，扩大影响

志愿服务活动结束了，短短一天的相处让学生对孤独症儿童有了更加深刻的认识，他们还想为孤独症儿童做更多的事情。教师引导学生展开进一步的交流讨论，鼓励学生结合自己在康复中心得到的认识，思考如何从更多的方面来帮助这些"折翼的天使"。经过讨论，学生想到了很多具有实效性的方法。有的学生说，可以将自己过去看过的绘本捐献给康复中心，和一般的读物相比，绘本这种读物更加适合孤独症儿童，因此家中有不需要的绘本时，可以将这些资源送给康复中心。有的学生认为，可以在今后组织更多类似的活动，面对面地去帮助孤独症儿童，在亲身陪伴中带给他们更多的温暖。有的学生认为，现在还有很多人对孤独症儿童缺乏正确的认识，因此可以制作一些宣传视频，在公众号、视频号等新媒体上做宣传，扩大影响；还可以录制一期广播，在校内做宣讲，让更多的班级去帮助他们。学生还呼吁全社会给予孤独症儿童的家庭更多的支持。我们要理解他们，可以温柔地引导，可以主动邀请他加入一些简单的活动，用简单直接的方法，让他们感受世界的善意。同样，队员们也从这次活动中，经历了了解、认识、接纳、反思的过程，未来他们将继续播撒阳光、与志愿同行。

2. **活动二：爱心展览，传递温暖**

学生提出的这些想法都有很强的可行性，教师鼓励学生在保障安全的前提下，为孤独症儿童做一些力所能及的事情，促使学生形成更加强烈的探索动机，促进学生关爱意识的进一步增强。后续学校开展了爱心展览义卖活动，小胡同学的小人书故事《送你一颗小星星》在校内展览期间受到大家的一致好评。

关爱孤独症儿童的意义深远且广泛。让全社会都去关爱孤独症儿童，意味着要给予他们更多的理解和接纳，帮助他们融入社会，共享生活的美好，这体现了我们社会的包容性和进步性。

【收获与思考】

经过关爱活动的展开，学生的思想观念发生了极大的变化，他们认识到关爱他人的重要性，在活动中掌握了很多重要的技能，体会到生活中的诸多乐趣。对这次关爱活动，有以下收获与思考。

1. **走进生活"大课堂"，促关爱内化**

在教育中，如果只在口头上教育指导学生，很难带给学生深刻的印象，甚至导致学生对"关爱"这一主题产生错误的认识。为了使学生的思想观念真正发生改变，应让学生在亲身体验中内化感知，引导学生走出校门，在康复中心开展志愿服务活动。在和这里的特殊人群接触过程中，学生的认知不断发生转变，拓宽了视野，增强了社会责任感，感受到关爱他人的重要性。

2. **巧借社会"他力量"，让关爱有法**

在和孤独症特殊群体接触的过程中，学生需要建立正确的认识，选择适合的方式。教师要重视对学生进行方法指导，邀请一些研究孤独症相关方面的专业人士来讲解孤独症的特点、如何与孤独症儿童相处、如何给予他们关爱和支持等方面的知识，帮助学生完善自己的认知，形成更深入的了解，获得更深入的体验，从内心深处理解和接纳孤独症儿童。教师也应当重视方式多样，通过校家社合作，带领学生走进儿童康复中心，开展孤独症儿童陪伴活动，强化学生的活动兴趣，为学生提供充足的体验空间，耐心引导，细心指导，适时调整。

3. 活用"关爱"小人书，助关爱传递

借助小人书这一载体，通过读、写、绘、传等方式表达"关爱"主题，具体方法如下。

（1）共读小人书故事，开创交流通道。在活动中，选择一些富有情感和人文关怀的故事，让孤独症儿童和其他孩子一起聆听、分享和讨论。通过故事中的角色，引导孩子们思考和理解孤独症儿童所面临的挑战以及他们所需要的关爱和支持。

（2）表演小人书故事，增进彼此了解。学校组织多样化的关爱活动，比如角色扮演、绘画、手工制作、美食制作等，让孩子们通过亲身参与，更好地理解和体验孤独症儿童的内心世界，在互动中加深彼此了解。

（3）绘编小人书故事，助力爱心传递。活动后，从孤独症儿童的生活和兴趣出发，创作一些简单易懂的小人书故事，比如，有同学描绘一个孤独症儿童如何逐渐适应康复中心的集体生活。在小人书中，加入一些关于关爱和理解孤独症儿童的信息，解释他们可能会有的不同行为和表达方式，并告诉读者如何更好地与他们沟通和交流。最后，学生将绘好的小人书在学校和社区活动中进行展示。这样不仅能传递关爱与理解的信息，还能激发更多人关注和参与对孤独症儿童的关爱行动。

实践活动三　龙城有我一棵树

【活动主题】

龙城有我一棵树

【设计理念】

当前，全球气候变暖和环境污染问题日益严重，保护环境的呼声越来越高，植树护绿活动不仅会改善环境质量，还能促进社会的和谐可持续发展。小学阶段是学生成长的重要阶段，这一阶段的学生正处于认知、情感和行为习惯养成的关键时期。基于

时代背景，基于学情，泰山小学积极开展植树护绿劳动志愿服务活动，用实际行动宣传环保理念，利用小人书将植树护绿的故事进行传播。在活动中，学生了解了植物对于生态平衡和环境保护的重要性，培养了环保意识和责任感，在实践中，学习环保知识，培养团队协作精神和创造力，促进全面发展，也为社会的可持续发展做出自己的贡献。

【活动目标】

（1）充分体现小人书在宣传环保理念中的作用，发挥小人书育人功能。

（2）认识环境保护的重要意义，了解植树的方法和技能。

（3）参与植树活动，锻炼动手能力，学会如何使用工具，如何正确地挖坑、种树、浇水等。掌握基本的劳动技能，锻炼手眼协调能力，提高团队协作能力。

（4）提高环保意识和责任感，促进生态文明建设和社会和谐发展。

【活动架构】

植树护绿活动是一个综合性的教育活动，联合学校、家庭、社区三方力量，以植树为主线，通过让学生亲身参与植树活动，帮助学生了解树木对生态环境的重要性，旨在培养学生的环保意识、劳动技能和团队协作能力。该主题活动主要分三个阶段展开：准备阶段、活动阶段、总结阶段。

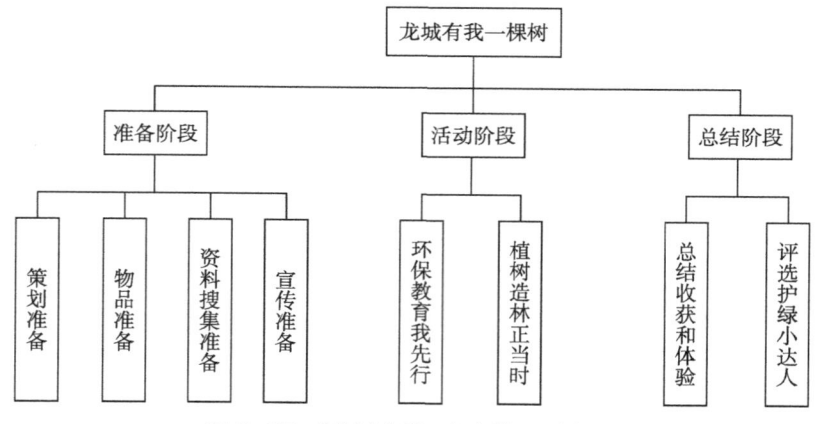

图 6-57 "龙城有我一棵树"活动架构

【活动过程】

一、第一阶段：准备阶段

策划准备：制定活动方案，组建若干植树小组，并分配任务。

物品准备：联系当地的林业部门或绿化部门，协商确定植树地点、植树种类和植树数量等问题，购买相应的树苗，准备必要的植树工具和材料，如铁锹、铲子、苗木、废料、水等。

资料搜集准备：搜集环境污染、环境保护的相关资料，学生制作小人书。

宣传准备：制作宣传海报和宣传单，张贴在学校宣传栏，做好宣传报道的分工安排。

二、第二阶段：活动阶段

1. 活动一：环保教育我先行

（1）美化环境大家齐参与。教师介绍班会主题。据统计，自1950年以来，全球有一半以上的森林在消失，实在令人痛心和担忧。地球上的绿色在退减，我们渴望绿色，呼喊绿色。值此植树节之际，我们召开一次"植树造林　美化环境"主题班会，呼吁大家为我们的地球奉献一片绿色，为它披上一件新衣。

（2）地球环境污染我来讲。首先，学生结合自己制作的小人书向全班介绍我国面临的环境问题：原本葱翠的小山包变成光秃秃的瘠山；原本土壤肥沃、庄稼遍地的农田变成长满枯草的荒地，卷起裤脚、佝偻着背的老汉无奈地离去；原本澄净的河水变成一条臭水沟，河面上泛着死鱼死虾……（图6-58）然后，学生结合自己制作的小人书向同学们介绍目前身边的环境问题：社区垃圾不分类投放；社区多处绿化被破坏，人们在小树上晒被子、攀小树等；社区遛猫遛狗不文明；校园里有乱扔垃圾、践踏草坪的现象；等等。

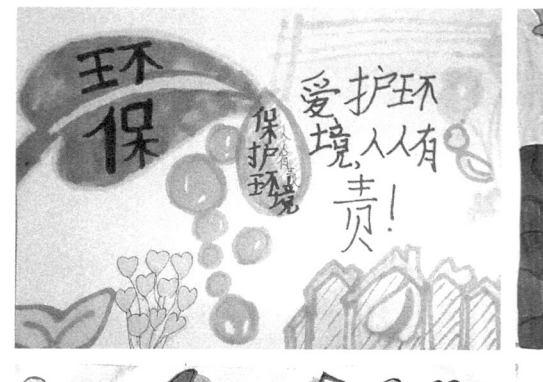

图 6-58 介绍环境问题的小人书

（3）美化环境，人人献力量。教师明确此次班会研究的问题：我们热爱的地球，赖以生存的家园，如今已不再青山绿水，不再碧草蓝天……同学们，让我们贡献出一份自己的力量吧！在这春暖花开的季节，每人种上一棵树，数年后就有无数棵参天大树。

学生出示小人书，讲述植树的好处。（图6-59，图6-60）

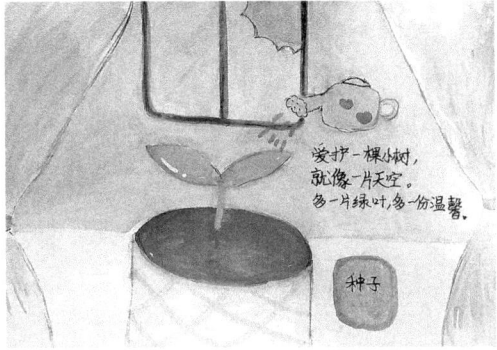

图6-59 《植树的好处》小人书示例1

图6-60 《植树的好处》小人书示例2

教师进行小结：原来植树能给我们的生活带来那么多好处呀！它们不仅美化了我们的环境，还有利于我们的身体健康。刚才大家都谈了植树的种种益处，但光在地球上多种几棵树是不够的，想想，我们为美化环境还能做些什么呢？

学生以小组为单位进行讨论，全班交流。小组上台展示：乱砍一棵树，罚种十棵树；开展垃圾分类的讲座和培训；制造使用新能源，替代旧能源；加强饭店管理，杜绝使用一次性筷子……

教师进行小结：同学们的想法都很棒，也希望同学们能从自身做起，从身边的小事做起，做真正的环保小卫士。

（4）班会总结，拓展有行动。本次活动，大家前期进行了大量的资料搜集，制作小人书。最后的展示让我们看到了大家的收获与成长。在搜集资料的过程中，同学们了解了很多的环保知识，树立了环保理念。大家还能结合实例谈如何保护环境，想出了一系列环境保护的措施，各方面的认知和能力都得到一定的提升。最后，希望大家把想法落实到行动中去，宣传环保理念，一起参与植树造林、环境保护的工程。

2. 活动二：植树造林正当时

（1）"龙城有我一棵树"植树节活动开始仪式。校长讲解植树节的来历及意义，宣布活动开始。学生志愿者领养树苗，举行一个简短的树苗领养仪式，让大家对树苗产生责任感，更加珍惜和爱护它。园林处负责人讲解种树所需要的工具、植树的基本技巧和注意事项，包括如何挖坑、如何正确种植树苗、如何浇水施肥等，让学生了解更多的植树知识，提高树苗的成活率。社区居委会工作人员向学生介绍种树的意义，讲解护绿爱树的重要性。

（2）分小组开展植树活动。各小组来到绿化带进行小树的栽种，每个小组指定一名组长，并对植树任务进行分组分工。同时，教师向学生介绍活动的安全操作流程和注意事项，确保植树活动的安全性和顺利进行。

教师和工作人员进行树种介绍和植树技巧培训，教师向学生详细介绍树种的特点、生长环境、栽种技巧等，让学生掌握基本的植树知识。在此基础上，根据活动现场的实际情况，分别安排不同的植树任务，学生带着工具、苗木等分组进行植树。在植树过程中，教师对学生进行指导，确保植树质量，提醒在活动过程中注意同伴间的分工与合作，注意安全。

学生按照讲解的技巧，亲手挖坑、种植树苗、填土、浇水。在这一过程中，学生感受到劳动的快乐和栽种树木的成就感，更在与大自然的亲密接触中，体验到接触大地的喜悦。（图6-61）

图6-61 植树

教师带领学生把提前制作好的小树认领牌挂树上，写下自己的愿望和祝福，合影留念，并持续关注小树的生长。教师定期给小树画画，配以文字记录，把绿意带回学校，开展小组种植领养观察记录活动，后期绘制"小树生长"小人书。一棵棵小树不仅承载着学生的劳动成果，还寄托着他们的美好愿望，也培养了学生的持续观察力和耐心，让他们更加热爱大自然，珍惜身边的每一片绿色。

三、第三阶段：总结阶段

"龙城有我一棵树"班队活动和现场植树活动结束后，教师组织总结收获和体验。学生纷纷分享自己的心得体会，表示植树的好处太多了。"纸上得来终觉浅，绝知此事要躬行"，通过现场活动，学生切实关注到了环境问题，提升了环保意识和社会责任感。

之后开展的"小树生长"小人书展览活动，评选出了表现突出的小组和个人，给予相应的奖励和表扬，以鼓励学生在未来的环保行动中发挥更大的作用。

在植树过程中，学生利用拍照、录像等方式记录活动过程和成果，并在微信公众号等平台上进行宣传推广，以吸引更多的人参与环保行动。

【收获与思考】

植树护绿劳动志愿服务活动是一项具有深远意义的教育实践活动，它融合了环保教育、劳动教育和人文关怀等多重价值，三次小人书的运用，让理念入心、让方法入脑、让行动入画，对于学生的全面发展和成长具有重要的促进作用。

1. 制作小人书，整体感知我国环境现状

小人书作为一种寓教于乐的文化载体，可以用来传递环保理念。前期学生搜集整理了关于我国环境现状的资料，绘制了一些有关环境污染情况、植树护绿的小人书，通过生动形象的画面和简洁易懂的文字，向人们传递了环保知识。在绘制小人书的过程中，学生身临其境地感受到身边环境污染情况、地球生存压力现状，他们认识到人类与自然的互动关系，了解到植树造林的重要性以及如何正确地植树护绿，建立起可持续发展的社会价值观，生发出保护环境，如少浪费一张纸、少用一次性筷子、多种一棵树的强烈愿望，并积极响应号召、落实行动。

2. 创编小人书，全程记录小树生长足迹

植树护绿是一种直接参与环保、贡献力量的实际行动，植树活动让学生更加深

入地了解自然环境和生态系统的运作。通过亲身参与植树活动，他们学习如何使用工具，学习如何正确地挖坑、种树、浇水等，认识到树木的生长过程、树木对环境的贡献以及树木与其他生物的关系。在亲身实践中他们感受植树护绿的乐趣和意义，互相交流学习，分享植树经验，增进彼此之间的友谊和合作。小树栽好后，学生通过"我和小树合个影""我给小树画张像"等环节，与自己栽种的小树产生了联结与情谊。在认养后续的观察记录和把小树的生长过程绘制成小人书的过程中，培养学生学会等待和悉心照顾植物的耐心和细心，让他们更加懂得珍惜劳动成果。同时，以画笔绘小树、绘身边美好的生活，还促进了学生创造力和审美能力的提升。

3. 展览小人书，生动传扬环境保护理念

本次活动通过小人书这一载体让环保理念深入学生的内心，真正浸润学生的生活，提高了他们的环保意识，让他们更加关注环境问题，增强了他们的责任感和奉献精神。后续，学校充分统筹协调家校社资源，为学生提供更加丰富、多样的学习和成长机会，通过在学校、社区、广场展览学生创作的"周边环境污染"小人书、"小树生长"小人书、"爱护环境"小人书，让更多的人了解自然环境和生态系统，向他们宣传环境保护的理念，呼吁他们加入环保的行列中来，为地球的生态环境贡献一份力量，共同创造一个绿色、美好的家园。

实践活动四　小人书：让雷锋精神代代传扬

【活动主题】

"学雷锋"红领巾志愿服务活动

【设计理念】

儿童的道德发展是一个由他律走向自律、由客观责任感走向主观责任感的转化过程。青少年学习雷锋精神是对中华民族团结友爱、助人为乐、见义勇为、尊老爱幼、尊师重教等传统美德的继承和发扬。青少年学习雷锋精神是对社会主义时代精神的弘扬。"学雷锋"红领巾志愿服务活动立足儿童，着眼于学生力所能及的帮困扶贫、尊老敬老、爱护环境等活动，有利于建立和谐互助的人际关系，营造良好向上的社会环境。泰山小学通过"小人书"项目促进学生知行统一、知行并进，借助小人书这个学生喜闻乐见的载体，将社会主义核心价值观、雷锋精神等教育内容融入其中，组织学生走出学校，走进社区，走向社会，到校外去展示、宣讲、表演，传播小人书故事里的精神。学生也在此过程中形成正确的价值观、人生观、世界观，学会规范行为、主动担责、有所作为。

【活动目标】

（1）大力宣传雷锋精神的时代意义和学雷锋先进典型。

（2）通过活动，加深学生对雷锋精神的认识和理解，促使学生自觉主动地在学习生活中时刻关注雷锋精神，形成学雷锋的氛围。

（3）通过社会实践活动，让小人书中的社会主义核心价值观发扬光大，发挥小人书育人功能，引导广大师生用自己的言行推进学校德育工作的开展。

【活动架构】

"学雷锋"红领巾志愿服务活动，以小人书为载体，采取短、长线相结合的方法开展行动。短线是在学雷锋纪念日、植树节、五四青年节、环保日、重阳节、中国青年志愿者服务日等特殊节点集中组织学生开展大型"学雷锋"志愿服务活动。为注重服务的长期性，安排"学雷锋"红领巾志愿者进行长期固定岗位的志愿服务，或到公益机构去长期进行扶贫济困、敬老助老、献爱心活动。

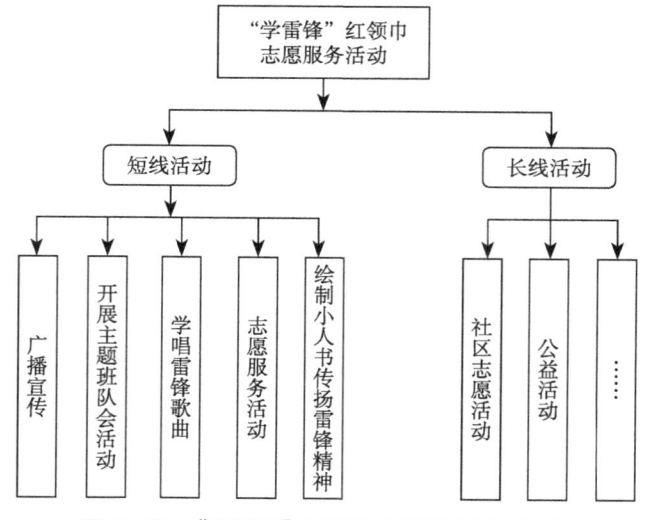

图 6-62 "学雷锋"红领巾志愿服务活动架构

【活动过程】

下文以学雷锋纪念日活动为例。

阳春三月，草长莺飞。2023年3月5日是第60个学雷锋纪念日，也是第24个中国青年志愿者服务日。雷锋精神是我们中华民族宝贵的精神财富，是引领社会道德风尚的一面旗帜。为大力弘扬雷锋精神，弘扬社会主义核心价值观，传承红色基因，泰山小学少先队员开展了"学雷锋、做好事、扬正气"的主题活动。

一、第一阶段：开展一次校园广播活动

两位队员在校园的"小灵鸽"广播中声情并茂地讲述雷锋事迹，播放和雷锋叔叔相关的经典歌曲，播报校园内的好人好事，营造全校"学雷锋、做好事、扬正气"的活动氛围。

二、第二阶段：开展一系列"讲雷锋故事 学雷锋精神"主题班队会活动

1. 活动一：结合题词，知雷锋

2023年是毛泽东等老一辈革命家为雷锋同志题词60周年。学生观看毛主席的"向雷锋同志学习""人的生命是有限的，可是为人民服务是无限的"等题词的图片，了解到毛主席题词是为了号召全国人民学习雷锋的共产主义精神品质，新一代的少年儿童应学习并践行雷锋精神。

2. 活动二：讲好故事，学雷锋

教师展示雷锋的肖像，引导学生认识并了解雷锋，学习雷锋先进事迹。学生结合搜集来的雷锋小人书给大家讲述雷锋在泥泞的小路上背年迈的老大娘、帮没买火车票的大嫂补车票、给小朋友讲故事、帮列车员打扫卫生的事迹。（见附录九）

通过学生讲述的雷锋事迹，教师引导学生概括雷锋的四种精神：① 奉献精神——乐于助人、奉献社会；② 钉子精神——认认真真，干好每件事；③ "螺丝钉"精神——从点滴做起，从小事做起；④ 艰苦奋斗精神——勤俭节约、艰苦奋斗。

教师进行小结：1963年3月5日，毛泽东"向雷锋同志学习"的题词在《人民日报》上发表，此后3月5日成为"学雷锋纪念日"，全中国掀起了学习雷锋热心助人

精神的热潮，雷锋精神也成为全心全意为人民服务的精神的代名词。

3. **活动三：访身边的雷锋榜样，议新时代雷锋精神**

（1）寻访身边的雷锋。通过前期的了解，孩子们发现了身边的雷锋足迹追寻者——胡世明爷爷。为此，通过家校社合作，我们有幸对他进行了寻访。

胡爷爷是中车戚墅堰机车厂的一名退休职工。幼年时，虽然家中生活不易，但父母却常常接济困难的邻居，这种乐于助人的奉献理念给胡世明上了人生第一课。长大成人后，胡世明便开始留心收藏和雷锋有关的各种资料和物件。2004年，胡世明拿出自己的藏品，自筹资金办了一场雷锋精神主题展，宣传雷锋事迹。

通过寻访，同学们对胡世明爷爷有了进一步的了解，被他执着地追寻雷锋脚步的精神感动，对他能宣传并发扬雷锋精神触动，并把他的感人事迹绘制成小人书，进一步在班级进行讲述。（图6-63）

图6-63 "胡世明的事迹"小人书示例

胡世明跑遍井冈山、延安、沈阳等地，收集、珍藏与雷锋有关的题词、事迹、语录、书刊等。他自筹资金办雷锋精神主题展，20 多年里，他或是坐火车，或是骑自行车去全国各地办雷锋展，沿途还通过自制展板宣传雷锋故事，弘扬雷锋精神。

除了收藏雷锋纪念品、办展览，胡世明还有一个爱好——红色旅行。他曾骑行到陕西靖边的马国成孤儿学校、震后的四川雅安，看望那里的孩子们。

胡世明的沿途生活很节约，路上每天食宿费用不超过 50 元，他情愿把省下来的钱给烈士买鲜花，给孩子们买书本。

（2）提炼新时代的雷锋精神。对胡世明爷爷进行寻访以及借助小人书进行事迹介绍之后，同学们一起讨论交流了新时代的雷锋精神：新时代雷锋精神是志存高远的理想信念和时不我待、只争朝夕的奋斗精神，是根植在每个中国人心中的那份赤子情，是为实现自己的理想而热情万丈、坚定不移的拼搏信念，是不为空虚、金钱、诱惑而折腰的高度自律！

（3）展演楷模故事的小人书。为了进一步宣扬新时代雷锋精神，同学们将关于胡世明爷爷的故事的小人书进行展演和宣传。

4. 活动四：夸夸班级的小雷锋

（1）班级雷锋小故事。在校园生活中，在班级建设里，也有着具有雷锋精神的人物和事迹。在老师的组织下，同学们积极踊跃地介绍班级小雷锋的故事。

（2）助人为乐谈心声。受到大家表扬的具有雷锋精神的同学畅谈自己帮助他人的感受和受到他人表扬之后的感想。班主任为学雷锋积极分子颁发奖状。

（3）"书"写身边小雷锋。把班级里、校园里的小雷锋故事搜集起来，汇聚成小雷锋群像，绘制小人书。

三、第三阶段：学唱一首关于雷锋的赞歌

由音乐老师在课堂上教授《学习雷锋好榜样》，同学们通过学唱《学习雷锋好榜样》，了解雷锋的感人事迹，了解雷锋是一名做好事不留名的解放军，雷锋精神就这样渐渐地根植在孩子们的内心深处。铿锵有力的歌声唱出了同学们对雷锋的敬佩之情，他们更知道要以实际行动唱响一曲又一曲学雷锋的赞歌。

四、第四阶段：开展一次"学雷锋"志愿服务活动

1. **活动一：在社区展演新时代楷模、雷锋精神传播者——胡世明的事迹**

小志愿者将创编的《新时代的活雷锋》和身边小雷锋群像的小人书在社区进行展演、宣传，向社区民众发放小人书，宣扬新时代的雷锋精神。

活动现场，小志愿者们活灵活现地表演，丝丝入扣地刻画出胡世明这一"新时代的雷锋"的形象，让民众感受其精神，受其启发。（图6-64）

图6-64 "学雷锋"志愿服务活动

2. **活动二：开展"大手拉小手　社区换新颜"活动**

小志愿者们拿到垃圾夹、垃圾袋、扫帚等清洁工具后，在社区人员、党员志愿者的带领下不畏严寒，来到社区中心花园里忙碌着，将中心花园及其周边的塑料袋、纸屑果皮等垃圾进行捡拾清扫，分工合作，对社区内的宣传栏、公共座椅等进行擦拭，为清洁家园贡献自己的力量。

五、第五阶段：绘制一本小人书，传扬雷锋精神

雷锋精神人人可学，奉献爱心处处可为。此次学雷锋纪念日的主题系列活动，让乐于奉献、互助友爱的雷锋精神根植于学生心中，擦亮了他们的人生底色。

学生把此次学雷锋活动中印象最深刻的一件事绘制成小人书，在学校的小人书

"典藏馆"进行展览,宣扬雷锋精神,让雷锋精神历久弥新。

　　雷锋叔叔曾经说过:"人的生命是有限的,可是,人民服务是无限的,我要把有限的生命投入到无限的为人民服务之中去。"通过今年的雷锋志愿者活动,我知道了虽然我们的力量有限,但我们可以通过自己的行动,为这片土地、为这座城市、为这个世界贡献一份力量。

——学生1

　　这次活动不仅让我认真学习了雷锋精神,也让我在劳动中收获了满满的乐趣和成就感。

——学生2

　　劳动了一个上午,虽然我们都累得出汗了,但是大家都很开心。同学们个个低头认真捡拾垃圾,在我们的努力下,社区变得更加干净整洁了。展演胡世明爷爷的事迹,让更多的人进一步了解、认可了雷锋精神。今后我们将继续践行雷锋精神,积极参与公益活动,为社区的美好环境贡献自己的力量。

——学生3

　　以前说到雷锋精神,我们都是停留在口头上,对于不怕苦、不怕累、默默无闻等无私奉献精神不是很理解,今天通过一次切身劳动体验,感受到辛苦和劳累,明白了什么是无私奉献,了解了雷锋叔叔的伟大。以后我将继续从小事做起,不断践行雷锋精神。

——学生4

【收获与思考】

1. 收集雷锋小人书,感悟雷锋精神

　　小人书里不仅蕴含着丰富的知识,里面一个个鲜活的人物,是时代精神的载体,为学生的成长提供了丰富的精神营养。学生通过收集和阅读雷锋经典小人书,从故事情节中吸收优秀文化,可以更加深入地了解雷锋的事迹,学习雷锋的奉献精神、钉子精神、"螺丝钉"精神、艰苦奋斗精神等优秀的意志品质,将雷锋精神印刻心中,进而树立正确的人生观、价值观、世界观,并通过志愿服务活动的形式外显于行。在阅读小人书的过程中,学生被雷锋叔叔的事迹感动。他默默无闻、为他人着想的精神,让学生深刻地认识到什么是真正的善良与无私,同时也让学生意识到,在我们日常生活中,我们也可以像雷锋叔叔一样,从小事做起,去帮助他人,去传递正能量。通过小人书为载体的志愿服务活动,我们能真正地引导学生践行社会主义核心价值观,筑

牢民族精神。

2. 绘制榜样小人书，追寻雷锋足迹

身边的榜样最具信服力，榜样的言说最具感染力。在寻访身边的榜样胡世明爷爷，深入了解其事迹后，学生对雷锋精神有了进一步的认知。学生将胡世明爷爷的事迹绘制成小人书，用生动的画面和简洁的文字来呈现。在创作过程中，学生发挥想象力和创造力，创作出精彩的情节，让读者能够一目了然地理解其中的精神内涵，在口耳相传中传扬雷锋精神。通过将胡世明爷爷的事迹绘制成小人书这一活动，学生对雷锋的情感认知、道德认知走向深入，让新时代雷锋精神涤荡心灵并外化于行，追寻雷锋足迹，做新时代好少年。最后，将绘制好的小人书分享给身边的人。它可以成为一种精神力量，激励人们追求更高的道德标准，成为更好的人。同时，这也是一种传承雷锋精神、追寻雷锋足迹的方式，让更多的人能够了解和践行雷锋精神。

3. 展演多元形象小人书，宣扬雷锋精神

坚持学雷锋活动长短线相结合，线上线下相结合，加大学雷锋的宣传力度，放大学雷锋的行动价值，发挥家校社协同育人机制，把小人书放在学校、社区等公共场所供人们自由取阅，在社区、广场展演雷锋式模范人物、雷锋式同学榜样的小人书，树立更多可亲可敬可学的道德标杆，让更多的人了解雷锋精神，大力传播雷锋精神，形成"我为人人，人人为我"的良好社会氛围，同时，激发人们的道德情感和行动力，让社会更加美好和谐。在活动中，我们引导学生行为规范、引领学生道德判断、提升学生实践能力，使之形成正确的价值观、人生观、世界观。

第七章

"小人书"的教育力量

一、"小人书"助力学生成长

1. 融合意识逐步增强

小人书，将生动的画面与通俗的文字有机融合，串联起一个个故事，带领孩子们迈向"书林"，奔向"书海"，打开经典画卷，走进传统文化。通过小人书的收集、传阅，孩子们充分感受到文学与绘画相融合的小人书特质。

学生自身的融合意识增强了，他们会用文字加图画的方式做读书笔记，他们会以小人书的方式呈现数学家的故事，他们会在英语作文中推荐中国文化。在综合实践课中，孩子们围绕家喻户晓的食物——面条，开展"一碗'面'的底气"研究性学习。虽然面条是一种历史悠久、家喻户晓、营养丰富的传统家常食品，孩子们却能够进行融合设计，融合多种角度，融合多种方式，融合多方力量，探寻面的"前世"和"今生"，从"爱：猜猜你有多爱我""厚：比比文化行不行""多：数数我有多少种""高：晒晒营养与健康""强：学学技艺怎么样""创：尝尝我家特色面"六大维度整体架构"'面'的底气"；通过问卷调查、搜集资料、考察采访、实地寻访等多种方式了解"面"，通过实践操作、动手体验等方式制作"面"，通过创意设计、创意直播等方式宣传"面"。

在"金手指"节的编织活动中，孩子们在编织内容上进行融合思考，用黄、绿、红三色纸条编织海洋动物、植物，加上蓝色背景、粉色衬底，创造出"海底世界"，传达了爱护环境的重要性；冷色编织芭蕉扇，暖色编织火焰山，贴上孙悟空的头像，就形成了"三借芭蕉扇"的场景，用以介绍名著经典；彩纸标志，再用白纸构图覆盖，"中国地图"跃然纸上，表达对祖国的热爱之情。学生在编织造型上进行融合思考，用衍纸不仅编织出平面的静物、人物图案，还编织出可挂可摆的美丽饰品，编织出可爱的立体多肉盆景，栩栩如生，意趣盎然。融合意识已经成为孩子们的日常，他们在学习中融合运用，在活动中融合思考，在游戏中融合设计，即使是在课间活动的乐高墙里，也会体现他们的爱国心、向上力、航天梦、数学情，他们会在各种场合运用融合的方式进行多元的表征。

2. 综合能力不断提升

小人书能通过栩栩如生的画面、生动有趣的情节、儿童化的语言讲述人民战士的英雄事迹、名著文学的经典故事，小小一册，文字凝练，插图形象。小人书已成为泰山小学育人的重要载体，在各类学习中和各项活动中，孩子们常常会围绕各类主题，自主创编小人书。他们善于发现，通过细致入微的观察，发现身边的感人事迹，寻找身边的优秀榜样，作为小人书的故事原型；他们善于表达，用凝练的语言把故事完整呈现，并突出重点，分页呈现，准确表达；他们有独特的审美，对整个故事的来龙去脉进行构图设计，融入不同的色彩，体现现代审美；他们懂得欣赏，发现他人的长处，改进自己的不足，在做中学，在学中长。

他们的综合能力不断得到提升，在活动中进一步彰显。"新时代，少先队要传承红色基因，少先队员要做共产主义事业的接班人。"泰山小学五年级的队员们在假期走进疗养院，寻访了一位94岁高龄的老兵，他们听老兵忆峥嵘岁月，听老兵谈理想信念，敬意油然而生。于是，他们分工合作，以此为原型创作了《寻访抗战老兵 坚定理想信念》小人书。从寻访缘起到寻访准备，从鲜花献礼到互动交流，从寻访感想到鼓励启迪，每段文字字数严格控制，表达整体一致，语言文字简洁凝练、重点突出，每幅画面主角明确，画面构图色彩明丽、栩栩如生。正是在这样一次一次的磨砺中，孩子们的敏锐捕捉力、团队合作力、语言表达能力、审美欣赏力都得到了不断的提升。

3. 学生个性得到彰显

孩子们在小人书活动中汲取力量，发展个性。他们主动参加到校园的管理中来，做好升旗手、护旗手、小主持人，积极参与安全监督岗、文明礼仪岗、校外红领巾志愿服务，真正成为校园的小主人。"小人书：播撒核心价值观的种子"在江苏省红领巾"创未来"活动中获二等奖，研究性学习"传创经典，让小人书生命延续"获常州市特等奖，吉涵煜同学的《中国女排》获常州市绘本大赛特等奖……孩子们创编了1 000余册各种形式、主题多样的小人书，还绘制了社会主义核心价值观系列明信片，汇编了"童心永向党'书'写新征程"小人书集锦。小人书宣讲团团长孔笑笑被评为常州市优秀少先队员，戚宇亮同学经过层层考核成为瞿秋白纪念馆的小小讲解员，为参观的游客讲解瞿秋白的先锋事迹……近千人次学生获奖、展示作品，向更多人传递正能量。在小人书故事的滋养下，学校涌现出了500多名"江苏省好少年""常州市十佳少先队员""常州市十佳志愿者"……

小萌是个文静腼腆的小姑娘，她不爱说话，但是热爱画画，喜欢用文字表达，每每学校有什么活动，身边发生了什么故事，她都会用心发现，及时用小人书进行记录。在一次次小人书的展示中，她被认可、被肯定，因此，她对小人书的研究更深。她创作的小人书不仅简洁明了，而且将美术元素融入得越来越恰当，制作得越来越精美，学校为进一步彰显她的特长，为她办了一次独特的小人书个人展，她富有个人印记的、序列化的独特作品赢得了很多人的夸赞，她脸上也常常洋溢出自信的笑容。她积极参与小人书展演活动，小人书开辟了她的成长新路径。

小张一出生，右手就与其他孩子不一样，他只能用左手穿衣，左手吃饭，左手写字，进入学校的他一开始有些不习惯。学校开展"用小人书绘身边榜样"活动，他成为一本小人书的主角。于是，他知道了自己虽然与其他人不一样，但是自己的勇敢和坚强打动了大家，大家都愿意帮助他、陪伴他一起成长，他明白了遇到困难不用怕，办法总比困难多。初学跳绳，别人可以两只手摇绳，一下就能成功，他却做不到，但是他不气馁，想办法把绳子的一头捆在右手臂上，让右手臂和左手一起摇绳。终于，他学会了跳绳。经过多次训练，他的跳绳速度达到了班级平均水平，同学们一起为他欢呼。小人书让他拥有了战胜困难的勇气和始终乐观的性格，他和同学们学在一起、玩在一起，坚韧成长。

小人书里看成长

（学生：马懿菲）

小人书，又称"图画书"或"连环画"，在20世纪50年代至80年代曾风行一时，因图文并茂，浅显易懂，为孩童和成人带来无数的乐趣。

小人书一直是我们学校的特色，多次对外展出。另外，学校还专门设立了一个小人书"典藏馆"，供同学们参观欣赏精美的作品。每年的寒假和暑假，学校都会布置绘画小人书的任务，我都会积极参与。从一年级至今，我已经画了好几本小人书了，有"八礼四仪"主题小人书、"弘扬新风"小人书、"冬奥健儿"小人书、"喜迎二十大"小人书等等。

画了这么多小人书，我的感触很深。能够静下心来去把自己的想法画出来，我很享受这漫长但又充满意义的过程。在我创作的过程中，我可以体会到奥运健儿坚持不懈的精神、红军伟大的品格，树立正确的价值观。小人书和手抄报的不同是，它不是单单几张画，而是要将画连成一个有趣的小故事，再配上几行文字，相当于迷你版的绘本。读着自己绘制的小人书故事，我会很有成就感。

在画"冬奥健儿"小人书的时候，我上网查找资料，了解了关于他们的小故事和经历，明白了每个人的成功都离不开努力，不要只看到他们的光辉，也要去了解他们训练的刻苦。创编小人书开阔了我的视野，让我明白了很多道理。

近年来，越来越多的人开始收藏小人书，让小人书陪伴了童年的人们重拾了几乎淡忘的记忆。小人书所延伸的平凡与亲切，温暖着很多人……

二、"小人书"助推教师发展

1. 融通理念深入人心

近20年的小人书坚守，老师们逐渐形成了融通理念。小人书的创编与环境创设相融通：校内，学校建设小人书"典藏馆""楼梯阁""共享廊""影像园""展示墙"等一系列物化环境，让孩子们身临其境，可学可仿可创作；校外，与周边巢湖社区、华山社区、新北法院、三井文体站等十大德育实践基地联动，形成了以学校为圆心、3千米为半径的小人书院"弘扬区"，让孩子们自信展示，可唱可说可表演。小人书以丰富的内容与美育、学科教育、劳动教育相融通。在德育活动中，老师们组织孩子们以小人书为载体，发现生活之美，树立良好品格，宣传正能量；语文、数学、英语、道德与法治等学科学习中，引导学生通过小人书进行知识的学习与呈现；在节日活动中，带领孩子们通过小人书，创造性地将艺术、文学、劳动等进行融通，记录活动过程与体会。

这种融通的理念不仅仅体现于小人书载体的运用上，还体现在每一次活动的方案制定中。在"金手指"节编织活动中，我们在选材上进行了融通设计，一、二年级开展"奇思妙编"的平面纸编，三、四年级开展"看我七十二编"的立体彩编，五、六年级开展"编玩编乐"四季趣编，结合不同年段学生的年龄特征，我们提出不同的要求，让每个年段的学生都能获得成就感；我们在用途上进行了融通设计，将编织的作品充分利用，有些用来布置教室，有些用来充实"金手指"馆，有些用来装扮长廊，有些是装饰品，有些是伴手礼，每一处都可见学生作品，校园成为学生灵感流淌的场域；我们还在评价上进行了融通设计，各年级遴选优秀作品进行集中的展示，派出代表进行现场介绍，美术组提前为每个年级组设计制作好各具特色的手牌，每个班级轮流观摩、自觉为好的作品贴上一枚贴花，通过大众投票与专家打分评出最佳作品，展评融通，有趣有效。

2. 敏锐行动融入日常

每个时代都有其独特的时代精神，经典小人书要体现鲜活的时代命题。没有书读的时候，四大名著、神话故事是好的普及题材；抗战时期，英雄事迹、战士故事是好的宣传题材；新时代新征程，决战决胜脱贫攻坚、实现中华民族伟大复兴是好的教育题材。小学生对于小人书有其独特的年龄需求，小学教师应该立足儿童实际，敏锐甄别，紧随时代表现形式，开拓表达空间，触摸时代温度，让孩子们探寻适合儿童的小人书的内容与形式，感受现实光芒。泰山小学的老师具有这样的敏锐性和行动力。结合建党百年，设计开展"八百行动"并形成系列成果，献礼建党100周年：收集100个爱国英雄、100个敬业模范、100个诚信达人、100个友善天使故事，开展100次寻访活动，举办100场社会主义核心价值观宣讲会，评选100名社会主义核心价值观代言人，评选100本社会主义核心价值观精品小人书。

新时代新征程，学校开展"经典小人书　启航新征程"活动，组织孩子们从生活环保、弘扬文化、歌颂先锋等多个角度创作了主题鲜明、立意深刻的小人书页。新冠疫情时，组织学生绘制了"抗疫先锋群像"，为城市奉献者点赞，将感人瞬间定格成一本本小人书，用艺术表达心中的敬意。京津冀地区受台风"杜苏芮"影响，持续强降雨，门头沟暴雨期间向永定河泄洪，永定河水位上涨，淹没堤岸，水势迅猛席卷一切树木、房屋，一场与时间赛跑，抢救被洪水围困的群众的战斗就此打响。在这场战斗中涌现出许多英雄官兵，他们用自己的言行谱写了一曲抗洪赞歌。泰山小学的六年级师生用小人书的形式绘出一幅幅抢险的画面，配以诗朗诵《英雄赞歌》，讴歌了抗洪英雄们不怕牺牲、身先士卒的精神。

3. 开放心态植入行动

在研究中，教师以更开放的心态对待过程与结果，自觉成为"小人书"项目的创生者和主动建构者，综合育人能力有了明显提升，团队的凝聚力、创造力不断增强，成果转化能力得到了显著发展。面对班里一点就着的"小炮仗"，老师能寻根问源，找到症结，对症下药，通过家校沟通，先转变家长的观念与方法，再获得孩子的信任与认可，最终，将"小炮仗"成功转化为"小暖男"。刚刚转到学校的小姑娘因为家里爸爸妈妈闹矛盾，紧张到半夜不敢睡觉，打电话向班主任老师哭诉，班主任综合运用心理学相关理论知识，经过一个多小时的安慰与劝导，成功将小姑娘说服，小姑娘成为父母之间联系的桥梁，化解了家庭矛盾。面对各种情况，老师们都能自如应对，综合育人。

面对一次次比赛、一次次活动，教师们总能抱团成长，互学共学，互促共长。大家清楚地知道，团队就是一个成长共同体，一个人走得快，一群人走得远，今天可能只是团队活动的参与者，明天就会成为各项比赛的主角。学校已有20多名教师获"常州市特级班主任""常州市高级班主任""常州市中小学德育先进工作者""常州市中小学优秀班主任""常州市师德模范"等荣誉称号。有了经历和经验，专业表达就自然生成：邹益校长撰写的论文《"新小人书"：培育和践行社会主义核心价值观的校本实践》发表于《教育视界》，李春花主任撰写的《图说社会主义核心价值观》发表于《少先队活动》，2023 年 3 月《江苏教育》刊登了我校品格提升工程项目专题文章……教师撰写的多篇文章在各级获奖或发表于省刊，例如，自参与"小人书"项目研究以来，吴叶老师每年都有数篇文章应邀发表于各类专业杂志。

小人书中觅灵感

（教师：石琳）

指导学生绘制小人书、宣讲小人书为我的思政课堂开辟了更有效的教学路径。作为一名思政教师，思政课堂坚持灌输性和启发性相统一。习近平总书记说过，会讲故事、讲好故事十分重要。思政课就要讲好中华民族的故事、中国共产党的故事、中华人民共和国的故事、中国特色社会主义的故事、改革开放的故事，特别是要讲好新时代的故事。讲故事，不仅老师讲，而且要组织学生自己讲。故事怎样讲，学生才愿意听，才有启发性呢？小人书图文结合的方式让学生喜闻乐见。在一次法治教育的课堂上，用小人书的形式讲述生活中的案例，学生一下子就进入了真实的情境中，教学更有启发性，法治观念的宣传教育也就更有效。

小人书的创编促使我更广泛、更深刻地去挖掘教育资源。小小的图画书可以容纳万千世界，更要成为学生广阔的精神世界。为更好地发挥育人价值，小人书需要更丰富的资源，以更新的形式进入学生的视野。我们带领学生寻访疗养院的老兵，聆听峥嵘岁月里的故事，并让他们将这鲜活的身边的故事绘制成小人书。小人书在学生中间传阅，将一次寻访的价值发挥到更大，使这一校外的教育资源得到了充分运用。

三、"小人书"助力学校提升

1. 影响力进一步扩大

从学校一个班的校本课到学校的一个社团，从学校的研究项目到区品格提升工程项目，从市品格提升工程项目到江苏省少先队文化建设品牌项目，历经了多年的探索，学校的"小人书"项目影响力不断扩大：2021 年被评为江苏省中小学生品格提升工程项目；同年 10 月，该项目参加了阶段汇报活动；2022 年，该项目参加中期调研，获评优秀；2023 年进行了项目阶段展示活动，获得与会人员一致好评；同年 9 月，该项目迎来省级结项调研，并获评精品项目，进一步扩大了影响。

小人书，是童年的一道光。在"小岑光"市集，"晒"满了孩子们亲手制作的原创小人书，童年的味道扑面而来。徜徉在"年代记忆""指尖智慧""时代新人""心灵守护""家乡代言""红色先锋"六大主题展区，能鲜明地感受"小人书"项目沉浸式的创新实践。在流光溢彩"典藏馆"，小人书编辑部的孩子们可以随机向来宾们分享小人书阅读、创编和活动的感悟。一本本小人书已成为泰小阳光娃们的品格画像和成长履历。

"小人书"项目是泰山小学近20年的坚守，它就像一位少年，迎来了20岁成人礼。学校对研究实践进行提炼，形成《小人书里大乾坤》等视频，深入介绍项目实施的全过程。学校梳理了《新小人书：社会主义核心价值观的儿童化表达》等专题报告，从"五色花"场域空间的建设、小人书课程群落的构建、"三结合"评价体系的推进三方面，全方位地呈现全体师生、家长依托小人书这个独特的育人载体培育和践行社会主义核心价值观、提升学生品格、五育并举的创新实践。

小人书在坚守中传承，在传承中创新。一路走来，小人书陪伴着一批批泰小师生拔节成长。《小人书里藏世界》情景剧通过"造梦人""装满星星的口袋""咫尺之间"三个篇章，全景式地展现了小人书对学生内在生长力量的唤醒和激励。师生访谈、家长问卷，不同的参与者从多角度表达了对该项目的认识、理解及项目实施的推进成效，并对后续发展提供了自己的建议。

"小人书"项目得到了学界的肯定。赵华教授以"有生命的意趣、有人生的锤炼、有文化的传承、有道德的示范、有时代的画面"几个关键词肯定了"小人书"项目的进展与成效，用"小人书蕴含大世界，活载体悟道新未来"阐释了小人书的整体样态，称其真正实现了"全景全场全息化、有趣有味有生命"的价值意蕴；同时提出后续深化思路，即从"新小人书"走向"活小人书"，进一步在文化中寻根、在课程中拓展、在课堂中生长，更好地发挥示范引领力。

2. 研究力进一步锤炼

在小人书的研究进程中，我们不断实践，大胆探索，逐步形成了"场域熏陶—主体参与—多元互动—内化提升"的育人范式，让每一个儿童在学校丰富的物型空间感知、入境，在各类主题活动中体验、交流，将社会主义核心价值观内化于心、外化于行，促进品格的养成与提升。

通过小人书，学校努力实现了以下目标：① 以独特的平台传承中华优秀传统文化。孩子们运用小人书讲好中国故事，培育和践行社会主义核心价值观的形式得到越来越广泛的认同，传承中华优秀传统文化的价值正在逐渐得到重新认识，平台独特，意义非凡。② 以创新的形式培育社会主义核心价值观。将小人书作为育人载体是我校的原创，通过小人书这个特殊的传统文化载体，在学生了解、收集、创编、传阅、分享小人书的过程中浸润社会主义核心价值观教育，可谓相辅相成。图文并茂的小人书既老少皆宜，寓教于乐，又培育了学生社会主义核心价值观，形式创新。③ 以丰富的内容融合多种育人元素。"小人书"项目融合美育、学科教育、劳动教育等多元教育内容，同时也需要家庭、社会、社区的多方联动，打通校内校外的教育壁垒。小人书是学生发现生活之美、树立良好品格，集艺术、文学、劳动为一体的综合教育活动。④ 以快捷的成效引领学生美好品格的养成。儿童的道德发展是一个由他律向自律、由客观责任感向主观责任感逐步转化的过程。学校通过"小人书"项目，让学生达到知行统一，知行并进，促进小学生道德判断能力的发展，成长为一名道德认知健全、道德情感丰富、道德意志坚定、道德行为得当的公民，不断践行社会主义核心价值观。

3. 凝聚力进一步凸显

小人书的研究过程凝心聚力，研究成果自然生成，在全体师生的共同努力下，研究成果获评常州市基础教育内涵建设项目优秀实践案例一等奖，入选常州市政府内刊《常州教育信息》。小人书寻访活动30多次在江苏少先队、常州电视台宣传。《小小红书献给党》情景剧在全省首家"红领巾主题馆"开馆仪式上表演。在共产党成立100周年之际，学校整体策划了"一颗童心永向党 百本红书献给党"的小人书系列活动，活动在网络上宣传，还获得全国少工委"红船引领红领巾 红色基因代代传"少先队庆祝建党100周年主题教育活动优秀奖。

表7-1 "小人书"项目部分获奖情况

名称	获奖内容	评奖单位
创编"道德小人书"践行核心价值观	全国中小学社会主义核心价值观教育优秀案例	教育部基础教育一司
小人书 大天地	江苏省美育改革创新案例一等奖	江苏省教育厅
小人书 典藏馆	江苏省少先队文化建设品牌项目	江苏省少工委
传创经典，让小人书生命延续	中小学研究性学习优秀成果评选特等奖	常州市教育局
道德小人书——孩子们的道德"美瞳"	道德实践活动"十佳"案例	常州市教育局
一颗童心永向党 百本红书献给党	少先队庆祝建党100周年主题教育活动优秀奖	中国少年儿童新闻出版总社

"道德小人书院"被评为常州市乡村（城市）学校少年宫建设优秀社团，"道德小人书"被评为新北区示范校本课程。

小人书里找共鸣
（张晁铭家长）

小人书是中国的传统艺术，它是以连续的图画叙述故事，不仅可以培养孩子的创造力和想象力，还能够增进亲子关系。在这个过程中，孩子们可以感受到许多美好的事物。

制作小人书可以激发孩子的创造力和想象力。孩子们可以自由发挥，创造故事情节和角色形象，他们可以画出自己心中的世界，让想象力得到充分的发挥。这个过程还可以培养孩子们的创造性思维和解决问题的能力。

此外，制作小人书还可以培养孩子的耐心和毅力。制作小人书需要一定的时间和精力，孩子们需要耐心地完成每一页的插图和文字。他们需要集中注意力，一点一点地完成作品。这种耐心和毅力的培养对孩子的成长非常重要，它们可以帮助孩子在学习和生活中面对困难时不轻言放弃，坚持不懈。

制作小人书可以促进亲子交流。我们可以和孩子一起讨论故事情节、设计角色形象和选择图画颜色。在这个过程中，家长可以倾听孩子的想法和意见，与孩子进行深入的交流，这种亲子交流不仅可以增进彼此的了解，还可以培养孩子的表达能力和思维能力。

当孩子完成一本精美的小人书时，他们会感到非常自豪和满足，可以感受到自己的努力和成长。这种成就感可以激发孩子的自信心，让他们更加积极地面对生活中的挑战。

通过制作小人书，孩子们可以感受亲子交流的温暖，发挥自己的创造力和想象力，培养耐心和毅力，获得成就感和自豪感。这种活动不仅可以丰富孩子的生活，还可以促进他们的全面发展。

四、"小人书"助益社会辐射

随着学校小人书的影响力越来越大，小人书的辐射也从市内走向市外，走向更广阔的社会。学校与常州市实验小学、常州市新北区西夏墅中心小学等学校结为牵手学校，互学共学，相互交流，在搜集寻访中合作，在专题研讨中共研，在阅读课程中变革。学校小人书"典藏馆"接待浙江省宁波市文明办领导、安徽省铜陵市义安区校长团、新校长培训班等来访人员上千人次。学校与就近的三井文体中心、巢湖社区等建立合作关系，常态化开展小人书宣讲、表演等活动，每次小人书的出场都吸引了很多人围观。学校在三井文体中心筹备小人书"典藏馆"分馆，积累了更多的基地资源。

"新小人书"项目全面系统地构建校本化社会主义核心价值观课程体系，将小人书项目和课程有机融合，以国家课程渗透、校本课程拓展、实践课程延伸相结合的方式，让学生在课程中养成文明礼仪风范，传承优秀道德文化。我们有幸结对联盟，参与实践研究，组建"新小人书"项目组，提升教师专业水平。

一是聚焦主题专题展览。主题有"新时代先锋""百年红船记忆""最美人世间""二十大"……通过阅览一位位先锋模范的事迹、一个个战斗故事，学生懂得了要争做有本领、有担当、有理想的时代新人。

二是聚焦宣讲活动传阅。两校联合举办"讲好老兵故事 传承红色基因"红色小人书故事展演，表演《为中华之崛起而读书》《雨中护国旗》等课本剧；举办"社会主义核心价值观"小人书专题展览及巡讲，传播社会主义核心价值观，传播正能量。

三是聚焦集团结盟发展。作为集团校，我们互派优秀教师跟岗学习，促进教师个人专业发展。两校携手共进，通过线上、线下等形式，共同开展了丰富多彩的小人书研讨活动，为推动在校师生社会主义核心价值观教育产生了积极的影响。

——常州市新北区西夏墅中心小学

"新小人书"项目是泰山小学的特色品牌项目，全体师生身体力行地将社会主义核心价值观落实于日常生活、学习和工作中，让社会主义核心价值观潜移默化地浸润孩子心灵。我校有幸成为结对联盟校，参与实践研究，学习研究成果，在该项目的辐射带动中学校不断集聚师生成长的内生力。

一是整合优化实施国家基础性课程。基于"新小人书"特色课程，进行语文、道德与法治等学科内整合和跨学科整合，开发实施小人书拓展课程，学生在收集、传阅、宣讲中成长。

二是共同定期举办小人书专题展览。包括"中国梦""我和我的祖国""新时代先锋"等专题展览……这些展览让学生领略多样的先锋风采，感受平凡中的伟大，得到美的享受，受到心灵洗礼。图书馆中里的小人书也成为学生们最想借阅的读本。

三是开展德育活动线上研讨探索。开展阅读鉴赏小人书线上研讨活动，让学生从内容、语言、构图、价值内涵等方面，学会阅读、鉴赏小人书。小人书不仅内容蕴藏着社会主义核心价值观，而且语言生动凝练，具有让学生模仿、创作的价值。

——宜兴市经开区实验小学

五、"小人书"筑梦未来展望

多学科融合是当前立德树人根本任务的重要举措。未来，我们将基于儿童成长需求，从物型空间的建设、课程体系的架构、评价方式的探索方面进一步推进，坚持不懈地用习近平新时代中国特色社会主义思想铸魂育人，以身心健康为突破点强化五育并举，持续促进学生德智体美劳全面发展。

课程建设更深入，凝练项目研究"生命力"。进一步加强小人书课程的建设，优化目标设计、架构课程体系、推进四课并联，彰显小人书特色。进一步加强小人书成果的凝练，通过专业表达、活动展示，凸显小人书的载体价值，培养学生的健全人格，促进学生的健康发展，让小人书绽放新的生命力。

基地资源更丰富，深化项目建设"执行力"。进一步优化泰山小学小人书"影像馆"，充分发挥信息技术力量，对师生资源进行升级转化，让孩子们的品格在丰富多元的作品欣赏交流中得到提升。与周围德育基地建立联系，实现联动，筹建"典藏馆"分馆并建立分馆运营机制，让小人书走向校外，向更多的人传递正能量。

主体培训更多元，提升项目推进"核心力"。进一步建立广泛的指导团，邀请专业人士加入项目研究，进行高位引领；邀请家长、社区志愿者、大学生加入研究，融入多元智慧，形成"小人书"项目导师团。组织多种形式的小人书专项培训，进一步提升实施者课程开发与实施能力，为后续活动的开展打好基础。

成果亮化更鲜明，扩大项目建设"影响力"。将尊重文化与小人书进一步融合，进一步提炼项目成果，梳理各类师生成果，完善各类文创产品，打造小人书经典活动，筹备小人书电子展览公众号。积极争取省、市级媒体报道，积极开展项目推进会等开放活动，亮化品牌，深化内涵。

后记

　　常州市新北区泰山小学地处常州北部新城核心区域，傍新藻江河，南临太湖路，东望市政府，是常州市高新技术开发区教育局直属小学。学校创办于2005年，秉承"教育从尊重开始"的办学理念，努力培育"心灵、手巧、品正、体健"的阳光少年。

　　伴随近20年的办学历程，"小人书"项目也走过了近20个春秋。风风雨雨的历程中，小人书早已烙印在学校的文化记忆中，以独特的方式引领儿童道德生长。泰小阳光娃用小人书诠释社会主义核心价值观，弘扬新时代中国精神，一本本小人书已成为孩子们的品格画像和成长履历。

　　还记得2005年，学校成立小人书社团，开启了小人书教育的研究与实践。2009年，常州市道德讲堂的推广为小人书社团的发展提供了新的机遇，首场"身边人讲身边事，身边人讲自己事，身边事教身边人"的道德讲堂成功举办，赋予了小人书新的育人功能。2012年开始，道德小人书社团成为学校道德教育的一种创新形式，通过道德小人书的自主创编和相互传阅，学生描绘鲜活的形象，述说生动的故事，洗涤心灵，深受教育。

　　2017年，学校成功申报省级课题"以小人书为载体，培育和践行社会主义核心价值观的实践研究"，在课题实施过程中，我们组织学生了解、收集、创编、传阅、分享小人书，使社会主义核心价值观内化于心、外化于行。与此同时，学校构建小人书校本课程，形成符合儿童年龄特征的"以小人书为载体，培育和践行社会主义核心价值观"的完整体系、活动序列、评价激励机制，由此步入了小人书新的研究阶段。

　　2021年，"小人书"项目成功申报成为江苏省中小学生品格提升工程项目，成为泰小靓丽的育人名片。我们不断深化小人书内涵，拓展育人价值，丰富内容体系和实践路径，创新方式方法，引领生命悟道。我们从场域美化、课程深化、评价优化整体协同推进，形成小人书"楼梯阁""共享廊""典藏馆""影像园""弘扬区"五色场域空间，设计上下通达的"目标链"，架构前后衔接的多学科融合的"课程群"，探索润物无声的"三结合"多元评价方式，逐步形成"场域熏陶—主体参与—多元互动—内化提升"的育人范式。"小人书"项目获评江苏省中小学生品格提升工程精品项目，并在全省进行成果分享。

近20年来，16 000余册小人书诞生，2 000多名师生、家长倾情参与研究与实践。为了进一步凝练研究成果，书稿在回顾和梳理小人书发展历程的基础上，概述了"小人书"多学科融合的研究和实践过程，比较全面地反映了我校多年来开展"小人书"教育活动的成果，凝聚着全体师生与家长的智慧。"小人书蕴含大世界，活载体悟道新未来"，小人书中有生命的意趣、人生的锤炼、文化的传承、道德的示范，真正实现了"全景全场全息化，有趣有味有生命"。

在此，我要感谢我的团队伙伴倪敏、刘四青、刘婷、马丽芬、李春花、吴叶、陈素云、武旦、胡燕春、秦洁、殷佳、黄丽娟等（排名不分先后），他们坚韧不拔、攀登不止，付出大量心血，为"小人书"研究创设了肥沃的土壤；感激一批批学生，他们的成长与智慧，给予了"小人书"不断生长的枝丫；感动于家长朋友们的一路相伴和砥砺同行，让"小人书"结出了硕果；感恩各方人士，让"小人书"散发出迷人的芬芳！感谢教育界前辈杨九俊先生为本书倾情作序；感谢江苏省中小学教学研究室赵华教授、常州市教育局张小亚处长的引领，让我们受益良多；感谢常州市教育科学研究院王俊博士、鲁兴树副院长的悉心指导；感谢常州工学院王雅丽副教授给予我们点拨和指导；感谢新北区教育局、三井街道领导的关心与支持，以及兄弟学校同人的帮助！感谢南京师范大学出版社为本书的顺利出版所付出的辛劳和汗水！

附 录

附录一 "心理辅导"小人书

创享"小人书":多学科融合的沉浸式育人实践

附 录

创享"小人书":多学科融合的沉浸式育人实践

附录二 "校园一景"小人书

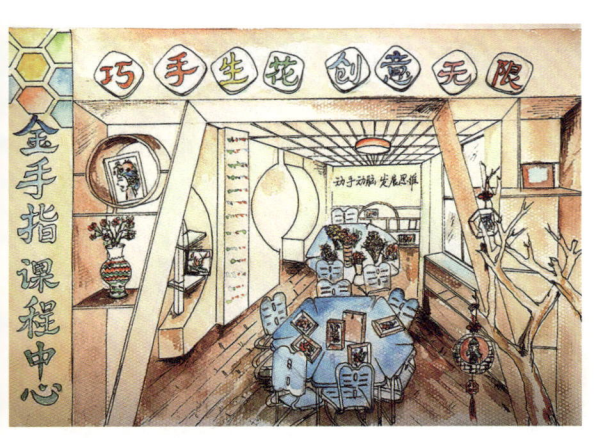

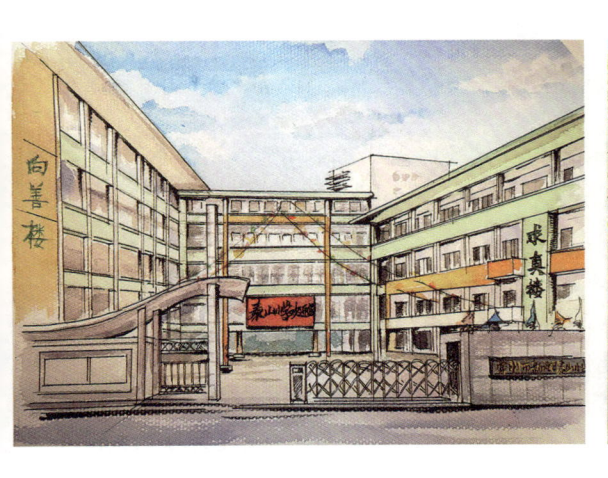

附 录

附录三　西游记小人书——火焰山三调芭蕉扇

师徒四人赶奔西天，光阴似箭，又来到一座山下，只觉闷热，似在蒸笼。在问一人家，方才知，此地名火焰山，长有八百里火焰，寸草不生。想要过山，则需向铁扇仙求来一柄"芭蕉扇"，一扇息火，二扇生风，三扇下雨，如此才能过山。于是孙悟空前往芭蕉洞求扇。

来到芭蕉洞，铁扇仙听见来者是悟空，因儿子红孩儿一事不肯借扇，并与悟空厮打起来，见自己打不过悟空，便掏出芭蕉扇，猛扇三下，悟空顿时被扇飞了。

孙悟空飘飘荡荡，落了下来，定睛一看，自己竟在五万里之外的小须弥山。便上山求佛，灵吉菩萨送了一颗定风丹，悟空谢过，便归去。

附 录

回到火焰山,悟空化作飞虫,钻入腹内,铁扇仙疼得大叫,假装同意借扇,骗出悟空,又连扇三下芭蕉扇,悟空不动,铁扇仙只好借扇。回到山前,猛扇三下,火反而愈大。

悟空又变成牛魔王,回到芭蕉洞骗走了真芭蕉扇,正沾沾自喜,却遇见了牛魔王,牛王变成八戒,骗去芭蕉扇,又调成假扇,悟空猛扇三下,火势不减反增,还烧了它凡根毫毛。

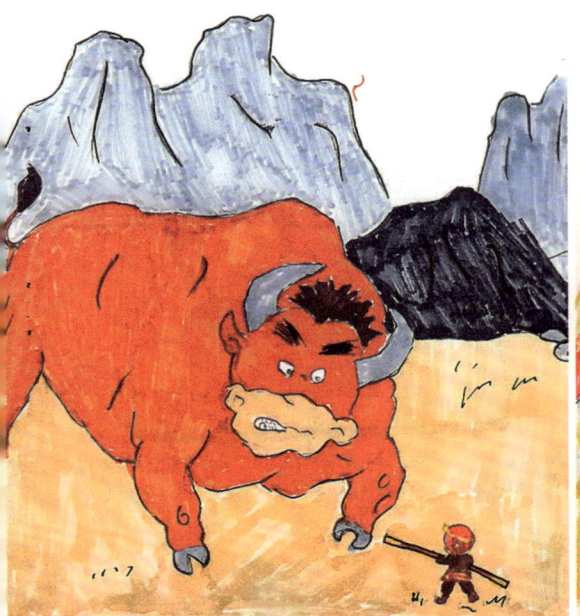

悟空终于忍了,与牛魔王和铁扇仙两人交战,牛王现出原形,三人打在一起,天摇地晃,两人终不胜悟空,只好交出芭蕉扇。

孙悟空回到火焰山,一扇,火势变小,两扇,空中起风,三扇,天空下起了小雨,火焰完全熄灭。于是乎,四人又踏上了西天的征程。

281

附录四　西瓜虫大揭秘

图·文 一(6)班
韦忆墨

1. 初夏的早晨，我和好朋友在学校的灌木丛边玩，突然，小雨大叫一声："多多，多多，你快过来看！"

2. 我跑过去一看，有好多西瓜虫啊！"这里不会有一个西瓜虫家族吧。我带了瓶，我们拿个瓶子，把西瓜虫装起来吧。"

3. 小雨问我："你知道这些小西瓜虫吗？万一西瓜虫不适应环境怎么办？"我在"抓虫子"那本书里查找，我们知道了一个正合西瓜虫生活的环境。

附录

4. 西瓜虫喜欢什么样的生活环境呢？查阅书本之后，我们在班级里布置了"西瓜虫之家"。

5. 做好了西瓜虫的养育攻略，同学们准备好材料开始动手了。先铺一层泥土，再盖一层苔藓，最后放上几片潮叶方便西瓜虫躲避，"西瓜虫之家"就做好了。

6. 同学们课间经常去观察养在自然角的西瓜虫，同时也产生了一系列疑问。苹果："为什么它的名字叫西瓜虫，跟西瓜有什么关系？"

7. 小雨："我观察了西瓜虫一共有14条腿，书上说昆虫是头、胸、腹，有三对足，所以，西瓜虫不是昆虫。""对的，西瓜虫是甲壳类动物，和虾、螃蟹是亲戚！"沈叶老师说。

8. 凌凌："西瓜虫的壳这么光滑这么硬，有什么作用呢？"班长说："我在书上看过，西瓜虫借助外壳，可以帮助西瓜虫躲进蜘蛛网的危险。"

9. 养到第3天的时候，西瓜虫给给大家带来了大惊喜，你猜是什么？西瓜虫生宝宝了。

283

附录五　寻访抗战老兵　坚定理想信念（部分）

附 录

附录六　守江老人的故事

创享"小人书":多学科融合的沉浸式育人实践

2013年回岛种树

2013年,石厚林扛起锄头,带领村民返岛种树。除了忧心荒芜的土地,更希望通过这片林子发展壮大泉守洲社区的集体经济,让林子能有自我造血功能。石厚林坚信"种树虽然辛苦,但只要我们把工作做到位,绿水青山就是金山银山"。

低碳环保 全家同行

"他经常早出晚归,周末也不休息。夏季遇到大雨都睡在岛上,半夜要起床看沟渠的水位。"尽管刘明女知道丈夫的艰辛,但对于丈夫日渐苍老在岛上的付出,刘明女没有任何抱怨,而是默默帮石厚林打理好家庭,不让石厚林为家庭分心。在石厚林的影响下,家人们也纷纷加入了低碳环保行列,把灯都换成节能灯、一水多用……这些琐碎小事都是家人们用自己的实际行动来支持理解他父亲,并与父亲一道共同进入绿色低碳环保生活。

"天要是蓝的,地要是绿的,老百姓是幸福的。"

八年深耕 苦尽甘来

8年的耕耘,功夫不负有心人。石厚林和村民们种的海棠、樱花、紫薇、桂花等十多个品种的花卉一大展市场效应,秋易上口碑,很多顾客直接来岛上预定。2019年,花木收入超过了100万元,2020年在疫情影响下仍然达到60多万元。石厚林最终目的不在于赚钱,村民能过上幸福生活才是他的愿望。而今,泉洲港岛,芦清水秀,岸边各类树木郁郁葱葱,书写出"坚抓大保护、不搞大开发"的优秀答卷。

附录七 常州梳篦

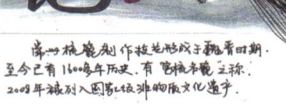

创享"小人书"：多学科融合的沉浸式育人实践

终于盼到了采访的这一天，我和队员们一起来到报刊亭见到了做木梳篦的，见到了年纪最大但精神矍铄的金师傅，对于队员们的问题，金师傅都耐心回答。5

看着慈祥的金师傅，我深深地被他刻苦钻研、不断创作，同时也提到了自己的疑问："金师傅，您遇到什么困难吗？" 6

金师傅向我们坦言道："篦箕制作工序繁琐，而机器最低，如今孩子去活去同要求不再明显，后继困难。现我后继无人的境况，因此我一直致力于传承和创新梳篦工艺，将非物质文化传承下去。"听了金师傅的话，我觉得自己有了份沉甸甸的责任感。7

我们更加深入地了解家乡常州的梳篦，便向金师傅请教梳篦的历史发展、制作工具等。8

288

附 录

金师傅带我们来到了梳篦博物馆。整个展馆分为二大部分：一是梳篦历史文化展示区，展示着各式梳篦和博物馆奖牌、荣誉；二是梳篦工艺制作展示区，展示梳篦28道工序的制作过程。9

一把把精致美丽的梳篦，一块块流光溢彩的奖牌，都让我感叹不已。在参观的过程中，围绕梳篦的制作工艺及历史，我还向金师傅请教了不少问题。小小的梳篦，承载着常州的文化，凝聚着常州人精益求精、开拓创新的精神。10

亲自体验制作梳篦的过程，令我激动万分。在工师傅的指导下，一块块粗糙的木头，经过开齿、抛光、雕肖等工序加工，小梳篦已初具雏形。我拿着亲手见成的梳子，内心都充满成就感。11

梳篦制作的最后一道工序是描绘上色。我拿着画笔，第一次在梳篦上绘画，细致入微，全情投入。我画的是一只蝴蝶，被我梳篦笼罩在大家的共同努力下，彼梳美丽，越飞越高。12

289

创享"小人书"：多学科融合的沉浸式育人实践

回到学校后，我向老师和队员们提议设计新型梳篦，让常州的非遗文化获得越来越多人的喜爱。

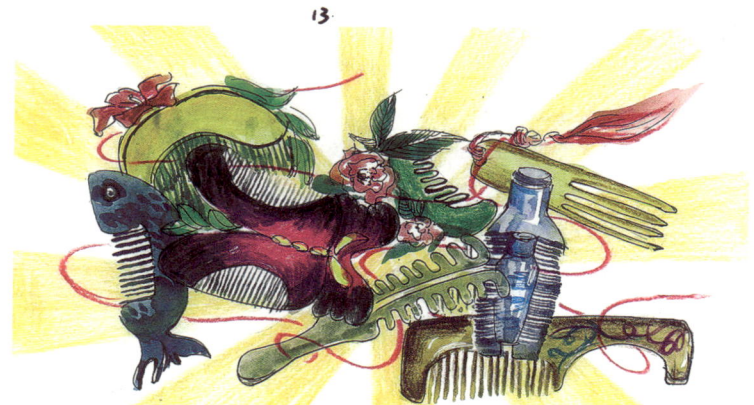

13

我们设计了挂在汽车里的梳篦挂坠，挂在胸前的耳坠晴梳篦胸花梳篦，包提按摩梳篦等，并创新包装和广告宣传。

14

作为少先队员，我要学习金师爷的精神，继承和发扬优秀传统文化，努力成长为担当民族复兴大任的时代新人。

15

附 录

附录八　送你一颗小星星

创享"小人书":多学科融合的沉浸式育人实践

4. 小宇正玩得开心,突然"哐当"一声面粉盆打翻了。巨大的声音,吓得他抱着头,捂着耳朵躲到角落。

5. 我拉起他的手,跟他一起把盆拾起来。

6. 然后,我们一起趴在地上画画,我教他写名字:小宇。

7. 他不再害怕了,我们开始重新制作纸杯蛋糕。这次小宇做得更加小心了。

8. 我教他看说明书,他很配合式,给我递各种工具、材料。

9. 我们制作的蛋糕,虽然不是很完美,但却是最特别的,就像小宇一样,也是最特别的。

附录九　雷锋故事

创享"小人书":多学科融合的沉浸式育人实践